U0024367

認識大陸作家系列

負傷的知識人

——民國人物評說

陳遠　著

contents

第一輯　舊時風物

第二輯 學人今昔

第三輯 舊瓶新酒

第四輯　人物論述

第五輯　讀書箚記

第六輯　聆聽前輩

第一輯

舊時風物

清華風物今安在？

歷史常常誕生於偶然之間，偶然誕生的歷史往往又能對後世產生重大的影響，比如說清華大學。清華大學的誕生眾所周知是因為國恥，但無論從什麼角度看，作為國恥的八國聯軍侵華事件與清華大學的誕生均無必然之聯繫。但是歷史的弔詭，偏偏讓這兩件沒有必然聯繫的事件聯繫在了一起，個中原由，恰可用本文的開端作為解釋。

《辛丑合約》簽訂以後，梁誠有一次往見美國國務卿海約翰，談話中美國國務卿無意說出了「賠款原屬過多」，長於涉外的駐美公使當然不會錯過良機。於是，梁誠一方面要求美方帶頭核減賠款數目，一方面又急報中國政府，建議向美交涉要求美方退還多餘的款項。如何使美方把落入口袋中的銀子再掏出來返還中國，梁公使想必大費心思。及至一九〇七年十二月三日，事情終於有了眉目，美國總統在國會宣佈「我國宜實力援助中國厲行教育，使此繁眾之國度能漸漸融洽於今世之文化。援助之法，宜將庚子賠款退贈一半，俾中國政府得遣學生來美留學。」

翌年十二月三十一日美國國務卿路提正式通知其駐華公使柔克義：總統於一九〇八年十二月

二十八日的實施法令種植事賠款從一九〇九年一月一日開始。這一段曲折，便是被老一代清華人稱之為「國恥紀念碑」的「遊美學務處」的由來。

二〇〇三年三月份，我曾到清華校史專家黃延復先生家中與先生進行過一番關於梅貽琦校長的對話，那篇對話最初經我整理，當時我剛剛出道，整理結果殊不盡人意，後來經黃老審閱，黃老不辭勞苦，又經一番加工，幾近重新寫過，遂使文章文采斐然，此亦見黃老治學行文的嚴謹。那篇文章後來發表在我供職的《中國產經新聞》，隨後不久，我辭職賦閒在家。其時，黃老以其多年研究清華校史的大著見贈。《圖說老清華》即為其中之一。

賦閒在家，除了抓緊時間另覓飯轍，更免不了讀書自遣。黃老的幾本大著伴我度過大半無聊的時光。《圖說老清華》以清華的校史為綱，借圖片描繪老清華的輪廓，對於像我這樣一個「愛讀書不求甚解」的人來說，在讀圖的過程中遙想清華的故事，自然是最愜意的事。

清華前期人物，周詒春自然不可不提。周是清華學堂改稱學校之後的第一任副校長，在首任校長唐國安卸任之後順利接任，任職期間，於清華建樹頗多：硬體如四大建築（大禮堂、科學館、圖書館、體育館）的興建，軟體如「人格教育」和「三育並舉」的倡導，均為可圈可點可歌可泣之事。而尤為不可不提者，則是一九一六年他呈文外交部，請「逐步擴充學校，設立大學部」，此為清華成為中國獨立教育事業之開端，在清華校史上可謂濃章重彩。周的呈文以行楷書之，洋洋數頁，塗抹修改之處頗為不少，可見周校長擘畫清華藍圖之心血。據黃老統計，在一九五九年公佈的中科院學部委員中，這一時期的學生達二十八人之多，其中有曾任浙江大學校長的氣象學家竺可楨、曾任北京大學校長的人口學家馬寅初、困惑的大匠梁思成以及哲學家金岳霖，等等。早年的甲所與乙所為校長住宅，簡陋而古樸，與我現在所居住的小房子幾近相同。所不同者，當然是前者寬敞許多。這一時期梅貽琦已學成回國，在清華出任教務長（一九二六～一九二八），不過其時周詒春已離任，當時的校長為曹雲祥。

這一時期的教師合影看上去也頗具意味，譬如一九二一年的教師群體：國文部的梁啟超諸人一律旗袍馬褂，而其他各部則均為西服革履。遙想這一群風流人物行走於清華園的情況，令人忍俊不禁。服飾的不同，其實代表了文化取向上的不同，這也從一個側面體現了那個時代的文化多元性。

國學研究院也是在這一時期得以成立。王國維、梁啟超、陳寅恪、趙元任四位各具姿態，可謂天作之合。而吳宓則是國學研究院的主任。朱自清這時任教於中文系並兼系主任，劉崇鋐則是歷史系的教授和系主任。後來當了雲南大學校長的熊慶來先生，當時則是算學系的教授並兼系主任，其他的名師如葉企孫、陳岱孫也都身居要職，他們當時的照片看上去年紀都不大，好像都在三十歲左右的樣子。於是我就想我怎麼就沒有早生那麼百八十年？就算不能在清華當個教授，去清華當個學生還是可以的吧？後來梅貽琦所說的「所謂大學者，非謂有大樓之謂也，有大師之謂也」，可謂淵源有自。

轉眼到了一九二八年，清華學校鳥槍換炮，改稱國立清華大學，光聽名字就氣派了很多。不過，國立清華大學可不光是名字聽起來氣派，雖然在此之前的清華學校幾經曲折，甚至有幾位校長竟然為學生所驅趕，連首任國立清華大學的校長羅家倫也不能逃脫這樣的命運。不過平心而論，羅校長氣魄極大，於清華之奉獻在清華校史上亦有舉足輕重之位置。羅校長在接管清華之初即強調師資之重要，他說：「要大學辦好，首先要師資好，為青年擇師，……必須以至公至正之心，憑著學術的標準去執行。」他又說：「研究是大學的靈魂，專教書而不研究，那所教的必定毫無進步。」此可視為後繼者梅貽琦「大師論」的濫觴。其在職期間，開放女禁、淘汰冗員、調整學系、興建土木均有雷厲風行之勢。惜乎這位黨國新貴作風比較專斷，最終為清華師生所不容。羅校長離校之後，大家都認識到清華的校長不太好當，無人再敢輕易接管清華這塊燙手的「熱山芋」。

梅貽琦「生斯長斯」，雖知前途艱難，依然臨危受命。梅先生有句名言：「為政不在言多，故力行耳」。其人沉默寡言，但卻受眾望所歸，於是清華上下對此均無異議。梅先生為清華校史最為出活的校長，清華教授治校之傳統可謂自梅先生始。此傳統常為時賢追懷與擊鑽，非有大氣魄大胸襟者不能為。此期間清華不惟大師臨立，且英才輩出，如一九二九級的王淦昌、沈有鼎、施士元，一九三〇級的李健吾、蕭滌非，一九三一級的余冠英、夏鼐、錢思亮，一九三三級的吳祖湘、林庚、喬冠華、萬家寶、錢鍾書等等不一而足。各種學會在此時期空前活躍，諸如中國文學會、史學會、社會學會、哲學會、物理學會等等，少者十餘人，多者則達六、七十人，譬如化學會。若非此後戰亂頻仍，清華於學術上的建樹實在不可估量。

一九三九年盧溝橋事變，七月二十九日北京淪陷。清華、北大、南開奉命南遷，始遷長沙，後輾轉而入昆明成立國立西南聯合大學。凝視當時的校舍，不由令人心酸，其時的女生宿舍，竟還不如筆者中學時代所住的集體宿舍，想來教授們的住宿條件也強不到哪裡去。無怪乎費正清訪華時要驚歎他的老友們是如何在那樣艱苦的條件下依然保持學術熱情的了。聯大的三位常委中，張伯苓曾經是梅的業師，蔣夢麟的資格也要比梅貽琦老，當時張蔣二位卻有意讓梅多擔其事，毫無間隙之心。梅處事則事事體現至誠至公，使得三校均無意見，殊為難得。當時的聯合大學並非別無分號，但是持續時間較久且成績卓越者則只此一家。剛才說到教授們的生活條件艱苦，但是這時教授的著述的數量卻為數不少，文理科的教員均有碩果纍纍，這可以從存留的照片上看得出來。師生們的民主活動亦是此起彼伏，比較著名的有張奚若和吳晗的演講，從照片上來看，聽者甚眾，幾達數千人，令人豔羨不已。如今就演講條件跟以前比起來已經是大為改觀，且不必有生命危險，但此情此景則不復見矣。

抗戰勝利後梅先生依然掌管清華。遠在抗戰前夕，以梅為首的清華校當局曾制定過一個「大清華」發展計畫。按照這一計畫，復員之後的清華有了很大的擴充。但隨之而來的，則是頻仍的內戰和無休無止的學潮。及至一九四八年梅先生選擇去臺，清華的歷史便從此告一段落。

如今清華的後人中，據我所知，梅貽琦的公子現已八十高齡，居北京。年前我曾想到府上拜訪，惜乎老人住院，未能成行。如果將來有機會，我一定要當面問問老人：清華風物今安在？想來老人不會笑我迂腐。

不同的大學，相同的命運

自上個世紀北大百年肇始，學界談論大學漸成風氣。不過，時賢所提及的大學多為聲名顯赫的國立大學，譬如清華，譬如北大，又譬如說中大。眾人評說國立大學，自有他的道理，且不說國立大學得天獨厚，有強大的國家財政支撐，又有眾多精英為其建制殫心竭慮，單在資料保存的完整性上，就讓所有治教育史的史家心動。更何況現代大學問題重重，幾近積重難返，也不由得讓人懷念過去的老大學、老故事。

國立大學的歷史受人矚目理所當然，然而這不是說私立大學就理應受到冷落。而今日之情形恰恰如此，一方面是國立大學的備受矚目，另一方面是私立大學被有意無意地「打入冷宮」。舊上海三所私立大學（大同大學、大夏大學、光華大學）相似的命運，或許可以為我們這個問題提供一個答案。

在中國教育史上，大同、大夏遠遠不如南開、光華等私立大學那樣有名，但在當時，這些學校都曾經名盛一時。

大同大學創辦於一九一二年三月十九日（時稱大同學院），其創辦人均為北京清華學堂的教師，他們因為不滿清華學堂陳舊的教育方式辭職一同來到上海，共同的宗旨（已欲立而立人，已欲達而達人）使他們在一起創辦了「立達社」，並想用立達社來改革中國的教育。大同大學即是這一思路的產物。歷史不應該忘記他們的名字：胡敦復、平海瀾、朱香晚、吳在淵、葉上之、郁少華、張季元、顧養吾、顧珊臣、華綰言、曹惠群。

校名典出《禮記・禮運》中「大道之行也，天下為公」的「大同世界」。原規定「社為幹，校為枝」，即大同大學只是立達社興辦的一個試點學校。大同大學的辦校經費不向社會募捐，不接受私人或團體贈款，僅依靠社員自集經費。這種書生氣十足的辦學方式當時幾乎遭到了所有人反對——這來自家人，更多的人的態度是嘲笑。但是大同的同仁「但憂毅力不充，不患度支之不足」，一如既往地把大同大學辦了起來，並且成為了當時舊上海雖然是最窮但是教育質量卻非常高的大學。由於經費不足，立達社於一九二〇年開始接受社會資助，但是並沒有改變大同私立的性質，也並沒有因為接受資助而使教育淪為金錢的附庸。

上個世紀的二三十年代是學潮最為頻繁的時候。學潮有的時候是因為國是，但也有時候是因為人事糾葛、派系鬥爭。當時的環境對於教授還是比較寬鬆的，教授們在大學之間可以自由流動，「此處不留人，自有留人處」，實在不行還可以自己創辦學校。大夏大學的創辦者們當初大概就是這樣一種心態。一九二四年六月，廈門大學三百餘位教師和學生鬧學潮離校到了上海，在原來廈門大學教授歐元懷、王毓祥、傅式說等人的幫助下成立「大夏大學籌備處」。「大夏」即「廈大」之顛倒，後來取「光大華夏」之意改名大夏大學。大夏跟大同比起來顯得很幸運，她不像大同那樣困頓。這是因為當時有一個叫何縱言的學生，這個學生有一位顯赫的哥哥，叫何應欽，引得社會名流紛紛捐資。我們可以單看當時的校董名單就可以想見其陣容：吳稚暉、汪精衛、葉楚傖、邵力子、張嘉森、馬君武、傅式說等。說到教授更是囊括名家：馬君武、何昌壽、邵力子、郭沫若、田漢、何炳松、李石岑、朱經農、程湘帆等。當時炙手可熱的杜月笙也曾經屢次幫助大夏。可見大夏當時的盛況。

與上述兩所學校相比，光華大學相對來說還算是沒有被現在的人們完全忘記，時賢論及以前的教育家，也多有提及張壽鏞。這所學校同樣也是學潮的結果。一九二五年「五卅運動」爆發後，聖約翰大學校長卜舫濟強行阻止學生組織起來的聲援鬥爭，這對於一個大學校長來說本來也無可非議，校長的主要責任畢竟在於維持學校的正常進行，不過當時學生並不好惹，尤其是一個外國校長在涉及民族情緒的事情的處理體現得更是淋漓盡致。六月三日，部分學生發動「離校」運動，中國籍教師孟憲承、錢基博、張壽鏞等十七人為支持學生也同時宣佈辭職。教育家自有教育家的眼光，雖然在離校這個事情上支持了學生，但是並不意味著可以放棄學業。隨後由張壽鏞負責籌畫經費，王省三（其子王華照是當時的學生）捐出大西路九十畝地作為校址，成立了光華大學。在張壽鏞的管理下，僅僅用了一年多的時間，光華大學就發展成為了舊上海規模最大的私立大學之一。在太平洋戰爭爆發之後，日軍進駐租界，光華大學被迫改名，但是也避免了日偽的控制和教育。

這三所大學相似之處頗多，首先是創辦年代（上個世紀一、二十年代）、創辦地點（上海）以及創辦的原因（學潮或者人事糾葛），其次是性質相似，都是私立大學，都有很高的教育自主權。不過，意味深長的還在於它們共同的命運——被解散、取締、或者併入其他學校。這自然要提起上個世紀五〇年代的院系調整，「這次院系調整表面的理由是為了加速中國工業人才的培養，或者說速成。但它的深層理由卻有意識形態的考慮，也就是說，首先它要打破國民政府高等教育的基本格局，所以在這次院系調整中，原來國民政府高等教育的基本格局完全被打破了，主要標誌就是教會大學和私立大學的消失。」（謝泳〈從院系調整到大學合併〉）本來科學知識的研究、傳授本無階級、帝國主義或社會主義之分，教育同政治也是兩個不同的領域。然而，隨著解放初期教育改革運動的不斷擴大，程度的日益加深，院系調整就成為了新的人民政府要對舊世界的所有一切來一場脫胎換骨的徹底改造的指導思想在教育領域內的具體表現，這樣就把教育不加分析地同政治等同了起來，把一些純屬學術方面的問題納入了政治思想範疇。五〇年過去了，當我們紛紛質問為什麼我國不能產生像哈佛、耶魯這樣著名的大學的時候，我們是否有人記得那些大學一直存在著私學傳統，在教育自治上有著絕對的權力？我們是否還能記起在以前，我們也曾有過這樣的學校？

令人懷念的老報館

二〇〇二年是大公報創刊一百周年，這不由地使人想起了以前的那些老報館。

說起老報館，就想起了以前的編輯。以前的編輯膽子是非常大的，脾氣也是非常大的。一九二四年的時候，孫伏園在《晨報副刊》做編輯，當時魯迅寫了一首詩〈我的失戀〉寄給了晨報，孫伏園隨即編排。但是在見報的前天晚上，孫看到魯迅的稿子被總編輯劉勉已撤掉了。孫當時就很氣憤，偏偏劉又跑來說魯迅的詩要不得。孫於是「氣急了」，順手就打了劉一個嘴巴，不止如此，孫還追著劉「大罵了他一頓」。第二天，孫就憤而辭職了。

如果說孫伏園敢打總編僅僅是脾氣大，那麼《申報》的大老闆史量才就可謂膽子大了。史量才做《申報》老闆的時候，堅持「報紙是民眾喉舌」的功能，「除了特別實力的壓迫以外，總要為人民說些話」。「九一八」以後，《申報》支持抗日愛國運動，抨擊時弊，很是讓蔣委員長頭疼。於是蔣找史先生談話，警告說：「不要把我惹火，我手下有一百萬兵！」史先生反唇相譏：「對不起，我手下也有一百萬讀者！」不過讀者終歸不是兵的對手，史先生最後還是被暗殺了。

這樣的事在當時並不鮮見，《大美晚報．夜光》副刊的編輯朱惺公就因為把汪精衛的詩改為「當時『慷慨歌燕市』，曾羨『從容做楚囚』。恨未『引導成一塊』，終慚『不負少年頭』。」刺怒了汪而遭到了與史量才同樣的結局。

這樣的事情在當時是很多的，「萍水相逢百日間」的邵飄萍和林白水，敢於當面抨擊孔祥熙的彭子岡……看起來不怕死，敢於碰硬是老報館的一個傳統。老報館能形成這種傳統，說明當時的社會制度還是有一定的彈性的。獨裁者固然殘暴，卻也不敢公開違背「新聞自由」的原則。

除了這些可歌可泣的故事，老報館還有許多事情讓人感動。那就是在對待青年人的態度上，那時的人們是不大講資歷這玩藝的。只要你肯鑽研，能做事，社會是會給你舞臺讓你施展的。李健吾的〈終條山的傳說〉在《文學旬刊》上發表的時候，才十八歲。要知道《文學旬刊》並不是一家尋常的小刊物，她是大詩人徐志摩「方從英倫回來」之際創辦的一個文學刊物，其時魯迅正「如日之晌午」。像李健吾這樣的文學青年能在上面發表文章是很不容易的。

蕭乾進入《大公報》接手《小公園》副刊的時候，年僅二十五歲。年輕的蕭乾看到老氣橫秋的舊稿件根本就不感興趣。蕭把自己的想法如實地告訴了老板胡霖。胡並沒有因為蕭年輕就忽視他的話，而是讓他放開手對《小公園》加以改造。蕭乾果然也不負厚望，大刀闊斧地進行了改革。使《小公園》一下子成了中國文壇的重鎮。

看看現在，想想過去，老報館是有許多故事讓人懷念的。

家學的消亡

研究近現代學術史，有一些名字是無論如何也無法繞過的，比如說梁啟超，比如說陳寅恪，比如說俞平伯，又比如說錢鍾書。研究學術史，還能發現一個有趣的現象，那便是家學。上述的各位大師，在近現代學術史上都不是一個孤立的個體存在，由他們向上或向下追溯，都可拉出一串在學術史上舉足輕重的名單。家學產生及其消亡，皆有深刻的社會原因，個中關係，很難用簡單的誰以誰顯來概括。

家學的產生，與儒家學說在中國二千年的正統地位關係莫大。注重倫理的儒家學說在長達兩千年的中國學術變遷史中加重了文化的家族主義的色彩。在中國漫長的歷史上，文化世家層出不窮，三班、三曹、三蘇以及萬泰、萬斯同、萬經，王安國、王念孫、王引之等等都是其中的代表。及至現代，學術家族更是屢見不鮮，在高增德先生主編的《中國現代社會科學家大辭典》中，就收有眾多的父子學者（如嚴復和嚴群）、兄弟學者（如陳衡恪和陳寅恪）、叔侄學者（顧延龍和顧頡剛）以及夫妻學者（錢鍾書和楊絳）和翁婿學者（余嘉錫和周祖謨）。多重關係相互交叉，使得學術史的研究極具趣味。

家學何以在當代社會的演變中消亡，這個問題曾由高增德先生在〈家學：現代學者的成名淵源〉一文中提出來過。但是高先生雖然提出，並且認為對於這一現象進行深入的探討，「很可能是有益於當代及今後的文化學術發展的事情」，卻沒有在文章中給出這一問題的答案。筆者不揣淺陋，試以新會梁家為例對這個問題做進一步闡釋。

在梁啟超之前，新會梁家僅僅是在鄉村中比較常見的耕讀之家。梁啟超在其《中國文化史——社會組織篇》中這樣描述他的故鄉茶坑村的私塾狀況：「教師總是在本鄉念過書的人。學費無定額，多者每年三十塊錢，少者幾升米。當教師者在祠堂得領雙份胙，因領雙胙及借用祠堂故，其所負義務，則本族兒童雖有無力納學錢米者，亦不得拒其附學」。這種以家族為中心的崇尚讀書的風氣與新會梁氏的興起息息相關，沒有這樣的環境，也就不會產生之後在現代文化史上占重要位置的梁氏家族。

對梁啟超的人生選擇產生直接影響的，則是梁的祖父和父親。梁啟超說自己「之為童子時，未有學校也。初認字，則我母教我，直至十歲，皆受學於我祖父」。梁的祖父梁維清「勤儉樸實，其行己也密，忠厚仁慈，其待人也周，其治家也嚴，而訓子也謹，其課諸孫也祥而明」，在當地是頗受人尊重的鄉紳。承其祖父的餘蔭，梁的父親梁寶瑛在故里也頗有聲譽，其「平生不苟言笑，跬步必衷於禮，恒性嗜好，無大小一切屏絕；取介之間，一介必謹；自奉至素約，終身未嘗改其度」。他教育子女非常嚴格，對梁啟超尤寄厚望，啟超言行稍有不當就會遭到父親的訓斥。

家庭的耳濡目染，無疑對梁啟超日後的思想發展以及其在對子女的教育上產生深遠的影響。同時，在這種家庭教育下，不僅產生了梁啟超，還培養出了詞學名家梁啟勳與哲學史家梁啟雄。避開他們的學術成就而單談他們之間的學術關聯，由此鉤沉家學這種現象逐漸消亡的原因，本身就顯得頗具意味。

梁啟勳是梁啟超的二弟，於諸兄弟中與乃兄年齡相距最近。少年時與梁啟超同就學於萬木草堂，其間兄弟之間如切如磋自是應有之義。梁啟超早年流亡日本，其時梁啟勳在美國哥倫比亞大學學習經濟，兄弟之間常常鴻雁往來，探討學問之道。及至一九一二年十月梁啟超回國，梁啟勳則成為乃兄負責家庭事務的左右手。任公的詩詞以及這方面的研究作品雖少，但卻一直興趣未失。這種興趣對與其朝夕共處而又專事詞學的二弟無疑會產生影響。「從根本上說，梁氏兄弟的學術都是對中國文化的闡釋，只是重心不一。任公的重心在於史學與諸子學，而梁啟勳在於文學」。

與梁啟勳相比，和梁啟超同父異母的七弟梁啟雄與長兄的年齡差距要大的多。梁啟雄生於一九〇〇年，比梁啟超小二十七歲，從年齡上幾乎可以說是兩代人。上個世紀二十年代初，任公在南開授課，梁啟雄在南開就學，自然就成了乃兄的「入室弟子」。一九二五年，梁啟超被清華國學研究院聘為導師，梁啟雄則在其兄的幫助下成為清華的助教。任公當時正處於諸子學研究的高潮，啟雄則在乃兄的影響下開始了諸子的研究。及至三〇年代初，梁啟雄已經成為在諸子學、史學領域頗有造詣並有所成就的學者了。一九六〇年梁啟雄的《韓子淺解》由中華書局出版，他在「附語」中表示這貢獻與「黨的英明領導分不開」。然而，若真的要考鏡流源，倒毋寧說是受了乃兄的影響更為確切。

研究近代學術史，師承和家學是兩個不可忽略的重要因素。這一點在梁啟超的子女身上體現的更為明顯，與梁啟超對諸兄弟的影響不同，梁思成一代的成長和其學術成就的取得都可以說是得益於任公的「設計」。任公晚年反思自己的學術歷程，深感自己的學問「病愛博」，「尤病在無恒」。是以他在諸子女求學時頗為注重學習的專精和恒心。事實上也確實如他所願，其子女九人，在學術上多有成就，困惑的大匠受世人矚目自不待言，其他的子女也都多有建樹，如圖書館專家梁思莊以及火箭專家梁思禮。

梁啟超在為其子女精心設計道路的同時，既注意兄弟間的學術優勢互補，又注意顧及子女的興趣。對於梁思永選擇考古，他就明確表示：「思成和思永同走一條路，將來可以互得聯繫觀摩之益，真是再好沒有了。」任公最初給二女兒思莊設計的道路是學習生物學，但他得知女兒對於生物學並無興趣後，特地給思莊寫信，表示「狠很怕因為我的話擾亂了你治學之路」。及至一九四九年，共產黨以啟政權的建立昭告世人：世界變了。在戰爭勝利之後，新的執政者顯然還沒有做好如何建設的準備，但是這個新生的政權無疑比歷朝歷代更懂得如何通過統一人們的思想來鞏固自己的統治。熟讀歷史的最高執政者更是時刻提防著反動舊勢力來顛覆剛剛建立不久的政權。所以過去的一切必須打翻，新的秩序必須建立。於是，反右、文革等一系列活動接踵而來。從舊社會中走來的知識份子們沒有經歷過如此複雜的政治鬥爭，在新的局勢中顯得有點不知所措。他們誠心誠意抱著滿腔熱情來建設新的社會主義，但是他們發現，無論他們如何努力，都無法消除當局對他們與生俱來的戒備。「批評共產黨在城市規劃工作中採取關門主義的態度」的「反動學術權威」梁思成自然在運動中在劫難逃。這裏僅舉一個小小的例子：一九六七年梁家再次接到通知限他們三天內全家搬到一間二十四平方米的房子裏去，這是梁家的第三次搬家了。梁思成和夫人林洙在整理書籍時發現了一些精美的塑像和小雕塑的圖片。夫妻倆於是停下來欣賞這些圖片，困惑的大匠撫摸著上有一對漢代銅虎的圖片情不自禁地對夫人說：「你看看，眉，你看看多……」「美」字還沒有說出來，忽然想到這是一個在當時犯忌的一個詞，於是立刻改口說：「多……多麼有『毒』阿！」一個噤若寒蟬到如此地步的學者，又怎麼敢以自己為榜樣教育自己的子女？這些運動給中華民族的傳統文化造成的多大的損失姑且不論，但是以儒家文化為基礎的家族文化卻是徹底的給粉碎了。

當然，家學的消亡也絕非能用政權更替來簡單概括，在考察現當代學術史的時候，我們也應當注意到，現代學制的確立，在某種程度上來說也是對家學的一種瓦解。然而，同意識形態的強大力量相比，這方面的因素就顯得微乎其微了。

家學的產生，需要一個相對寬鬆的讀書環境以及以家族為中心的社會文化結構。近代以降，政權更迭，政體頻變，但並沒有對相對穩固的社會文化結構產成衝擊。清末至民國期間「你方唱罷我登場」的政客們似乎對於文化環境比較仁慈，雖然真正的原因是因為當時頻繁的戰亂使得當時的執政者們無暇顧及加強意識形態的控制。然而，應了中國的那句古話：國家不幸詩人幸。這種混亂的政治局面在客觀上起到了保障文化生態良性發展的作用，以致上個世紀上半葉中國大師輩出，群星燦爛。加上父子、兄弟、夫妻、翁婿等諸多關係交叉，使得當時的學術史在後人看來是如此搖曳多姿。

參考書目：

羅檢秋著：《新會梁氏——梁啓超家族的文化史》，中國人民大學出版社，一九九九年十月第一版。

林　洙著：《困惑的大匠——梁思成》，山東畫報出版社，二〇〇一年九月第二版。

高增德著：《鴻儒遍天涯》，湖北人民出版社，一九九七年八月第一版。

看那一群風流的人物

說起南社，對近代史稍微熟悉的人恐怕都會想起「欲憑文字播風雷」的大詩人柳亞子。這位詩人不僅僅是南社的主要創辦人，而且因一度與共和國開國領袖詩詞唱和而使得柳亞子這個名字在近現代史上格外響亮。說起這一點，人們或許可以發現一個比較有意思的現象，那就是在近現代史上特別響亮的名字，多多少少都與那位笑傲「唐宗宋祖」睨視「成吉思汗」的開國領袖有一點關係，比方說朱自清、聞一多，又比方說司徒雷登、梁漱溟、馬寅初。不過這些人物在偉人的筆下或口中，有褒有貶罷了。

不過，歷史的真實終究不因「偉人」的好惡而發展或者改變，雖然有可能因為領袖的好惡出現一時的偏差，卻不會因此而長遠失真。如果回到歷史的深處去感受近現代文化史在突變之際的表現，常常讓人感到意味深長。

前一段時間，因為寫一篇關於老報館的文章，翻閱了一些史料，竟然發現在辛亥革命前後，京、滬、蘇、浙、湘、粵甚至南洋等地的不少報紙，一時之間都被南社社員所掌握。南社建立於一九〇九年十一月十三日，主要創建人為柳亞子、陳去病、高天梅，早期社員有于右任、葉楚傖、包天笑等人。其時，反清之潮漸成大勢，南社也以排滿反清為鵠的，以文字鼓吹革命。不過，據早期社員包天笑回憶：「南社是提倡舊文學的一個集體，雖然其中人物，都是鼓吹革命的，但他們的作品，還是固守著文言，不參雜白話。」從南社的發展來看，這樣的評價基本上是比較中肯的。

南社的主要創辦人柳亞子早年曾加入中國教育會，隨後又結識章太炎、鄒容、蔡元培等老牌革命黨，並受他們的影響鼓吹暗殺。不久又先後加入中國同盟會和光復會，成為「雙料的革命黨」。雖然柳亞子嚮往的暗殺行動屢屢因事未果，但是這些早期的活動為其創建南社奠定了堅實的基礎。

一九一二年一日，南京臨時政府成立之時，柳亞子已經是南社名符其實的精神盟主了。他曾應邀赴南京出任臨時大總統的秘書，但三日後即稱病辭職，返回到上海進《天鐸報》任主筆，不久又陸續到《民聲日報》、《太平洋報》任文藝編輯。後兩家報紙均是由南社早期成員葉楚傖創辦。《太平洋報》創辦於一九一二年四月一日，是民國後首家大型日報，葉楚傖任總編輯。南社的早期社員如朱少屏、蘇曼殊、李叔同等多為協助編輯。於是該報成為南社的重要陣地也自是應有之義。該報僅僅支撐了半年，便因經費拮据而告終。是年十二月，葉氏入《民立報》主編副刊，該報的創辦人于右任也是南社早期社員，在之前還曾創辦《神州日報》、《民呼日報》和《民吁日報》，因為批評政府，堅持不偏不倚的編輯方針，大都中途夭折。不過于右任頗有一股不屈不撓的勁頭，報紙被禁後就隨後創辦其他的報紙，加上當時創辦一份報紙也沒有像今天這樣困難，于右任因此成為民國時期著名的報刊活動家。

《民立報》停刊之後，葉楚傖又先後參與了《生活日報》、《民權素》、《婦女生活》等報刊的編務事項。一九一六年一月二十二日，葉楚傖在陳英士協助下又創辦了《民國日報》，其早期成員邵力子、朱執信、戴季陶、沈玄廬、成舍我多為南社的社員，其撰稿人也多為當時的南社健將，如柳亞子、余十眉、王德鍾等。《民國日報》在南社歷史上佔有舉足輕重的地位，其後南社的瓦解以及新南社的創建都與《國民日報》緊密的聯繫在一起。

南社的瓦解緣於當時詩壇上歷時已久的宗唐尊宋之爭。這次爭論的戰場也是《民國日報》。其時，成舍我在該報擔任副刊編輯，他經常發表朱鴛雛、聞野鶴等人的宋體詩，這引起了柳亞子的不滿，並著文進行批評，這場文學上的論爭最終淪為謾罵和人身攻擊。盛怒之下，柳亞子在《民國日報》上刊出聲明，宣佈開除朱鴛雛的南社社籍。不到十九歲的成舍我恰值年輕氣盛，在柳亞子登載聲明的當天，他也草擬了一份文告，刊於《申報》，號召南社社員「最好能一起驅逐柳亞子出社」。於是柳亞子在《南社從刻》第二十集中又宣佈開除成舍我的社集。這場爭論使南社元氣大傷並導致了南社的瓦解。不過，「度盡劫波兄弟在，相逢一笑泯恩仇」，在事隔多年之後，兩位風流的人物在彼此的回憶中不期達到了諒解。柳亞子追悔「那時自己是少年氣盛，狂放到不可一世」，成舍我則承認自己當時「才十八九歲」，「還年輕」。不過，這已經是後話了。

值得注意的是，南社社員與當時大名鼎鼎的胡適之似乎頗不相恰，甚至有時還相互攻擊。不過，當時的社會在文化生態上循環良好，結社、出版以及大學（南社社員經亨頤為著名教育家，時為浙江省立第一師範學校校長）之間均有良好的互動聯繫。這個社團不適合你，總還後別的社團可供選擇，當然，選擇不選擇也有你的自由。至於報刊，如果這個報紙（或者刊物）不同意你的觀點，總還有那個報紙（或者刊物）可以讓你發表。所以不會讓人感到窒息，南社一群風流的人物便是這樣一個個性舒展的環境中孕育而出。南社從創建到瓦解，再到後來創建的新南社，也不過二十餘年，而影響流布大江南北，其中社員之間的關係重重交織讓後人看來也別具趣味，有同鄉、夫妻、兄弟、父子以及師生。

過去的文人結社並不鮮見，但影響如南社者則甚為少有。隨著一九四九年新政權的建立，一個流光溢彩的時代便結束了，文人結社以及涉足報界和大學在新時代中只能成為無法實現的夢想，那群風流的人物，在地下也該感到寂寞了。

老南開人的一代風騷

西南聯大是現代教育史上公認的一個奇蹟，當年美國學者費正清到昆明去，就曾經感歎他的老友們是如何在那般艱苦的生活中依然保持了對學術的熱情並且還取得了豐碩的成果。如果說在西南聯大之後，清華和北大依然被昔日的光環籠罩而備受世人矚目，那麼南開則正在人們的記憶當中漸行漸遠。

南開大學建校八十五周年的時候，校史研究室特意編撰了一套叢書，一方面為回顧故去，感念南開昔日的輝煌；更重要的一面，我想，大概是為了從過去令人感念的往事之中汲取資源，展望南開今後的道路。南開大學校史研究室的王昊兄，知道我對這方面素有興趣，特意給我寄來一套，其中最讓我感到欣喜的，當屬《聯大歲月與邊疆人文》。

過去的大學，大抵上和一個人差不多，總有一些自己的特性。這些特性發展到了相當顯著的時候，在人就成了所謂的性格，在大學來說，就成了所謂的校風或者校格。一個學生從那個學校出來的，從他的言談舉止就能推測個大概。也許正因為這一點，《聯大歲月與邊疆人文》在上編「西南聯大歲月憶往」中，收錄了近二十位老南開人對於聯大歲月的追憶。時隔六十餘年，這些老南開大多謝世，健在者也都已是「魯殿靈光」，存留在他們記憶中的這些吉光片羽，並非全面展現南開一個世紀風風雨雨的滄桑，也並非敘述南開曲折而又輝煌的歷程，不過，誠如序言中所說：南開之所以為南開，從中當能察知一二。

關於費正清的疑問，我想，費正清所指生活艱苦除了物質方面之外，對於學者們來說，大概資料的匱乏才是讓他發出這樣喟歎的原因。陳序經在〈我怎樣研究文化學〉一文中也曾說到這個問題，不過，他把這個問題變成了對研究學問有利的原因。他說：「……參考的書冊太多了，看了一本，又想看別本，這樣類推下去，有的時候，反而不太容易動筆。」與其臨淵羨魚，不如退而結網，於是「在蒙自那個環境之下」，他也「作了不少研究」。關於學者們對於學術的熱情，時賢多有論及，不過，我以為，與其從理想主義的角度無限拔高，不如從現實角度審查一番。每個人都渴望美好的生活，學者們自然也不例外。過去的社會給他們提供了這樣一個環境：那就是整個社會都對學問懷有尊重。學者們對於學術的熱情，除了「自得其樂」的原因之外，上面原因的原因不當小視。當然，這樣說，並非否定前輩們「允公允能」的胸襟。

除了學者自身的熱情，聯大時期師生之間的情誼也值得一提。近年來，梅貽琦先生有句名言常為時賢所徵引，那就是「學生沒有壞的，壞學生都是學校教出來的」。無獨有偶，一代名師查良釗在聯大時期也曾經說過：「把學生看作自己的子弟，一切為他們著想好了。」如此師生情誼，對於學術的傳承的意義不言而喻。放眼當下，我們不但在學術上難望前人的項背，就是連這樣的為師之道也已難見。

下編《邊疆人文研究室》中選編的當時學者們的書信往還以及學術論文，也算是費正清那番感歎地一個注解。邊疆人文研究室的主事者為西南邊疆社會研究的開拓者之一的陶雲逵，作為同時代的學者，費孝通先生這樣評價他：「他是我的畏友，我愛找他談，就是因為我們不會在離開時和見面時完全一樣，不會沒有一點的領悟，不會沒有一點新的煩惱。」在陶雲逵的帶領下，邊疆人文研究室同仁編輯出版了《邊疆人文》，雖是油印刊物，不過質量卻不差，當時著名的學者如羅常培、聞一多、向達等人都曾經在上面發表過論文。可惜的是，陶雲逵以不惑之年於一九四四年早逝在昆明，不然，中國社會學於此後的格局也許是另外一種局面。六十年的歲月斑駁，邊疆人文研究室和陶雲逵幾乎淡出人們的視野，少有人提及。此次重新發現，可謂是功莫大焉。

鄭天挺從嚴格意義上來說並非是老南開人，在西南聯大時期，他更多的是以「老北大」的角色活躍在各個場所，三校復校之後北大學生送給他一副「北大舵手」的錦旗，可見他和北大關係之深。一九五二年院校調整，鄭天挺「奉調」而去南開。對於這個決定，他於「思想上頗有波動。」鄭天挺產生思想波動的原因，除了他自己所說的三點之外（見《南開學人自述》第一卷，鄭天挺：《自傳》），我總覺得還與當時的局勢有關，也與當時有關方面與南開的看法有關。這個看法是什麼，我們不得而知。不過，從這一點細微之處，細心之人或許可以找到南開衰落的線索。從這個角度來說，我們回首老南開人的一代風騷，倒有幾分「白頭宮女在，閒坐說玄宗」的悲涼了。

北大幾段走麥城的經歷

關於北大的歷史，最有想像力的一個說法是把北大上溯漢代的太學傳統，胡適和馮友蘭都曾提出過這一觀點，季羨林先生在這一問題雖然表示「吾從眾」，可是還是認為從太學算起的說法「既合情，又合理」。北大歷史難講，難就難在一開始就講不清。

不過，北大校方從來不擔心自己在世界大學之林中年紀太小，不但不承認太學傳統，就連有直接淵源的同文館也都排除在外。之所以選定戊戌年「大學堂」的創立作為自己歷史的開端，其中暗含了北大的自我定位：與其成為歷代太學的正宗傳人，不如扮演引進西學的開路先鋒（陳平原：《老北大的故事》）。

從一八九八年的京師大學堂，到今日的北京大學，整整一一〇周年。這樣一個時間，一個家族可以繁衍四代，一個學校，同樣有自己的繁衍發展：如果按照時期劃分的話，抗戰之前處於沙灘紅樓的老北大是個白鬍子的老爺爺，屬於第一代，資歷深，威望高；抗戰期間的南遷昆明的西南聯大和抗戰之後復員一直到一九五二年的北大同屬於第二代，西南聯大是不幸而夭折的天才，復員之後一直在紅樓延續到一九五二年的北大則是小弟弟，或許是沒有經歷太多歷史的「風雨」，小弟弟最終也沒有見到多少歷史的「彩虹」；一九五二年，北大從沙灘紅樓西移到西郊燕園，從此北大告別了令人神往的馬神廟，一直到了今天。這一段，按輩份排，算是第三代。

本文不打算對北大的歷史作全景式的掃描，而是想在其一一〇年的歷史中，選取幾個時間點來逐一探視。

創辦於一八九八年的京師大學堂，是戊戌變法的產物。這座「緊挨著皇宮的大學」一開始並非一帆風順，也沒有像後來那樣，在中國現代史上佔據如此重要的位置。所有的這一切，都是在蔡元培出長北大之後，經歷了一九一九年的五四運動，關於北大的敘述，才有了更多關於民族國家的想像。

京師大學堂創建之初，取代的是國子監。從這一點上來說，胡適和馮友蘭的說法並非毫無理由。也正是因為這一點，大學堂這所新學校裏面彌漫了許多舊時代的空氣。裏面的學生，多是官員或者舉、貢、生、監等舊派人物，一九〇三年的癸卯學制規定：大學堂畢業的學生可以授予進士頭銜並獎勵翰林院編修檢討。一時之間，大學堂成了失意官員、舉貢生監尋求出身的好處所。據沈尹默記述，在他初入北大任教時，有一位老先生，每次上課都有一個聽差跟隨，挾一地圖、捧一壺茶和一隻水煙袋。上課之前，聽差先把這些物件擺放在講臺，然後退出，下課後再收起隨老先生回府。上起體育課來就更為滑稽，操場上時不時傳來「大人，向左轉」、「大人，向右轉」的喊聲，學堂如官場，教師卻一點也不能嫌累。而當時和平門外韓家潭一帶著名的花柳巷「八大胡同」，其最好的主顧就是「兩院一堂」，「兩院」者：當時北京政府國會的參議院眾議院，一堂，則是指京師大學堂。北京大學之後的榮光，很難與當時的京師大學堂聯繫起來。

就是這樣的一所大學堂，在籌辦之初，命運頗有波折。一八九八年九月二十一日，慈禧太后發動政變，支持變法的光緒皇帝被囚，康梁逃亡國外，之後，六君子在菜市口被殺，維新派的改革措施全部被廢。京師大學堂據說「以萌芽早，得不廢」，實際並非如此，當時京師大學堂中有不少洋教習，聘書已經延訂，慈禧老太太得罪不起洋教習，所以「不能不勉強敷衍」。大學堂雖然得以保留，但是招生人數大為減少，原定招生五百人的計畫，到一八九八年十二月開學時，學生竟然不及百人，到了第二年，也不過兩百人。就是這樣一個無關宏旨的大學堂，也沒有存在多久，一九〇〇年，先有慈禧下令停辦大學堂，後有八國聯軍侵佔北京，大學堂校舍被占，設備被毀。「大學堂弦誦輟響者年餘。」新世紀來了，大學堂卻死了。這是北京大學的第一次夭折。

一九〇二年，京師大學堂捲土重來。

一月十日，清政府下令恢復京師大學堂，並任命張百熙為管學大臣。經過一段時間的籌備，十月十四日，京師大學堂正式舉行招生考試。十二月十七日，大學堂舉行了開學典禮，正式開學。從這一年一直到一九五一年，北京大學一直把這一天作為校慶日給學生放假一天。

張百熙頭腦開放，「喜用新進」，這讓清廷大為不滿，一九〇三年，清廷加派榮慶為管學大臣，名為協助，實為監督，「百熙一意更新，榮慶時以舊學調之」。一九〇四年，張百熙乾脆被掃地出門，孫家鼐走馬上任成了京師大學堂的新領導。截至辛亥革命爆發，戰亂頻繁，教育經費被挪充軍餉，一九一一年底，清政府再次下令停辦大學堂。這是大學堂建立以來的第二次關門。不能說蔡元培長校之前的北大一無是處，京師大學堂開始向近代大學邁進，正是在這一時期裏。

北京大學的第三次面臨停辦，已經是民國建造之後。一九一二年二月，南京臨時政府任命嚴復為京師大學堂總監督，接管京師大學堂。五月份，教育部下令京師大學堂改稱北京大學校，嚴復成為北京大學校第一任校長。早在京師大學堂創建之初，嚴復就被認為是總教習的最佳人選，遲到了十四年的任命，只是因為嚴復的資歷不夠，此次，嚴復終於迎來自己一展宏圖的時刻。不過，二月任命，十月辭職，嚴復在北京大學校長的位置匆忙一閃，但在北大發展史上，嚴復的位置至關重要。若非嚴復保住了北大不至停辦，之後也就不會有蔡元培出長北大的一幕。還是先來看看嚴復上任時的情況：

嚴復接管大學堂之後，由於袁世凱常把教育經費挪作它用，以至於大學堂數月領不到經費。一代思想家不得不靠向華俄道勝銀行借款以籌備復學，不想財政部又下令減少教員薪水至六十元以下，嚴復擔心此舉無法保證教員到校復學，提出「為今之計，除校長一人准月支六十元，以示服從命令外，其餘職教各員，在事一日，應准照額全支」。有研究者稱，嚴復之所以能夠提出此議，在於嚴復「另有進項」，即使如此，此舉也算難得，不過，這已經屬於題外話。除了經濟困難，其他問題同樣重重，一九一二年北大開學之後，學生返校不多，僅百餘人，其中理科四人，工科十四人，政法科不到十人。當時的人們對於北京大學，遠沒有像今天的人們這樣趨之若鶩。職員比學生還多，正好落了教育部的口實，當年七月，教育部以經費困難、學校程度不高和管理不善為由，提出停辦北京大學。

嚴復以思想家的嚴密邏輯，上書教育部，洋洋灑灑一千餘言，從大學對於國家、民族和文化的多重意義，論證「創建十有餘年，為全國最高教育機關」的北京大學為何不可停辦。嚴復上書之後，教育部表態：「解散之事，純屬子虛。」如果沒有嚴復，北大會如何？誰也無法假設。

時局紛亂，嚴復之後的大學校長有如走馬燈，兩個月的時間裏換了三任。屋漏偏逢連夜雨，就在這個時候，北大又差一點被「辦」了。

那時，北大任上的校長是何燏時。何燏時與北大的關係可以說不是那麼融洽，這位一九一二年十二月二十七日被任命的何校長到北大後，因為整頓預科不利，引起學生風潮，一百三十多個學生擁到校長辦公室，要求校長立辭職字據。但是，當教育部以費用過多、風紀不正、學生程度尚低和京津為一個大學教育區只能設一個大學為由，擬將北大停辦，併入北洋大學之時，何校長拍案而起，給當時的大總統袁世凱和教育部呈文：「（北大）辦理之不善，可以改良，經費之虛糜，可以裁節，學生程度之不一，可以力加整頓，而此唯一國立大學之機關，實不可遽行停止。」社會輿論一時全部傾向北大，使得教育部不得不發出聲明：「本部職司教育」，對北大「但有整頓之意，並無撤廢之心」，北大併入北洋，最後只好不了了之。

回首北大創業之初的往事，擇取了四段關於北大停辦的故事，一來是為了避免和時賢眾口一詞地述說北大榮光撞車，二來也是為了在今天我們津津樂道於北大的榮光之際，不要忘了前輩們的篳路藍縷。

北京大學與五四運動

一九五一年之後，北大的校慶從十二月十七日改為五月四日。關於此，陳平原先生曾經專門撰文〈北大校慶：為何改期？〉。在文章中說，陳先生寫道：「一所歷史悠久的大學，其校慶紀念日是否也需要不斷變遷，以適應新時代的要求？答案若是肯定的，將招來無數不必要的煩惱。」陳先生的文章，有興趣的讀者不妨自己找來讀讀，相信會有自己的判斷。在同一篇文章中，陳先生還說：對於北大校慶改期，「還有一種說法，或許更實在些：並非每所大學都有如此輝煌的傳統——比如五四新文化運動——可供『開發利用』。」

確實如此，沒有哪所大學，能夠和北京大學那樣和五四有如此緊密的關聯。

先說五四那一天，在顧頡剛的敘述裏，那天的情況很簡略：一九一九年五月四日，北京各校五千名學生遊行示威，有三十二名學生被捕，關在北河沿，其中北京大學就有二十名。蔡元培先生本人雖然在五四當天沒有參加遊行，但他的同情是在學生一邊的。他曾經以北大校長的名義營救被捕者，以身家作保要求北洋反動政府釋放被捕的學生。五四運動得到廣大的工人、商人、學生的擁護，他們舉行罷工、罷課以示支持。北洋軍閥的頭頭們害怕弄得不可收拾，過幾天就把抓去的學生釋放了。

從顧頡剛簡略的回憶中，我們可以知道，當時遊行學生人數是五千名，其中北大學生占了多少，我們無從得知，不過，被捕的學生當中，北大占了將近三分之二，僅憑這一比例，北京大學和五四的關係，便足以舉足輕重。

至於那一天的經過，我設想大家都已經再近代史教材中有了大致瞭解，只做一個大致勾勒，（五四運動的直接原因，是巴黎和會上的山東問題。涉及國家主權問題，這一運動一開始就有了受國人側目的原因。當天，遊行學生去的第一個地點是英美的公使館。可惜，五月四日是個星期天，英美的公使館無人上班，自然也就沒有人出來與學生們交涉。在被手持木棒的巡警跟隨下，學生們在東郊民巷繞了一圈，轉向趙家樓，曹汝霖的府邸便在那裏。還是在來看一下當事人的回憶：「曹汝霖的住宅在路北，臨街的窗口都是鐵絲網。門是緊緊地關上了，怎麼交涉曹汝霖也不肯出來。其實，他當時出來了，也許大家就罵他一頓賣國賊之類，丟下旗子走開，也難說。」（楊晦：〈五四運動與北京大學〉）

但是，曹汝霖沒有出來，學生們就進去了，然後起火，火燒趙家樓。

當時的五四運動，不像現在這樣天下聞名。就像蔣夢麟敘述的一般，五四那一天的後果：「親日官員辭職，被捕學生釋放」。「上海和其他各地的全面罷課罷市風潮歇止以後，大家以為

「五四」事件就此結束，至少暫時如此。」黑暗政府遇到此類事情，一般隱瞞尚來不及，哪裡會大肆宣揚。學生們倒是會口傳耳播，但是範圍畢竟有限。讓五四運動聞名天下的，是蔡元培，這使北大與五四的淵源，更近了一步。

五四運動之後，蔡元培一時成眾矢之的，過去不滿於蔡元培的舊文人趁機出來活動，當時盛傳，教育當局屬意馬其昶為北京大學校長，而蔡元培經此五四風潮，也覺得學生搞大了，他們初嚐權力的香甜味道，以後難免熱衷於此。於是，蔡元培留下一紙書信，離北大而去。書信甚為有名，其文曰：「我倦矣！『殺君馬者道旁兒』『民亦勞止，汔可小休。』我欲小休矣！北京大學校長之職已正式辭去，其他向有關係之各學校集會自五月九日起，一切脫離關係。特此聲明，惟知我者諒之。」

五月九日上午，蔡元培留箋經北大油印傳遍學界。學界為之大忙，經討論先由北大全體學生出面挽留，如無效，則各校同盟罷課以作後援。經此一事，五四運動遂得天下聞名。毫無疑問，五四運動在當時就是愛國主義運動，但是還沒有現在這樣「吃香」，楊亮功的《五四》一書，刊行於一九一九年九月，是最早記載這一運動的出版物。在楊的記述裏，對於曹宅起火的原因有四種記載，可是正像當年就讀於北京工業專門學校的尹明德所說的，誰都明白，火確實是學生放的，只是不能承認。（尹明德：〈北京五四運動回憶〉）但是五四的「升溫」，卻是在新政權建立之後。

早在一九四〇年，毛澤東在《新民主主義論》中就對五四有過評價：「五四運動是在當時世界革命號召下，是在俄國革命號召下，是在列寧號召之下發生的。五四運動是當時無產階級世界革命的一部分。」儘管，毛澤東把五四運動狹隘化了，但是，在一些人看來，最高領袖這樣的對於五四這樣的一個評價，可以說得上是至高無上了。新政權建立之後，平常每天四版的《人民日報》，專注國內外瞬息萬變的局勢，文化單位的消息絕少出現在第一版上，而北京大學依託「五四」的福蔭，竟然多次獲此殊榮。

一九四九年五月四人，《人民日報》出版了《五四運動三十周年紀念特刊》，頭版頭條是陳伯達的〈五四運動與知識份子的道路〉，四至六版則刊發了眾多當時的大知識份子紀念五四的文章，這些人既包括吳玉章、郭沫若、茅盾這樣帶有「紅色色彩」的知識份子，也有像楊振聲、俞平伯、宋雲彬這樣色彩不是那麼強烈的知識份子。接下來的幾天，連續報導全國清代會的開幕詞，工作綱領等，也都是強調如何繼承五四的光榮傳統。

同樣是一九四九年，北大的校慶，毛澤東的老師徐特立應邀參加發表演講，再一次把北京大學和五四運動聯繫起來，徐特立是這樣說的：

北大是一個有偉大歷史意義的學校，今天五十一周年紀念日值得紀念的，並不是它的前二十年，而是五四運動以來的後三十一周年，因爲今天新民主主義革命成功是從五四運動開始的。

明年是五四運動九十周年，估計又會有大規模的紀念活動，只是九十年前的五四那天，還會被賦予什麼意義？北京大學這所世人矚目的學校，又會挖掘出自己和五四的什麼關聯？

北大百年的時候，陳平原先生寫道：「真希望，百年大慶之後，北大人能以平常心對待自己輝煌的歷史，以及沒有特殊意義的生日，以實事求是的姿態，迎接新世紀的太陽。」新的世紀過去了，北大的校慶還是五月四日，一切都沒有改變。

北大一一〇周年校慶的反思

在如今的北大人當中，我對錢理群先生抱有一份獨特的敬意：十年前轟轟烈烈的北大百年慶典，大家津津樂道的，都是蔡元培時期的輝煌以及老北大的韻事逸聞，後五十年的校史，竟然無人談起。堂堂北京大學，後五十年的校史竟然無人捉刀？非也。個中原因，大家都心知肚明，只不過大家都是聰明人，心裏知道，嘴上不說。

但是錢理群不。

就在北大百年那一年，錢理群選編了《北大百年：光榮與恥辱》一書。在書的序言中，錢理群說出了這樣一個「基本事實」：

我們高談北大的「光榮」，卻不敢觸及同樣驚心動魄的「恥辱」；我們一廂情願地描繪了一個「一路凱歌進行」的百年輝煌，卻閉眼不承認前進道路中的坎坷、曲折、倒退與失誤；我們用鮮花（其中有的竟是假製的紙花）與甜膩的歌唱掩蓋了歷史的血腥與污穢！而更爲無情的事實，還在於我們在片面描述，以至曲解、閹割歷史時，實際上正是在掩蓋現實北大的種種矛盾、諸多黑暗與醜惡！當某些人用誇大北大的光明面（本來北大的光明面是誰也否定不了的，根本用不著誇大其辭）來壯膽，聲嘶力竭地高喊「北大不敗」時，卻正是暴露了他們內心深處的自信與空虛。

確實，自抗戰勝利北大復校到「西移」燕園，北大少了韻事逸聞，多了風風雨雨。

馬寅初校長是後六十年中被提及最多的一個北大校長，自一九五一年被任命，在北大執政近十年，對於北大後來的發展模式影響至深。馬校長是從舊社會中走出來的，但是和那個時期的校長卻有迥然不同。

且來看看馬校長的就職演講：「同學們或許要聽取我的建校方針，這點不免使諸位失望。我認為建校方式是中央所定，一個大學校長只有工作任務，沒有建校方針。一個大學校長應以執行中央的政策，推動中央的方針為己任」。馬校長還說：「中國已經走上了一條新的道路，我們只能前進，不能後退。倘若還是固步自封，不肯趕上時代，必然落後，甚至於被淘汰。」

擔任校長不久，馬寅初就幹了一件驚天動地的大事，這件事後來成為一場政治運動的導火索。針對解放初期師生員工的實際情況，為倡導師生學習政治、改造思想，馬寅初首先在北大教師中發起了一個以改造思想、改革高等教育為目的的學習運動，並邀請周恩來為北大教育學習會作第一次報告。後來全國範圍內興起的知識份子思想改造運動，就是以此為發端。

陸平校長是現在說得比較少的校長，但是其出任北大校長是北大歷史上的一個轉捩點，如果說馬寅初長校時期北大還有一些老大學的影子，那麼，後來北京大學學術品格和大學理念的塑造，則是通過陸平實現的。陸平接任北大於風雨飄搖之際，那一段歷史至今難以理清，去年北大出版了《陸平紀念文集》，對於當年事情多有披露，有興趣的讀者不妨找來一讀。本文擇取作家葉永烈對於陸平的一段回憶，回憶中折射的則是北大獨特的魅力：

在結束採訪時，他竟問起我來：「你是北大理科六年制的畢業生。當時，我是六年制的積極倡導者之一。你能不能就你畢業之後的工作實踐，談談六年制的利弊？你對當時北大課程設置，有什麼意見？……」

這時，他的夫人笑道：「你怎麼還像在當北大校長的時候一樣？」

他大笑起來：「雖然我現在不當校長，我可以把他的意見轉告北大嘛！」

「哦，他的心還在北大！」

模仿一下葉永烈的語句：哦，對了，後六十年的北大校長中，陸平的前任江隆基和後任周培源也都可圈可點。

一九五七年，北大是重災區，一千多名莘莘學子淪為賤民。雖然二十多年前的一九七九年均已得到全部「改正」，但作為抓右派的北京大學當局，卻從未向受害學生公開致歉或進行賠償，甚而連「改正」前應發還的二十多年工資也不返發。歷史的原因不去說了，只說前不久看到一條消息：今年二月十六日北京大學舉行校友春節聯誼會，當年的右派學生，如今已是白髮蒼蒼。在聯誼會上，他們抓住難得與校長直接溝通的機會，他們的訴求簡單而質樸：「我們到底是不是北大學生，北大是不是我們的母校？並說同學們的要求非常簡單：首先要向受害學生道歉。」對於他們公開當年右派學生檔案的要求，校方也沒有滿足。一向「open」的北大，在一些方面表現的相當保守。怪不得那些當年北大的學生會問：「北大五四精神哪裡去了？蔡元培精神那裏去了？獨立自主精神那裏去了？」只是，誰來回答這些問題？

北大一一〇周年校慶，是否還是會把這些當年的「右派學生」排除在外？

一九六六年，文革在北大校園內打響了第一槍。那一段歲月，人們提起來都會用到「不堪回首」。「不堪」是真，「回首」也很必要。

北大一直領風氣之先，正視歷史，更能顯現北大的榮光。恢復高考那一年，千萬考生絕大多數人的第一志願，不是北大，就是清華，人們對於中國最著名的兩所高等學府的嚮往，沒有因為歷次運動而消滅。那一年，北大總共錄取了一千多名考生。那些考生，此時正是我們國家的「中流砥柱」。

改革開放之初，能有哪個出自民間的口號比得上「小平您好」？這一世界著名的口號。已成為人們對鄧小平開創的改革開放時代的情感懷念。其發源地就是北京大學。一九八四年國慶日大閱兵時，北京大學的學生隊伍走進天安門檢閱臺，呼拉一下子展開了一幅光彩奪目的大標語：「小平您好！」之後的鄧小平百年誕辰紀念冊，以及關於鄧小平一生功績的紀錄片都是以此口號作為標題。至今我們沒有看到關於此事的校方記載，只能從幾個當事的人零星回憶中勾勒出當時的大致情景。

作為當事人，原北京大學生物系八一級學生郭建崴談到當年的舉動時依然心緒難平：「國慶的前一天，我們在紮花的同時說起遊行的事情，大家總覺得通過口號、花束等不足以表達內心的激情。有一個叫常生的北京同學，建議寫個標語打出去，我們都覺得很有創意，就準備動手製作。」

郭建崴特別提到，他們的想法並不像一些媒體報導的那樣進行了很深的思考。他們只是覺得中國正在發生巨大的變化，能夠親歷這一歷史時刻，真的是很幸運。「我們處在一個歷史轉型的時期，小平同志對當時的中國走向起到了很大的推動作用。通過鄧小平，我們看到了國家的希望，因此我們很自然就想到了用『小平您好』這幾個字。」

當郭建崴們打出「小平您好」的標語的那一刻，當時北京大學的校長陳佳洱在天安門的觀禮臺上。他的第一反應是「北大學生是不是闖禍啦?!。」因為「原來規定不能隨便帶東西的。同學帶了這個標語了，學校可要挨批評了」。「嚇一跳」的陳佳洱「看看小平同志」，結果鄧小平沒有生氣，並且帶頭鼓掌，陳校長才「高興」起來。

一九九八年，北京大學迎來百年校慶，眾多世界一流大學的校長聚集燕園，國家領導人親臨現場，世界的目光，在此聚焦。縱觀中國諸多大學，沒有第二家大學可以獲此殊榮。

也是在那一年，國家主席江澤民，向北大當時的校長陳佳洱提出了要求：北京大學要創建世界一流大學。也是在那一年，眾多世界知名大學的校長雲集北大，世界的目光聚集於此。而在百年校慶那一天裏，當時的北大校長陳佳洱「最難以忘懷的就是中央領導這麼重視北大的校慶。」在卸下北京大學校長這一職位之後，陳佳洱回顧：當時覺得「最關鍵的還是要能讓我們的老師、我們的學生理解我們國家的現狀，理解我們國家關於教育的政策。」

已經在北大校長任上度過了八年的許智宏，是一個具有爭議性的人物：對於北大學生操刀賣肉，他說正常；對於世界矚目的北京大學，他說需要改革；對於最容易惹人爭議的人事改革，他敢大刀闊斧；對於世人矚目的大學校長位置，他說累……看起來儒雅的許智宏，內心或許和他的外錶帶給人的感覺大相徑庭。不過，在我看來，在後六十年的校長中，許智宏也許是最用心體會蔡元培那一代教育家理念的北大校長：在今年人大會議期間，許智宏與幾位校長和其他代表又呼籲，應加緊修訂《高等教育法》，給高校更多的自主權，能夠確保大學規範地行使權利，又避免「千校一面」，並確保國家的投入。

然而，要敘述北京的後六十年是困難的，老北大流風不再，老故事無人流傳。平心而論，讓人們津津樂道的老故事，不是評判一所大學水平的關鍵指標，缺少了故事的北大，也許正是當代大學向制度化邁進的表現。只是，以後我們說起這六十年的北大，或許只有一系列的數字和一系列的政策。

胡適日記中的學潮

北大教職員捐俸建築圖書館

胡適教授提議——已得多數的贊成——出於罷工運動之後——尤足表示教職員之純潔

昨天下午各校教職員代表，召集各該校同事，報告罷工以來經過及宣傳復職情形。北京大學因校舍被人縱火，守衛甚為嚴密，故特假美術學校大禮堂開會。因天下大雨，至會者共五十餘人。代表李大釗、譚熙鴻二教授將罷工後經過詳情，一一當眾報告。後由徐寶璜提議，該校教職員，對於該二代表之奔走和措施，加以感激和追認，眾贊成，遂一致道謝。次由代理校長蔣夢麟報告校中失火情形，謂失火之後，由在校教職員組織委員會日夜輪流守衛，全體教職員理應表示感謝，並於復職後分任仔肩，全體贊成。次由胡適教授提議，「校中此次出險，幸立時設法撲滅，未至成災，事後又由在校職員組織委員會分別守衛，故無發生意外之慮。但此種舉動，究係暫時的而非永久的。北大圖書館何等重大，非特數十年來購藏中西書籍，為值甚巨，即論開學以來之公文案件，學生成績，關係亦屬非輕，倘一旦付之一炬，損失之大，何堪設想。此次教職員罷工運動，早已一再宣言，係維持教育，不為個人私利。本校教職員對本校有切身肺腑之關係，對於最重要之圖書館，自然同有維護之責。所以我提議，為免除北大圖書館危險起見，請今日到會諸君發起，將本校教職員本年四月份應得薪俸。每月薪俸在六十元以上者，全數捐作圖書館建築費。每月薪俸在六十元以下者，自由捐助。此款由北大會計課分四個月攤扣，存儲銀行，作建築新圖書館之用。次（此）議案由今日在會同人發起以後，持往各教職員傳觀，並請贊成者簽名」。當時在場教職員全體贊成，惟對於辦法上稍有討論。馬裕藻主張，「薪俸在六十元以下者只能自由捐助，未免輕視得薪較薄者之人格。結果將六十元以上或以下之薪俸。經多數贊成通過以後，均捐作圖書館建築。均贊成，散會已七時矣。

這則剪報，粘貼於胡適一九二一年五月三日的日記之後，既無報名，亦無日期。我沒有「考據癖」，故不想考證這則剪報的出處，但是這則剪報中涉及的各校教職員罷工的事件，卻引起了我的注意。

這此罷工事件前後歷時達五個月之久，原因則可追溯到一九一九年末，其時，北洋政府增加軍政費用，扣克教育經費，為此，蔡元培與北京各大專以上校長曾於十二月三十一日同時提出辭職。直至一九二〇年一月情況才得緩和。但是，這種緩和的局面並沒有持續多久，到了一九二一年春，象牙塔裡的教授們「又不耐饑了，而且實在沒法維持了」（馬敘倫：《我在六十歲之前》）。因為「他們常常兩三個月才能領到半個月的薪俸」（蔣夢麟：〈當代世界中的中國〉），同時，他們「也覺得政府對於教育滿不在意，只是做他裝點門面的工具」（馬敘倫：《我在六十歲之前》）。北京大學等八校教職員遂於四月八日全體辭職，並通電全國。四月二十九日胡適從章洛聲處得知，「靳雲鵬和曹錕鬧翻了，靳要辭職不幹了，已把閣員全體邀住天津，決議辭職的手續」。使得「明天的內閣會議通過教職員認可的條件」的計畫破產，胡適「五十日的風潮或許可以告一個結束」的猜測也自然落空。五月一日，政府正式宣佈了三條解決的辦法，次日的胡適日記粘貼有這則剪報，說的是這則剪報的內容：

一、自四月份起，財政部對於北京國立專門以上八校及北京師範暨公立中小學每月經費、臨時各費二十二萬元未籌有的款及確實保障方法以前，由交通部每月儘先撥付財政部特別款二十二萬元，充該八校及北京師範暨公立中小學每月經費、臨時各費（按八年度預算支配）。此款由財政、交通、教育三部訂明不作別用，俟財政部籌有的款或教育資金籌足時前項協款即行截止。一、其他教育部應向財政部額領之款（以向來額領之數為准），由財政部籌定撥付。一、國民九年十二月份起至本年二月份止之八校及中等各校積欠經費約四十餘萬元，先撥付一個月，與本年三月份經費同時併發；其餘分為三期，由銀行擔保於四、五、六三個月各付一期。

胡適在次日的日記中記載：今日教職員代表聯席會議決議取消辭職。但上課尚未定期，因還有一些善後辦法未了。五月十日，「夢麟來談。教職員事，政府第一個月即失信用，至今無錢，經不能解決。現在內閣動搖，教育部無人，這事更不能收束了」。

五月十九日，政府發佈公函：徑啟者：京師高等專門以上各校經費，前經議定辦法，原為維持各校克日開課，以免諸生曠誤學業。茲經國務會議決議，以該校迄未開課，所有八校教員薪費，應暫行停發，由財、交兩部查照前意，儲款以待，俟各校實行開課，再行照發。至從前積欠經費，仍照原意，分月陸續發給。其中小學校，現均照常上課，其經費自應由部按期撥發，等因。除分函外，相應函達，即希貴部查照辦理。此致教育部。中華民國十年五月十九日。這一來便激化了教授們與政府的對立情緒。胡適在二十一日的日記中憤憤的記道：我們到要看看這個新上臺的雜碎內閣究竟能硬壯到幾時！這種話頗不符合胡適溫和的脾性，但卻透露了當時的教授們與政府的對立情緒之大。五月二十八日，「學校事似無解決。政府非取消五月十九日的公函，我們決無轉圜的餘地。有人想此時退讓，真是做夢。」在這時，胡適對待這件事情的態度上是十分堅決的。

六月三日，「北京小學以上各校教職員聯合會」不僅繼續索薪，而且進一步提出「教育基金和教育經費獨立」的口號，全體罷課。同日，北京十五校學生為維持教育舉行情願。國立八校教職員向政府索薪，在新華門前遭到軍警毆打，受傷十餘人。馬敘倫在《我在六十歲之前》中評價六三事件的規模，「實在遠過『五四雲動』」，但是，也許是我孤陋，無論是在文化史還是教育史中，我看到提及這一事件的時候，大都一筆帶過。不知道這是為什麼？當時，蔣夢麟已經在北大任代理校長，在他後來的那本「有點像自轉，有點像回憶錄，也有點像近代史「的著作《西潮》中，對六三事件有一段極為生動的敘述，有興趣的讀者可以自己找來翻翻，在此不敘。

讓我感興趣的，還是胡適在次日的日記中的幾則剪報，一條是《八校教職員呈國務院文》，以八校校長的名義上呈大總統和國務總理。裏面說：「至此後校務行政，實再無法維持，更無力付此重大責任，請即日批准辭職，並迅速派員接替，不勝迫切待命之至。」與之相比，《八校教職員通電》則尖銳的多，通電在一開頭便說：政府摧殘教育，停給經費，同人等萬不得已，罷課辭職，向政府力爭，奔走呼號，心力交瘁，此兩個月以來之事，已為國人所共見共聞。接下來，《通電》歷數政府殘害教職員及學生的種種行為。說「如此情形，實足為政府自暴其破壞教育、摧殘民權之鐵證。日本人所不敢施於朝鮮人民者，政府竟以之施於同人。同人等犧牲一身雖不足惜，然號稱共和國家，竟有此等野蠻殘毒之政府，國法何存，人道何存，瞻顧前途，傷心何極。現同人等除依法向法庭起訴外，謹將經過實在情形報告國人，惟國人速圖謀之。」另一則是《八校辭職全團[體]教職員宣言》，內容與以上二則大同小異，故不節錄。

七月九日，據范靜生調停學潮已有十日，胡適給蔣夢麟打電話問學潮究竟調停到什麼地步。蔣答覆說：

> 壹、六三事件，政府大概肯做到我們的條件。
> 貳、四月三十日的閣議三條，可以履行。
> 參、最困難的是保證問題，——值二百元的保證。

同日范靜生對同一問題給胡適的答覆與以上大同小異，可作互補：

壹、六三事件

一、謝罪與慰問，行的。

二、醫藥費歸教育部擔任。

三、命令可由政府下，但須俟安徽事件了結之後。

四、兩方撤銷訴訟，略有手續上的困難，但做得到。

貳、四月三十日閣議可履行；六月份經費可即發；前兩個月不足之臨時費，由各校以臨時費手續領發。

參、保證金事尚未得張志譚的話。

當日的胡適日記還有記載：范先生頗主張保證金的做到。因為他覺得若無保證金，以後經費偶缺，或又致罷課，故不如做到一勞永逸之計。這時的胡適表現得頗為寬容，一來有性格上的原因，同時也是因為他覺得「時間問題很重要」，「已不能再緩了」。故表示「如二百萬做不到，一百萬亦可」。七月十四日上午，「聯席會議開會，對於條件都無甚異議，但擔保品二百萬一層雖已言明，而鹽餘分還一層不在條文內，——因財政部不願如此說，——故頗有爭執。」但胡適覺得總算有一個「比較滿意的解決了」。然而，事情並非像胡適想像的這樣簡單。就在胡適放心的離開北京，開始他的上海之行之後的二十八天，也就是八月十二日，胡適在上海收到蔣夢麟的信，說「教職員復職後，八月一日的假支票領不出錢，銀行說『沒錢，對不住』。我（和鄧子淵兩人）把靜生找回來北京，費了須（許）多心。起初政府還天天說幾天內發錢，至今更無期了，所以六月份款分文無著。今晨靜生說，『沒辦法了，政府就要倒了！』」

文章到這裏似乎就應該結束了，其實不然，我們可以回頭再看看這些紀錄。當時的教授們似乎和現在的教授有點不一樣，不一樣的地方表現在對待自己的權利上面。中國人一向是「恥言利」的，尤其是知識份子。但是當時的教授似乎不是這麼回事。他們不但言利，而且還大張旗鼓的言。但是，他們對於「利」似乎又不那麼看中，這從文章的開頭所引的剪報中他們對於捐獻薪俸籌建圖書館的熱情上可以看得出來。如果今天的教授們碰到這樣的事情，我就想像不出有什麼樣的結果。另外，教授們對待政府的態度也讓我感到奇怪，教授們手無寸鐵，怎麼就敢和殘暴的政府相抗衡？但是政府好像還覺得教授們不太好惹，所以才會忽軟忽硬，但是最終還是作了妥協。從事情表面的最終結果看，政府似乎和教授們存有某種默契，就是在處理事情的度上，都有一定的讓步，譬如說「聯席會議開會，對於條件都無甚異議，但擔保品二百萬一層雖已言明，而鹽欲分還一層不在條文內」，在政府，這是欲保存一點顏面，在教授，只要大體上能過得去，細節上也就不再深究。雖然說最後教授們是受了政府的欺騙，但是卻是因為「沒辦法了，政府就要倒了！」，一個即將倒閉的政府，當然不會再有暇來關注教育。知識份子對於教育界好像是很不滿意的，當時蔣夢麟就說過這樣的話，他說：北京的教育界像一個好女子；那些反對我們的，是要強姦我們；那些幫助我們的人，是要和姦我們。胡適緊接下來說北京的教育界是一個妓女，有錢就好說話。兩位先賢角度不同，觀點也各異，但是不知他們看到今天的教育會說出什麼話來。

當時的報刊也讓人感到吃驚，他們好像不知道輿論是應該為政府服務的，而是傾向於與政府對立的一面。這從《八校教職員通電》中可以看得出來。真不明白當時的報刊怎麼這樣大膽。說實話有的時候是很不好玩的，但是當時似乎還可以有一點實話。

還有一點也讓我感到欽佩，這涉及到胡適對圖書館的看法。我對於圖書館一向情有獨鍾，覺得研究文化史，不能不注意以前的圖書館，所有讀書時總是注意先賢和時賢們誰比較重視圖書館。但是時賢的著作中對於圖書館，少有涉及者。或許是因為時賢們以為這是個小話題，不值得重視。但是讀胡適日記，卻發現這位開一代風氣的大師對於圖書館卻異常重視，在他的日記中屢有提及。當時的許多人都是很重視圖書館的，所以在胡適提出捐俸建館是大家都沒有意見。現在的學者們已經不像前輩們那樣重視圖書館了，所以學問也不如前人作的扎實了。

胡適不寬容的一面

知道胡適的人大都知道胡博士有「寬容比自由更重要」的名言，但是寬容的胡博士也有不寬容的一面。在民國十年（一九二一）五月十九日的日記中，胡適記載了「一件略動感情的事」，反映了他不講情面的一面。

胡在中國公學的老同學謝楚楨出版了一本《白話詩研究集》，想請胡適在報紙上介紹一下。按說老同學出書，想請當時已得大名的胡適為之推廣，胡適是不好拒絕的，但是胡適認為「裏面的詩都是極不堪的詩」，所以便不顧老同學的情面，「完全拒絕了他」。

謝楚楨在遭到拒絕之後，又拉了一幫當時的名士為之介紹，胡適在日記中對此頗有微詞，但是不知是否礙於老同學的情面，並沒有公開批評。後來女師高有位叫蘇梅的女學生在《女子週刊》上對謝的詩集發表了嚴厲的批評，並引發了一場筆戰。看得出胡適對於這場筆戰中站在謝一邊的人是很不滿的，但也沒有過多的敘述，僅用「不詳敘了」便一筆代過了。

後來《京報》又登出一篇題為〈嗚呼蘇梅〉的文章，「用極醜的話罵蘇梅」。「外間人都猜這篇文章是易家鉞君（陳注：為謝做廣告中的名士之一）做的」，因此，「易君頗受人攻擊」。《晨報》圍繞著這件事登出了許多啟事，其中最令胡博士感到不滿的是如下的一條〈重要啟事〉：

近來外間有人認為〈嗚呼蘇梅〉一文係易家鉞君所作，想因易君曾作同情與批評一文輾轉誤會所致，同人對於易君相知有素，恐社會不明真相，特鄭重聲明。

這則啟事是以彭一湖、李石曾、楊樹達、戴修瓚、熊崇煦、蔣方震、黎錦熙、孫幾伊八人的名義發表的，這八人在當時都可以說是卓有聲望。但是胡適認為「社會即肯信任我們的話，我們應該因此更尊重社會的信任，決不應該濫用我們的名字替滑頭醫生上匾，替爛污書籍作序題簽，替無賴少年辯護」。為此，胡適和高一涵聯名作了一則啟事，計畫發表，啟事如下：

胡適高一涵啓事

一湖、石曾、遇夫、君亮、知白、百里、劭西、幾伊諸位先生：今天在《晨報》上看見諸位先生的緊要啓事，替易家鉞君證明〈嗚呼蘇梅〉一文非易君所作。我們對於諸位先生鄭重署名負責的啓事，自然應該信任。但諸位先生的啓事並不曾鄭重舉出證據，也不曾鄭重說明你們何以能知道這篇文章不是易君所作的理由。我們覺得諸位先生既肯鄭重作此種仗義之舉，應該進一步把你們所根據的證據一一列舉出來，並應該鄭重聲明那篇〈嗚呼蘇梅〉的文章究竟是何人所作。諸位先生若沒有切實證據，就應該否認這種啓事；熊先生是女師高的校長，他若沒有切實的證據，尤不該登這種啓事。我們爲尊重諸位先生以後的署名啓事起見，爲公道起見，要求諸位先生親筆署名的鄭重答覆。

十，五，十九

啟事寫完後，朱謙之、邵飄萍、蒲伯英（《晨報》主筆）都打電話勸胡適不要刊登這則啟事。但是胡適最終還是「不講情面」甚至有點「不近人情」地把這則啟事發表了。與如今諸多「講情面」的名家相比，「不講情面」的胡適，讓我們後人感到慚愧。

梅貽琦的選擇

在清華的校史上，有一位校長與北大校史上「大名鼎鼎」的胡適之校長卒於同年，這就是梅貽琦。梅貽琦自一九一四年由美國吳士脫大學學成歸國，即到清華擔任教學和教務長等多種職務。一九三一年，梅貽琦出任清華校長，自此後到他在臺灣去世，一直服務於清華，因此被譽為清華的「終身校長」。不過，不要因此就以為清華的校長是好當的，情形恰恰相反，梅出長校長的時候，國內情勢風雨飄搖，學潮起蕩，尤以北大清華為甚。以清華來說，驅逐校長的運動可以說是此起彼伏，但是無論什麼時候，清華的學生們的口號都是「反對XXX，擁護梅校長」。

梅貽琦為人重實幹，時人稱之為「寡言君子」，有一句話可以作為佐證，他說：為政不在多言，顧力行何如耳。在他的領導下，清華才得以在十年之間從一所頗有名氣但無學術地位的學校一躍而躋身於國內名牌大學之列。

與胡適之相比，梅貽琦顯然沒有「暴得大名」的胡博士那麼風光，他的一生僅僅做成了一件事，那就是成功的出長清華並奠定了清華的校格。據陳岱孫的說法，這主要集中體現在兩個方面：

一是師資人才的嚴格遴選和延聘，這是「所謂大學者，非謂有大樓之謂也，有大師之謂也」的具體表現，這句話近年來也常為時賢所徵引；二是推行一種集體領導的民主制度，具體的體現就是成功的建立了由教授會、評議會和校務會議組成的行政體制。不過，歷史自有其可玩味之處，「諸君子名滿天下，謗亦隨之」，獨有梅貽琦在身後贏得「翕然稱之」、「胥無異詞」。清華校史專家黃延復先生在「比較廣泛地材料收集和研究的過程中，一直抱著『苛求』的心理」，搜尋人們對梅的「異詞」或「謗語」，但卻迄無所獲。這也證明了「翕然稱之」、「胥無異詞」所言不虛。

一九四八年底，傅作義將軍息兵，共產黨軍政人員開始駐入北京。梅貽琦和當時許多大知識份子一樣，面臨著走還是留的選擇。關於這一點，許多人的記憶並不相同。據梅的學生袁隨善回憶，大概是在一九五五年，梅貽琦和夫人韓詠華路過香港，主動的跟他說起當時離開的情形：「一九四八年底國民黨給我一個極短的通知，什麼都來不及就被駕上飛機，飛到南京。當時我捨不得也不想離開清華，我想就是共產黨來，對我也不會有什麼，不料這一晃就是幾年，心中總是念念不忘清華。」（袁隨善：〈懷念梅貽琦老校長〉）不過，在別人的筆下，同一情形卻有另一番描述，梅貽琦離校那天，當時也在清華任教的吳澤霖教授在學校門口碰見梅，吳問梅是不是要走，梅說：「我一定走，我的走是為了保護清華的基金。假使我不走，這個基金我就沒有辦法保護起來。」（吳澤霖：〈在回憶梅貽琦先生座談會上的講話〉）袁和吳的回憶到底誰的更加可靠，我們可以梅的另一位同事葉公超對於梅的評價上做一個判斷，一九六五年，也就是梅貽琦去世三周年，葉在回憶起梅貽琦的時候評價到：「梅先生是個外圓內方的人，不得罪人，避免和人摩擦；但是他不願意作的事，罵他打他他還是不作的。」（葉公超：〈憶梅校長〉）葉公超是清華當時知名的教授，和梅的接觸比較多，他對於梅貽琦的評價，大致是可信的。從梅貽琦的為人來推測，他是不大可能「什麼也來不及就被駕上飛機」的。

梅貽琦的選擇，是基於他對共產黨的一種判斷，梅雖然沒有作過不利於共產黨的事情，甚至可以說，他當時對於學生運動中的共產黨學生還曾經保護過，但是他那樣做是為了保護學校，從而使學校正常的教學不致受到影響。他不相信馬列主義，也不大贊同當時的共產黨。與諸多當時離開大陸的知識份子相比，梅貽琦的選擇更具有代表性，因為他不存在所謂的人身安全的問題，周恩來和吳晗都曾經表示希望梅貽琦留下來，這也代表了當時共產黨的態度。但是梅貽琦還是遵從了自己的判斷，聯想到儲安平「自由在國民黨統治下是可大可小，而在共產黨統治下是可有可無」的話，我們可以說梅的判斷和選擇代表了當時自由主義知識份子對於時局的看法。

到了一九五二年，院系調整開始了，昔日的西南聯大中的南開由私立改為國立，並且大力擴充，北大所有的院系不但得到了保留，而且還接受了當時頗負盛名的燕京大學，獨獨清華在這次院系調整中元氣大傷，僅僅保留了工科院系。梅貽琦在清華建立起來的「教授治校」的民主制度也蕩然無存。此後的第三年，也就是一九五五年，梅貽琦由美飛臺，開始用清華基金會利息籌辦「清華原子科學研究所」，這就是臺灣新竹清華大學的前身。

生死皆寂寞的教育思想家

在近代史上，有一位生前死後都大大有名的人物，其生前，以發明「厚黑學」得其大名；其死後，因「厚黑學」的流傳而使其名久遠。這個人便是李宗吾。殊不知，在這位厚黑教主生前曾經說過這樣一句話：所謂厚黑學，特思想之過程耳，理論甚為粗淺，而一般人乃注意及之，或稱許，或抵斥，嘖嘖眾口，其他作品，則不甚注意。這位厚黑教主還借用白居易的話來抒發自己的感慨：「時之所重，僕之所輕」。究其本意，也許他是認為其「所著《中國學術之趨勢》、《考試制之商榷》，及《制憲與抗日》等書」，「計包括經濟，政治，外交，教育，學術等五項，各書皆以《心理與力學》一書為基礎」，這些「屬乎建設」的著作才是應該引起人們注意的。可惜的是，在其生前，只有一位名叫張默生的人為其搖旗吶喊並在他死後寫了一本數十萬字的《厚黑教主傳》，對其思想作了較為系統的闡述外，再就是幾年前笑蜀先生就其《考試制之商榷》在《方法》雜誌上發表了一篇題為〈讀書如何能自由〉的文章，對其作了一番褒揚。除此之外，對這位厚黑教主的研究還是微乎其微。

李宗吾（一八七九～一九四三），在他的自述中，李宗吾說他自己「生在偏僻地方，幼年受的教育極不完全，為學不得門徑」。或許是因了這種環境的緣故，李宗吾與同一時期的學者少有來往，有記載的只有他和大學者吳稚暉有過幾次達成共識的來往之外，還和當時在重慶的一些學者有過來往，不過頗有隔閡之處。這也使得他的思想在知識界難以流播，影響甚微。同時也是我說他生死皆寂寞的一個重要原因。

民國五年（一九一六），李宗吾出任四川省視學，大概相當於現在的教育調研員。民國十年（一九二一）又重任此職。在他第二次任職期間，遊歷各省考察教育。考察之後，深感當時的學制限制了人們讀書的自由，「把人拘束緊了」，「冥冥中不知損失若干人才」，於是主張「把現行學制打破，設一個考試制」，使「各人之能力，可儘量發展，國家文化，可日益進步」。

在他所寫的《考試制之商榷》一書中，李宗吾系統地闡發了他的教育主張。李宗吾認為，舊學制的弊端，集中論之可稱之為「鐵床主義」的教育，這種「整齊劃一」的教育極端戕賊個性，鐘點一到，先生即來授課，也不管學生對其所講的內容是否感興趣；鈴聲一響，即收書走人，也不管學生對其所授的內容是否業已瞭解。程度差的學生，聽完之後茫然不解，下次便無法接上先生的思路；優秀的學生，事先已於所授課也有所理解，則聽之索然無味。如此犧牲學生的精力與時間，去換取形式上的整齊劃一，實與「監獄」無異。

李宗吾還談及古代的科舉，他認為科舉弊病雖多，但「那個時代卻有一個極好的精神」，只要立志讀書，就有書可讀。而且在科舉時代，窮人可以一面謀生活，一面自己用功，國家行使考試時，對此等人，與書院肄業的人同樣待遇，並沒有歧視之心。而當時的學制則把那些雖有天賦卻家境貧寒的子弟拒之門外了。

李宗吾的補救辦法，也即《考試制之商榷》，實際上就是發端於科舉，而立足於當時。他的教育主張，概括地說就是「求學自由」，即讓天才優越的學生不受學年的限制，使其創造的天分得以充分的發展，同時把學校開放，使校外的學生也能參加考試。這樣一來，私塾便可以與公立學校並行發展，教育也就不容易為少數人壟斷。李宗吾認為國家不僅不應該私立學校的發展，而且應該為其提供有利的發展條件。私立學校的存在是對公立學校的一種有力的促進。這種思想在當時沒有得到應有的重視，在以後的共和國的歲月中更是成了絕響。

李宗吾主張實行考試制，其著眼點是想借著這種制度，以求教育的平等與普及，造就真實的人才，所以並不單單地注重學生的成績，而且還要對學生平時的德行進行必要的考察。

在其任四川省視學期間，李宗吾除了積極倡導和力行考試制之外，還積極倡導平民教育，他曾經寫過一篇〈推廣平民教育之計畫〉的文章，對在《考試制之商榷》中沒有涉及的問題作了闡述。他認為平民教育應該擴大辦理，教育一般民眾，不僅僅是教不識字的人。他根據民間讀書水平參差不齊的情況，主張徵集一些「或白話的」，「或淺近文言的」，「總以富有趣味為主」的著作，其間加入一些外國壓迫我國的情形以及弱小民族被侵略的事實，交給在各街宣講格言的和在茶館眾說評書的人拿去傳播。因為「這等人的語言態度，與街市上的人是一致的，他們說的話，眾人都肯聽；若是上流社會的人去講，反覺得異言異服了，所說的話，必不能深入人心」。

李宗吾提出和發表這些教育思想的時候，正值蔡元培出掌北大，胡適回國之初，「全盤西化」的思潮彌漫全國思想界、教育界的時候，李的思想不能得到重視也就可想而知了。就連在李出任省視學的四川，這些思想的實施也只是曇花一現，到了民國二十五年（一九三六），四川各縣也一律奉令停止小學會考，也未另辦私塾學生的考試，李宗吾在四川教育界遺留的痕跡，就算是「完全肅清了」。那個時候，李宗吾已經在軍閥劉文輝的劉湘部任職達九年之久了。那時的李宗吾，已經不願意交朋友，經常是獨自一個人，坐坐茶館，遊遊公園，偶爾碰到熟人，便「好似不經意的掩藏起來」，過起遊魂一般的生活了。

及至民國三十二年（一九四三）李宗吾去世，李宗吾的這個名字更多的是和厚黑學聯繫起來。世界留給這位教育思想家的，似乎只是無邊的寂寞……

「性」博士的文化氣魄

胡適日記中有不少剪報是既無日期也無報名的，一九二八年的胡適日記中就附有一封張競生的公開信。想必是已經發表過的，但是胡適在日記中並沒有注明出處。長於「考據」的胡博士大概沒有想到他這樣做會給後世的治學者帶來麻煩。但是懶惰者自有偷懶的辦法，那就是放棄不必要的考證而注意事件背後的精神。

在這封公開信中，張競生說：「據競生個人實地在書店及編輯部經驗所得，斷定如有十萬元資本，以之請編輯七八十位，按時譯書，則數年內可將世界名著二三千本，譯成中文，其關係於我國文化至深且大。兼以經營世界各種名畫與雕刻品，使美育及於社會，於藝術與情感的影響也非淺鮮。就贏利來說，單就書籍一項論，頭一年假定出五百本書，每本五萬字低廉售價算，又姑定年本的售數為每年賣出三千部計，則五百本書，一年可賣至總數九十萬元。如此除去印刷費十五萬元（每部照稍高價算為一角），編輯費十二萬元，與發行費數萬元後，淨利幾達六十萬元，獲利之大，可為驚人！而況兼賣美術品，與外國原書及各種教育品等，總之合起來，獲利當然甚巨。推而至於第二年，第三四五年之後，則每年再出新書五百本，新得之利與舊籍的盈餘，累積起來，則第二年之後獲利之大更難預算了。論其資本不過數萬元至十萬元而已，比較市上無論經營何種商業斷不能得利如此之多也。」

張競生因研究「性」問題在當時頗受非議，但是胡適在日記中說「此意頗值得研究，不可以人廢言」。看來，研究近代文化史，這封信還是頗有價值的。並且，胡適日記中說這是一個「大規模的譯書計畫」。僅僅是一個「計畫」便敢言及一年「出五百本書」，當時文化人的氣魄也可以想見了。

讓我感興趣的，不僅是張競生的氣魄，而且涉及到一筆經濟帳。這樣大的一個「大規模的譯書計畫」，在張的信中大約需要十萬元。十萬元在當時是一個什麼樣的概念呢？我們可以根據當時的社會經濟狀況推算一下。據陳明遠先生在《文化人與錢》一書中的分析，一九二六年至一九三〇年大米的價格是每斤六點二分錢，豬肉是每斤二角，白糖每斤一角，食鹽每斤二點五分，植物油每斤一角五分。按照物價，當時的一元錢大約能折合現在的人民幣三十五元左右。以今天的眼光，三百五十萬元就能搞一個這樣龐大的出版計畫，簡直有點像天方夜譚。以現在的出版行情計算，這樣的計畫起碼要上千萬元吧。值得一提的是當時的稿酬，按現在的標準來看，當時的稿酬是非常高的。柔石在一九二八年十二月六日致兄長的信中說：「近日生活亦好，每天可寫二千字」。以當時比較普通的稿費標準計算，柔石每天的稿費就是四元，每個月就是一百二十元。一百二十元，折合成現在的人民幣就是四千兩百元。四千兩百元可以算得上是白領了吧。但這僅僅是一般的稿酬，像胡適、魯迅、郭沫若等文化名人的稿費則更高。商務印書館當時給胡適的稿費是千字五元，魯迅的也是千字五元，郭沫若的要低一些，也還達到千字四元呢。譯書的條件也是非常優厚的，林紓的稿費是千字六元，高得有點讓今天的人們不敢相信。當時的版稅也比較高，一般在十%、十五～二〇%之間。就是這樣，當時的文化人好像還不滿足。當時嚴復應張元濟之邀為商務譯書，就提出待遇不優則無法專心翻譯。好在商務財大氣粗，張元濟也是明白人，對嚴復有要求一一給與滿足，並且還給他高達四〇%的版稅。真的難以想像要不是商務為嚴復提供了如此良好的譯書環境，我們能否還能讀到影響中國思想風潮甚大的「嚴譯八著」。不過當時的文化生態比較好，你不給別人給，好東西不怕沒人要。難怪嚴復管商務要錢的時候那麼理直氣壯。

這封公開信讓我注意的還有一點，那就是張博士在這封信中似乎沒有考慮如此龐大的一個計畫是否要經過哪級部門的審批，好像有了錢就可以辦事似的。當時的情況也是確實是這樣。辦個出版社就像辦個商店一樣簡單，不用經過什麼複雜的審批程序。幾個人一合計，只要志趣相投，出版社就搞起來了。根本不像今天這樣麻煩，甚至排字工人，只要有志向，也可以辦成出版社，並且還挺成功。如今最老牌的出版社商務印書館，就是由《字林西報》的排字工人夏瑞芳和鮑氏兄弟（咸恩、咸昌）於一八九七年創建的。文化人涉足出版在當時是再尋常不過的事情。周氏兄弟、郭沫若、老舍、鄭振鐸、沈雁冰、葉聖陶等一大批在近代文學史上閃耀著光芒的名字當時都或多或少地和出版發生過聯繫。至於出版界更是人才輩出，高夢旦、張元濟、王雲五、胡愈之等諸位先賢，既具文化眼光，又具人文關懷。在他們的努力下，出版界和文化界的合作真可謂是水乳交融，相得益彰。

剛才談到張博士的文化氣魄，其實不獨張博士，當時的人們的文化氣魄都是非常大的，以創辦《新潮》暴得大名的傅斯年、在年輕時代就立志從事新聞的成舍我均有不凡成就。這種文化氣魄以及時賢頗愛論及的知識份子的獨立性，其實與當時的文化生態有莫大關係。當時的文化生態為知識份子提供了優裕的生活環境，所以當時的知識份子們不僅僅有抱負，而且敢說話。否則，很難想像一個連每天生計都要考慮的人還能考慮承擔什麼文化的使命。

蔣夢麟：聯合中的現實考慮

據葉公超回憶，當年教授們到了長沙，南開的張伯苓和清華的梅貽琦還沒有到。有人怕三所大學在一起會產生同床異夢的矛盾，有人甚至說：「假使張、梅兩位校長不來，我們就拆夥好了。」當時蔣夢麟聽了這話，聲色俱厲地說：「你們這種主張要不得，政府決定要辦一個臨時大學，是要把平津幾個重要的學府在後方繼續下去。我們既然來了，不管有什麼困難，一定要辦起來，不能夠因為張伯苓先生不來，我們就不辦了。這樣一點決心沒有，還談什麼長期抗戰。」蔣夢麟在之後的西南聯大發展，並沒有太多的具體表現，西南聯大時期關於蔣夢麟的記載，我只是在《梅貽琦日記》中零散看到的，其中蔣夢麟對於西南聯大的態度與這個傳說頗有不同，參照閱讀也許別有意趣。

梅貽琦的日記如其人，多數寥寥數言，極為簡約，不過我們還是可以從中看出一些蛛絲馬跡。一九四一年三月二十四日，梅貽琦日記記載：清華「決定讓售北大美金三千元」。這一資訊，透露出北大財政吃緊。過了兩天，蔣和梅之間就有了如下談話：「蔣談及研究問題，謂宜由三校分頭推進。余表示贊同。余並言最好請教部不再以聯大勉強拉在一起；分開之後可請政府多予北大、南開以研究補助，清華可自行籌措，如此則分辦合作更易進展矣。」在這裏看來，兩位校長對於聯合辦學也並不「執著」。在蔣夢麟自己撰寫的下半生自傳《新潮》中都看不到蔣校長對於以上兩個事件的記載。那麼，如何看到這兩段頗有出入的記載？我覺得，第二條是出自梅貽琦日記，屬實當無疑問，那麼是否第一段記載就不真實，我看也未必。以蔣夢麟的政治身份來看，說出那樣的話來，合情合理。但是何以又會出現梅貽琦日記那種「分頭推進」的記載，我覺得，這是蔣夢麟出自現實利益考慮的「欲擒故縱」之法，北大經費短缺，唯有如此，才能由清華拿出錢來，作為聯大的研究費。蔣校長為何對於錢看得如此重要，這還要從頭說起。

說起北大，一般人第一個想起來的一定是蔡元培以及「思想自由、相容並包」的教育理念。其實，在北大的校史上，蔡元培真正在校治事的時間並不長，「不過五年有半」，其在職不在校期間，行政事務大多都是蔣夢麟代理的。在蔣夢麟代理校長期間，正好趕上政府拖欠教育經費，「沒有經費怎麼辦？」常常是蔣代理校長的感歎。這也許就是蔣夢麟日後在合組聯大時比較在意經費的原因所在。

與當時眾多的大學校長不同，蔣夢麟是正宗科班出身的教育家，在一九〇八年自費赴美留學後，一九〇九年二月先是在加州大學學習農學，但是一個朋友的建議改變了他的人生軌跡，讓他覺得與其研究如何培養植物，不如研究怎樣培養人才，於是放棄農學，改學教育。一九一二年畢業之後，又到紐約哥倫比亞大學研究院，師從杜威，攻讀哲學和教育學。一九一七年獲得哲學及教育學博士學位後回國。蔣夢麟在美國留學期間，第一次拜訪孫中山，給孫留下的印象就是「他日當為中國教育泰斗」，在後來的五四運動時期，孫又有「率領三千弟子，助我革命」之語，評價之高，實為罕見。正是有受過西方嚴格科學訓練的教育背景，在其正式出任北大校長之後，按照美國的大學教育制度，對舊的教學和科學研究制度進行了改革，實行教授專任，推行學分制，要求畢業生撰寫論文並授予學位，並且提出「教授治學，學生求學，職員治事，校長治校」的口號。可以說，北大走上制度化、正規化的現代大學之路，就是在蔣夢麟手中完成的。對於西南聯大時期的教授評議制，蔣夢麟內心未必就真的首肯，不過那時的校長畢竟胸襟寬廣，在經過了一番磨合之後，清華、北大、南開終於合作無間，成就了現代教育史的偉大奇跡。

關於蔣夢麟對於北大的貢獻，傅斯年曾經有過這樣的評價：蔣夢麟的人格魅力不如蔡元培，學問不如胡適，但是辦事卻比他們高明。胡適全集中曾經記載了一件事，正好可以驗證蔣夢麟的高明：「話說民國二十一年一月，蔣夢麟先生受了政府的新任命，回到北大來做校長。他有中興北大的決心，又得到了中華教育文化基金董事會的研究合作費用國幣一百萬的援助，所以他能放手做去。向全國去挑選教授與研究人才。他是一個理想的校長，有魄力、有擔當，他對我們三個院長說：辭去舊人，我去做；選聘新人，你們去做。」辭退舊人是得罪人的事，這樣的做法，放到今天，大概要被人說成迂或者傻，但在過去那個時代卻是公認的高明。時代風氣的轉變在這樣的小事中就可見一斑。

說到做事，蔣夢麟說自己是「以孔子作人，以老子處世，以鬼子辦事。」所謂鬼子者，洋鬼子也，無貶意，指以科學精神辦事。蔣復璁也說蔣夢麟是「以儒立身，以道處世，以墨治學，以西辦事」。說辭文雅了一些，但是是一個意思。

梅貽琦：西南聯大的眞正掌舵人

說起西南聯大，現在人們多會把目光聚焦在當年的三個常務委員梅貽琦、蔣夢麟和張伯苓身上。不過，細究起來，當年蔣夢麟和張伯苓多在重慶參加政府要事，對於偏居一隅的西南聯大，沒有表現出多少具體的作為。他們對於西南聯大的影響，毋寧說是過去在北大、南開時期教育理念的延續。關於這一點，有諸多事例可以舉證：在西南聯大組創初期，張伯苓就對曾經當過自己學生的梅貽琦說：「我的表你帶著。」當時社會聲望和政治地位均高於梅貽琦的蔣夢麟校長，則秉著「對於聯大事務不管即是管」的超然姿態。不過，在兩位前輩這樣的姿態背後，其實也隱藏著極為現實的考慮，當時，「論設備、論經費、論師生的人數，都是清華最多，依世俗的眼光來看，這一聯（合），清華是划不來的，反面看來也可以說，清華在聯大占了壓倒的優勢。」如此看來，由三校長組成的常委會，大部分時間由梅貽琦擔任主席，主持日常校務，並非出自君子之間的謙讓或者是年輕者應該多負擔責任。而對於梅貽琦來說，雖然之前已經出任清華大學的校長，但是西南聯大卻是其一生中最為關鍵的時期之一，代表著其教育思想之大成的《大學一解》，就是在西南聯大時期完成的。

眾所周知，清華的前身是遊美學務處，因為是接受庚子賠款的返還款而建立，所以被老清華人稱為「國恥紀念碑」。梅貽琦就是遊美學務處一九〇九年八月第一批派往美國留學的四十七名學生之一，所以在之後的歲月裏，梅貽琦經常說：「生斯長斯，吾愛吾廬」，這句話，也代表了這位清華人心中「永遠的校長」對於清華園的感情。縱觀中國教育史，偉大的教育家不難舉列，但是一生服務於一所大學並且成功地奠定其校格，則不多見，梅貽琦就是其中之一。

一九一五年，梅貽琦接受清華校長周詒春的聘請回歸母校任教，自此，梅貽琦於清華大學的聯繫，就再也沒有斷過。一九二八年，清華學校正式改制為國立清華大學，梅貽琦在教授會的選舉中以四十七張有效票中獲得三十三票，成為清華第一任教務長，梅貽琦的夫人韓詠華後來說：「那時清華教授中，有博士學位的大有人在，為什麼選中了他，我認為這是出於大家對他的人品的信任」。之後在清華學生三拒校長的風潮中，沉默寡言的梅貽琦被推到了清華校長這個風口浪尖的位置。曾在清華任教的蔣複璁在後來評價梅貽琦出任校長：「初以為辦公事他不大內行，孰知竟是行政老手」。長期擔任清華文學院院長的馮友蘭認為，梅先生自有一套當校長的本領。

梅貽琦當校長的本領其實沒有什麼特別，用他自己的話來說就是「為政不在多言，顧力行如何耳」，梅貽琦「寡言君子」的美名，大概就源於此，梅貽琦治校還有另外一條法寶，那就是「吾從眾」，這就是至今仍為人們稱道的教授評議會，梅貽琦雖然擔任校長，但是並不大權獨攬，只要教授提出有利於清華發展的建議，梅校長就會頷首微笑：「吾從眾」。正是在他的努力下，「清華才從頗有名氣而無學術地位的留美預備學校，成為蒸蒸日上、躋於名牌之列的大學」。一九四一年，清華在昆明慶祝建校三十周年，許多歐美著名大學都發來賀電，其中一篇電文中有「中邦三十載，西土一千年」之語，這是對清華三十年歷程的讚頌，更是對梅貽琦長校十年的肯定。

一九三七年，抗日戰爭爆發，為使弦歌不斷，清華、北大、南開合組為長沙臨時大學，後來長沙吃緊，三校又奉命遷到昆明，是為「國立西南聯合大學」，三常委的關係，本文開頭已有敘述，在此不贅。不過，這一時期的梅貽琦在處事方法上與之前在清華卻有了變化，過去的梅貽琦謹慎、遇事總是多方考慮、不清率表態，但此時一反慣例，變得異常果斷，在這一時期，一貫低調的梅貽琦說過這樣一段「高調」的話：「在這風雨飄搖之秋，清華正好像一條船，漂流在驚濤駭浪之中，有人正趕上負駕駛它的責任。此人必不應退卻，必不應畏縮，只有鼓起勇氣，堅忍前進。雖然此時使人有長夜漫漫之感，但吾們相信，不久就要天明風定。到那時我們把這條船好好開回清華園，到那時他才能向清華的同人校友敢說一句『幸告無罪』。」

聯大之難，不僅在於國難，還在於「聯」，清華、南開本來有「通家之好」，關係一直融洽，但是要讓一直以「最高學府」自詡的北大沒有意見，則是一件不容易的事情。而梅貽琦卻能在八年的時間內，使西南聯大能夠「同不妨異，異不害同；五色交輝，相得益彰；八音合奏，終和且平」，傅任敢總結梅貽琦之所以能夠如此的「關鍵與奧妙」是在於「梅校長的『大』，他心中只有聯大，沒有清華了」，這話說來容易，做起來卻實非易事。

七十年過去，我們回首西南聯大，回憶梅貽琦，歷史留給我們的不應該只是回憶，想想梅貽琦所說過的話吧：「孩子沒有壞的，壞的孩子都是社會和學校教出來的」，「所謂大學者，非謂有大學之謂也，有大師之謂也」……這是多麼閃光的遺產！

（最後，要感謝清華的黃延復先生，要不是他多年來整理關於梅貽琦的資料，我們對於梅貽琦的瞭解也許到現在還少得可憐。）

司徒雷登：燕京大學的靈魂

一

一九一八年，出生在中國杭州的美國人司徒雷登在南京躊躇滿志的渡過了他人生中的第四十二個生涯。他有理由躊躇滿志，因為從他一九〇五年開始在中國傳教以來的活動以及收到效果，不僅讓他所隸屬的美國南北長老會對他刮目相看，而且也在中國獲得了廣泛的聲譽。也是在這一年，位於北京的兩所教會大學（滙文大學和協和大學）籌畫醞釀已久的合併初步達成了一致。司徒雷登從來沒有想到，他之後的命運會與這所合併而成的燕京大學緊密相連，甚至可以說是合二為一，彼此之間成可以成為代名詞。然而在當時別的人看來，出任這所還是將來時的燕京大學的最合適人選，則已經是非司徒雷登莫屬了。

當年「學生志願參加海外傳教運動」的領袖羅勃・史庇爾（Robert E.Speer）認為「司徒雷登深

切瞭解中國，於在華傳教人士中對中國青年最具影響力，而且才華與學養出眾，思想開朗，中外人士都心儀其人。」因此他「判斷」：「司徒雷登是『北京大學』（後改名燕京大學）校長的最佳人選」。基督教青年會國際協會副總幹事布魯克曼（F.S.Brockman）則推薦說：「司徒雷登的才具足以出掌任何教會機構。他出身中國，此為其他同行所望塵莫及。他中文與英文都運用自如，而且深諳中國文學，可稱一時無倆。他的心靈也屬難得的品質。我相信他舉世無仇敵。在未來的『北京大學』裏能調和中外，折衷新舊思想的，我不作第二人想。」①

一九一八年的下半年，美國南北長老會正式向司徒雷登下達了命令，讓他去籌辦「一所新的綜合性大學」。但是司徒雷登本人對於這項任命卻並非心甘情願，在他後來的回憶錄中，他說「……我實在不願意去。我對金陵神學院的工作十分滿意，在教學和研究工作方面已經得心應手，而且正在從事幾項寫作計畫。」②他的許多朋友，也認為那幾乎是個「無法收拾的爛攤子」，並且勸他不要去。但是他的一位老朋友哈利·盧斯博士（即美國著名的《時代》週刊創辦人享利·盧斯的父親）卻對他表示了支持，但是他同時提醒司徒雷登，在他應聘之前，應當仔細審查經費方面的問題。

我們可以從一位燕京老教師的回憶中體會哈利·盧斯博士的提醒的深意。包貴思女士（她是冰心先生的老師）在她寫於一九三六年的《司徒雷登傳略》中回憶：「那時的燕大是一無可取。我們很局促的住在城內，沒有教員也沒有設備……學生不到百人，教員中只有兩位中國人（陳在新博士與李榮芳博士）。許多西方教員，不合於大學教授的條件。」更要命的是「常年經費有一半時落空的」。③而美國方面屬意司徒雷登，也並非只是看中他的聲望以及基督徒的身份。「一九二〇年，他（司徒雷登，筆者注）從神學院畢業後，就和和兩位同學，在南方教堂中旅行了兩年，為教會募捐。」包貴思女士在同一篇文章中回憶到：結果是「金錢潮湧到教會來」。④雖然司徒雷登對於這突如其來的任命並不情願，但是他並不是個畏懼困難的人，同時，作為一個出生在中國並對中國有深厚感情的美國人，他認為創建一所新大學，可以更好的服務於中國，而且這個任務跟他服務於自己的祖國美國也沒有什麼衝突。司徒雷登接受了聘請，但是同時約定：他不管經費的事情。

二

一九一九年春天，司徒雷登正式走馬上任，出任燕京大學的校長。六月份他到達北京，遭遇了他上任之後的第一次尷尬。那時候，五四運動結束不久，但是學生運動依然還是此起彼伏。在六月二日、三日、四日，學生遊行示威的活動達到了前所未有的高潮，前後有一千多名學生遭當局逮捕。按照計畫，司徒雷登應於六月八日跟學生們正式見面，算是新校長的就職典禮。不巧的是那一天政府釋放了被捕的學生。本來就少得可憐的沒有被捕的燕大學生，都滿懷熱情的跑道大街上去歡迎英雄們的光榮出獄，誰還顧得上這位上任之初的司徒校長？

不過，讓司徒雷登頭疼的不是在突如其來的尷尬，這種局面對於熟悉中國形勢的他來說，也許是意料之中。

雖然一開始曾經約定他不負責經費的問題，但是他一旦坐上校長的位置，這個問題就會來困擾他。在後來他的回憶錄裏，他回憶到：「當時學校一點現款都沒有」。而學校當前的情況卻需要更換一個更適合發展的校址。不然燕京則沒有辦法發展。根據司徒雷登的學生韓迪厚回憶，一九一九年的秋天，司徒雷登接手的燕京大學是這樣的景象：那裏有五間課室。一間可容一百學生的飯廳，有時用這間大屋子開會，也有時用來講道。還有三排宿舍，一間廚房，一間浴室，一間圖書室，一間教員辦公室。另有網球場和籃球場。此外剛弄到手一座兩層的廠房，原是德國人建的，可以改作課堂和實驗室。⑤怪不得司徒雷登頭疼！也怪不得司徒雷登抱怨：「我接受的是一所不僅分文不名，而且似乎是沒有關心的學校。」⑥沒有辦法，只有自己來。那個不負責經費的約定對於他來說，不過是一紙空文。他開始在老朋友哈利．盧斯博士的幫助下開始募捐資金。募捐資金難免遭逢尷尬和白眼，但是司徒雷登覺得，即使募捐不成，那麼也要和對方交為朋友，以便之後燕京大學的道路能夠更加順利。不過，他內心深處的感受，則是如魚飲水，冷暖自知。他曾經感歎：「我每次見到乞丐就感到我屬於他們一類。」如今美麗的燕園還在，只不過已經更名為北京大學。司徒雷登是怎樣找到了這個地方？又是如何把它變為燕京大學的新校址呢？在他的回憶錄中，司徒雷登記載了他尋找校址的過程：

我們靠步行，或騎毛驢，或騎自行車轉遍了北京四郊也未能找到一塊適宜的地產。一天我應一些朋友之約到了清華大學堂，其中一位朋友問道：「你們怎麼不買我們對面的那塊地呢？」我看了看，那塊地坐落在通往頤和園的公路幹線上，離城五公里，由於那裏公路好走，實際上比我們察看過的其他地方離城更近，因而十分吸引人。這裏靠近那在山坡上到處集簇著中國舊時代一些最美麗的廟宇和殿堂，並因此而著名的西山。⑦司徒雷登看上了這個地方，他找到了這塊地當時的主人——山西督軍陳樹藩。在和陳樹藩交涉的過程中，司徒雷登顯示出一如平常的那種非凡交際能力，結果，這位督軍僅以六萬大洋的價格把這塊地讓了出來，不僅如此，他還把其中三份之一的款項作為獎學金。但是司徒雷登的本領當然不僅僅表現在募捐上和尋找校址上，否則，他僅僅是稱得上是燕京大學的一位精明的管家，而不會成為他的靈魂人物。

三

過去的大學校長，往往把學校內知名教授的數量比什麼看的都要重要。清華大學的校長梅貽琦先生曾經說過一句非常有名的話：所謂大學者，非謂有大樓之謂，有大師之謂也。與之相比，司徒雷登沒有說出過這樣的名言警句，但是在他心裏對於這一點卻深以為然。在燕京大學初創時期，他延請到了劉廷芳和洪業兩位名師，在他們的協助以及影響之下，一大批學術大師紛紛奔赴燕京，到上個世紀二十年代，燕園之內已經是名師雲集，國文系有顧隨、容庚、郭紹虞、俞平伯、周作人、鄭振鐸等人，歷史系則有陳垣、鄧文如、顧頡剛等人，哲學系則有張東蓀等名宿……名師出高徒，雷潔瓊、冰心、費孝通、侯仁之、王鍾翰等等，則是那一時期的學生。

而真正讓燕京大學躋身世界一流大學地位的，則是哈佛燕京學社的建立。上世紀初期，司徒雷登瞭解到美國鋁業大王霍爾（一八六三～一九一四）有一筆巨額遺產捐作教育基金，並聲明遺產中一部分用於研究中國文化，由一所美國大學和一所中國大學聯合組成一個機構，來執行這項計畫。起初遺囑執行機構選了美國的哈佛大學和中國的北京大學，但司徒雷登設法成功地說服哈佛大學與燕京大學合作，於一九二八年春成立哈佛燕京學社，並設立燕京學社北平辦事處。司徒雷登回憶這段往事的時候，說「那是一次可怕的經歷，弄得我十分緊張，心裏為自己事業的前途擔憂，連吃的東西也顧上看一眼。一席話下來，出了一身冷汗。」⑧司徒雷登所說的這段情形，是他的老朋友哈利．盧斯博士經過不懈努力使他獲得和霍爾遺囑執行人克裏夫蘭律師見面交談之後。但是司徒雷登的冷汗沒有白流，那位律師終於答應給燕京大學五十萬，不過卻要在一年之後，因為他要確認燕京大學是「一所值得支持的大學」。一年之後，司徒雷登再次見到這位律師，他還沒有說話，律師就提出要實現諾言，不過，律師「變卦」了，因為他覺得給燕京的不是五十萬，而是增加了一倍，一百萬。司徒雷登當然不會錯過這樣的好機會，他趁機提出燕京發展的困難，並把款項要求提高到一百五十萬，不過這次律師答應的比第一次就爽快多了。以當時燕京大學的實力，能夠和哈佛這樣當時在世界處於一流位置的學校聯合，司徒雷登也不免有些自得。他說：「承蒙哈佛當局欣然允諾，將他們那所大學的美好名字同中國一所小小的教會學校聯在一起，實在令人感激。」⑨

四

我們可以注意司徒雷登在哈佛燕京學社成立之後所說的那句話，在說那句話的時候，他完全是以一個中國人自居並為此感到欣喜。事實上也正是如此，他不僅把燕京大學看作自己畢生的事業，更是把它看成是中國事業的一部分，認同這所大學是「中國人的大學」。也正因為如此，司徒雷登在當時的燕大師生當中受到極高的推崇。而由於燕京大學的成功以及它的影響，司徒雷登在中美兩國的聲譽也在上個世紀中葉達到了巔峰。

有一件事特別能夠體現燕京大學以及司徒雷登在當時中國的影響。一九三五年，那時候的燕京大學已經享譽國際，當時對於當時政府的一些部門來說，它並沒有受到足夠的重視。有一次司徒雷登發出了這樣的抱怨，蔣介石知曉之後，立即為司徒雷登在南京勵志社安排了一次講演。那次演講，蔣介石臨時有事，未能參加，但是在當時的行政院長汪精衛的率領下，包括宋子文、孔祥熙、張群、何應欽、陳誠在內的各院、部和三軍負責人近二百人出席了這次集會。在這次演講中，司徒雷登把燕京的種種狀況介紹給當時的官員，以至於此後的燕京畢業生在應聘政府職員的時候，政府部門都不得不對他們青眼有加。⑩

司徒雷登對於學生更是像一個一個慈祥的長輩，在燕京學生人數較少的時期，他能夠準確的說出沒有個學生的名字。後來學生逐漸增多，但他依然努力做到這一點。當時燕京有個規定，未名湖裏禁止釣魚，但是有個學生忽略的這個規定，正當他手持魚竿在未名湖畔悠然自得的時候，一個慈祥的聲音在他身後響起來：「這湖裏面的魚不錯吧？」⑪他回頭一看，正是他們的校長司徒雷登。對於當時此起彼伏的學生運動，司徒雷登表現出了比中國其他大學校長更大的寬容，一九三四年，北平學生反對蔣介石對日的不抵抗政策，紛紛南下請願示威。燕大的學生在愛國方面一向不甘人後，也參與其中。學校無法解決，只好連電催促正在美國募捐的司徒雷登返華解決問題。司徒雷登返校當日，正是南下請願的學生們北上返校之日，學生們正不知道何如面對他們的校長，擔心校長責備他們荒廢學業。但是，在當天召開的大會上，校長的話讓他們感動地熱淚盈眶。在那次大會上，司徒雷登先是沉默了二三分鐘，然後說：「我在上海下船，一登岸首先問來接我的人：燕京的學生可來南京請願了麼？他們回答我說，燕京學生大部分都來了！我聽了之後才放下心！如果燕京學生沒有來請願，那說明我辦教育幾十年完全失敗了。」⑫近代史上著名的「一二・九運動」也是在燕京大學這所美麗的校園內最先發出震聾發聵的聲響。

司徒雷登與燕京大學，彷彿就是一體。那所有他們的朋友捐贈給他作為居所的庭院，位臨未名湖，冰心先生給它起了個詩意的名字：臨湖軒。但是司徒雷登並沒有一個人獨享它，而是作為學校的辦公地點，所以，很快的，這座庭院成為了燕京大學的標誌。每年的六月二十四日，燕大的學生必定來到這裏，給這位讓他們尊重的校長祝賀生日。一九二六年六月五日，司徒雷登的夫人在這所庭院離開人世，她的墓地成為了燕大校園中的第一座墳墓。也許，從那個時候起，司徒雷登就跟燕京大學融為了一體。

五

一九三七年抗日戰爭爆發，司徒雷登也在考慮著是否把他經營了許多年的燕京遷往後方，但是經過一番深思熟慮，他決定讓這所大學留在北京。他迅速的在燕園升起美國的星條旗，以表示此處屬於美國財產，又特別在大門上貼上公告，不准日軍進入。司徒雷登本人並不認同共產黨，但是就是在這樣的時期，抗日刊物以及各種宣傳馬克思主義的刊物依然在燕京大學裏正常的得以出版。燕京大學的校友、旅加拿大學者林孟熹在多年之後發出這樣的感歎：「星條旗啊！多少年來你曾在這塊土地上留下令《獨立宣言》蒙羞得可恥記錄，可這一次卻時你頓增光彩。」由於司徒雷登這種相容並包的胸懷，在那段風雨如晦的歲月中，抗日救亡的呼喊得以在這個由美國人創辦的教會大學中發出了時代的最強音。一九四五年抗日戰爭勝利後，毛澤東在重慶第一次見到司徒雷登，就滿臉笑容的對司徒雷登說「……久仰！久仰！你們燕大同學在我們那邊工作得很好……」⑬

日本人對於燕京大學並非沒有覬覦之心，他們一直尋找種種藉口要求燕京大學聘請日籍教師和接受日本學生，對此司徒雷登只是陽奉陰違。為了堵住日本人的口舌，他聘請了一位日籍教師——考古大師鳥居龍藏，那是一個反對日本侵華的純正學者。在後來燕京大學被日寇關閉、燕京師生被趕出燕園的時候，他不顧自己可能受到的迫害一邊站在學校門口，一邊向燕大師生鞠躬致歉，並因此得到了燕京人尊重和日本人對他一年的軟禁。司徒雷登也曾經答應招收日本學生，但是要求他們必須經過燕京大學的入學考試。不過，在北京淪陷時期，從來沒有一個日本學生能夠在燕京大學的入學考試中獲得及格而被允許進入燕京大學。

一九四一年十二月太平洋戰爭爆發，日本不再顧忌美國方面的反映。在戰爭爆發的當天早晨，早已經對司徒雷登和燕京大學心懷不滿的日本憲兵隊闖進燕園，對學校實行包圍和封鎖，並逮捕了燕大師生十八人。對此，侯仁之先生在多年之後曾經撰文回憶。

司徒雷登當時正在天津為學校募捐，借助在英商湯生公司。據當時在湯生公司工作的燕京校友楊文泉回憶：司徒雷登之所以不住飯店的原因之一就是飯店當時住客複雜，特務很多。⑭一向關注國際變化的司徒雷登雖然曾經預料美日之間會爆發戰爭，但是他顯然無法預料日本憲兵隊會到他的下榻之處去逮捕他。就這樣，司徒雷登被日本人押到北京，成為日本人的階下囚。司徒雷登被捕之後，美國國務院一再態度強硬的要求日本釋放司徒雷登，這恰恰讓日本認為司徒雷登是個舉足輕重的人物，並決定在需要他發揮作用的那一天在釋放他。因此，在其他燕大師生被營救出來之後，司徒雷登又獨自在日本人的監獄裏多待了四年，一直到一九四五年中國抗日戰爭勝利。

一進監獄的時候，司徒雷登受到審問，但是日本人一無所獲。在之後的日子裏，他被允許看兩份報紙，一份是北京出的英文報紙，一份是英文版的《大阪每日新聞》。北京出版的報紙由於受到日本軍方的嚴格檢查和控制，內容極其有限，但是司徒雷登卻逐漸可以通過《大阪每日新聞》所刊登的消息來判斷實際情況。「到一九四五年春天，《大阪每日新聞》開始時有時無，最後終於完全停版了。這證明美軍對日本的轟炸發揮了威力，但同時我們也失去了消息的來源……」⑮在四年的監獄生涯中，司徒雷登也並非一無所獲，他利用這段相對空閒的時間完成了他的大部分自傳。在司徒雷登後來根據他在獄中所寫的自傳完成的《在華五十年》裏，在談到這段經歷的時候還提起一貫支持他的助手傅涇波：「當我被日本人囚禁的時候……他認為他可以安排我逃跑。」⑯

六

一九四六年，司徒雷登做出了出任美國駐華大使的選擇。在他即將離開北平的時候，在某個中美聯誼會為他舉行的歡送會上，他突然發現了已經認識了多年的北京大學校長胡適。在他的即席發言中，他把自己與胡適作了一番比較，他說：「他幸運地辭去了出使國外的使命（指胡適辭去了駐美大使的職務），返回了北平當大學校長，而我卻要離開這最可愛的城市和那令人滿意的事業，去從事一項前途未卜的使命，而這正是胡博士所避開的。」不過，燕京大學校友林孟熹對此則有不同回憶：

林孟熹曾就司徒雷登出任大使請教當時燕大政治系主任兼校務委員會成員陳芳芝，陳芳芝回憶說：在離開燕園赴南京就任前夕，司徒雷登曾經對他說：「出任大使是為了謀求和平，而只有在和平環境下，燕京大學才能生存和發展。」⑰

但是長於治校的司徒雷登對於政治顯然沒有對於教育那樣瞭若指掌，這段大使生涯讓他感到心裏憔悴。他想一碗水端平，因此得罪了他過去的老朋友蔣介石，以至於一九五〇年司徒雷登的七十五歲壽辰，當時國民政府駐美大使顧維鈞請示蔣是否以蔣的名義贈送鮮花，蔣冷漠的回答：不必了。甚至他昔日的學生們，也不能完全瞭解他的一片苦心。據林孟熹回憶一九四八年五～六月的一個下午，燕京的學生代表在臨湖軒就中美關係和美國對華政策交換意見，氣氛劍撥弩張，因為燕大過去給他的教育是：「吾愛吾師，吾更愛真理。」

隨著南京的解放以及美國對華政策的徹底失敗，一九四九年八月二日，司徒雷登不得不踏上回美國的飛機，離開這片他曾經生活了五十年，並曾經深深熱愛過的土地。在飛機上，他看到美國國務院發表的《白皮書》，在那裏面，司徒雷登完全成了一個美國對華政策失誤的替罪羊。而在大洋彼岸的這一側，毛澤東則發表了那片著名的文章：〈別了，司徒雷登〉。這位老人再也支撐不住，一下子中風臥床不起。在他身邊的，只有過去一直支持他的秘書傅涇波。這個富有傳奇色彩的中國王公的後人，在司徒雷登臥床不起的日子裏，體現出他一如既往的君子之風，像一個兒子一般服侍在司徒雷登的身邊。恐怕也只有他，能夠體會司徒雷登此刻心情的荒涼。

注釋

①韓迪厚：《司徒雷登傳》，原載於香港《南北極》月刊一九七六年六、七、八月號。

②司徒雷登：《燕京大學——實現了的夢想》。轉引自燕京大學校友校史編寫委員會所編《燕京大學校長司徒雷登》。

③包貴思：《司徒雷登博士傳略》（冰心譯）。原載《燕大友聲》二卷九期，一九三六年六月二十四日

④同上

⑤同①

⑥同②

⑦同上

⑧同上

⑨同上

⑩林孟熹：《司徒雷登與中國政局》，新華出版社二〇〇二年十月第二版。
⑪陳禮頌：《新任美國大使司徒雷登》，該文一九四六年七月二十四日晚寫於美國哈特佛德。轉引自燕京大學校友校史編寫委員會所編《燕京大學校長司徒雷登》。
⑫馬紹強：《回憶司徒雷登二三事》。載於《燕大文史資料》第十輯
⑬同⑩
⑭楊文泉：《司徒雷登在天津被捕經過》。轉引自燕京大學校友校史編寫委員會所編《燕京大學校長司徒雷登》
⑮司徒雷登：《在華五十年》。轉引自《無奈的結局——司徒雷登與中國》，郝平著，北京大學出版社二〇〇二年九月第一版
⑯司徒雷登：《在華五十年》。轉引自《司徒雷登與中國政局》，林孟熹著 新華出版社二〇〇二年十月第二版。
⑰同⑩

第二輯

學人今昔

黃炎培：以教育始，以政治終

一九〇一年，二十三歲的黃炎培考入上海南洋公學特班，當時，蔡元培恰在南洋公學任教。南洋公學的規模並不大，所以師生之間接觸也就比較多。黃炎培受老師蔡元培的影響，從此埋下了投身教育的種子。時隔不久，南洋公學爆發學潮，黃炎培在蔡老師的啟發下，回到老家川沙，創辦了川沙縣第一所新式學堂——川沙小學堂。之後又先後創辦了廣明小學、廣明師範講習所、上海城東女校、浦東中學等學校。在教育實踐中，黃炎培感到舊教育的最大弊端就是學用脫節。一九三一年，他發表著名論文《學校教育採用實用主義之商榷》，批判當時舊教育脫離實際，脫離生產的弊病，首倡教育與學生生活、學校與社會實際相聯繫的實用主義，並具體提出小學各科的教學應與兒童的日常生活緊密聯繫；不強調學科本身的系統性，重在具體運用；要因科制宜地採用不同的教學方法；重視實物教學等等。此文可以視為黃炎培職業教育思想的發端，文章發表之後，在教育界引起了很大的反響，一時間竟成思潮。黃炎培也由此奠定了自己在教育界的地位。

一九一七年五月六日，黃炎培聯合教育界、實業界知名人士蔡元培、梁啟超、張謇、宋漢章等四十八人在上海發起創立了中華職業教育社。創辦之初，黃炎培提出職業教育的目的有三：「為個人謀生之準備，一也；為個人服務社會之準備，二也；為世界、國家增進生產力之準備，三也。」一九三四年經中華職業教育社公訂：「職業教育的目的：一為謀個性之發展；二為個人謀生之準備；三為個人服務社會之準備；四為國家及世界增進生產力之準備」。基於上述認識，黃炎培把職業教育的終極目標確定為：「使無業者有業，使有業者樂業。」中華職業教育社是中國近代教育史上的第一個以研究、提倡、試驗、推廣職業教育為宗旨的全國性教育團體。隨著中華職業教育社的壯大，黃炎培的社會聲譽日隆。

一九四五年，抗日戰爭勝利，舉國上下無不盼望當時的兩大政黨——共產黨和國民黨進行和談，避免再起征戰。在此背景下，黃炎培、傅斯年，左舜生等七人以參政員的名義致電中共，期盼中共的領袖毛澤東能赴重慶進行商談。然後才有了黃炎培等人的延安之行。延安之行無疑對黃炎培產生了影響，當時的六位參觀者（王雲五因病沒有成行）除了黃之外在一九四九年之後都去了臺灣，而黃卻留了下來，並且出任新中國的國務院副總理兼輕工部副部長等職務。不過，能夠給後人留下印象的，恐怕還是黃在延安時和毛的對話。那段對話被黃記載在他的小冊子《延安歸來》裏：

有一回，毛澤東問我感想怎樣？我答：我生六十多年，耳聞的不說，所親眼看到的，眞所謂「其興也勃焉」，「其亡也忽焉」，一人，一家，一團體，一地方，乃至一國，不少單位都沒有能跳出這週期率的支配力。大凡初時聚精會神，沒有一事不用心，沒有一人不賣力，也許那時艱難困苦，只有從萬死中覓取一生。既而環境漸漸好轉了，精神也就漸漸放下了，有的因爲歷時長久，自然地惰性發作，由少數演爲多數，到風氣養成，雖有大力，無法扭轉，並且無法補救。也有爲了區域一步步擴大了，它的擴大，有的出於自然發展，有的爲功業欲所驅使，強求發展，到幹部人才漸見竭蹶，艱於應付的時候，環境倒越加複雜起來了，控制力不免趨於薄弱了，一部歷史，「政怠宦成」的也有，「人亡政息」的也有，「求榮取辱」的也有。總之沒有能跳出這週期率。中共諸君從過去到現在，我略略瞭解了的了，就是希望找出一條新路，來跳出這週期率的支配。

毛澤東答：我們已經找到新路，我們能跳出這週期率。這條新路，就是民主。只有讓人民來監督政府，政府才不敢鬆懈，只有人人起來負責，才不會人亡政息。

我想：這話是對的。只有大政方針決之於公眾，個人功業欲才不會發生。只有把每一地方的事，公之於每一地方的人，才能使地地得人，人人得事。把民主來打破這週期率，怕是有效的。

這段話，可以說是新局勢的開局之談。黃的發問不可說不尖銳，不過，這個發問也許正中毛的下懷。即使黃不發問，毛也許還會用別的方式表達出來。可以說，兩位偉人之間的一問一答，就勾畫除了以後社會佈局的藍圖。

不過，個人的願望可以無限美好，但是在實施的時候如果沒有制度的保障則幾近空談。隨著新政權的建立，共和國領袖的威望也達到頂峰，在一個「一句頂一萬句」的年代，「週期律」也開始頻頻做祟。加之毛總是懷疑有人妄圖奪權，一場場的運動於是接踵而來。不像其他從舊社會走過來的知識份子，黃炎培在各種運動中基本沒有受到衝擊。建國之後周恩來曾經說過：「職教社是一個知識份子的團體，從職教社所走的道路，也可以看出中國知識份子的歷史道路。」這無疑也代表了當時中共對於職教社以及其締造者黃炎培的首肯。這個首肯有沒有標準我們不得而知，不過發生在一件事可以為這個首肯做一個注腳。

一九五七年春季，中共中央決定實行開門整風，歡迎社會各界人士對共產黨展開批評。四月三十日，毛澤東以此為主題召開了第十二次最高國務會議。出乎與會者的意料，臨近會議結束時，毛澤東話鋒一轉，談起他不準備擔任下一屆國家主席的問題，並委託在座的諸位在各自的範圍內透露這個消息，刮點小風。散會後，參加會議的民主人士陳叔通和黃炎培連夜給劉少奇和周恩來寫了一封信：

昨毛主席於會議上最後提到下屆選舉主席不提毛澤東的名，並囑我們透露消息。我們兩個人意見：最高領導人還是不更動爲好。誠然要強調集體領導，但在短期過程中全國人民還認識不清楚，集體領導中突出個人威信，仍是維繫全國人民的重要一環……陳叔通黃炎培一九五七年五月一日陳叔通、黃炎培的來信經劉少奇、周恩來閱後，轉到毛澤東手中。按照慣例，毛澤東對陳、黃信的批語應該直接交給陳、黃本人，但是這次卻一番常規，在寫下上述批語的當天，毛將寫了批語的陳、黃來信轉給劉少奇、周恩來、朱德、陳雲、鄧小平、彭眞等人傳閱。毛的心情我們現在無從推測，不過，可以說黃炎培的信再一次打動了他的過去的老友和現在的領導的心。

一九六四年，黃炎培寫成的回憶錄《八十年來》。在自序裏他寫道：要「在黨和毛主席領導下，一分精神全為國，一寸光陰全為民，以『天天向上』自勉，這樣學習到老，改造到老。」經過「改造」後的他，要以自己的回憶錄，「秉著是是非非的直筆，將使大家看看今天，想想昨天，知所努力。」在這「直筆」中，黃炎培對於他早年從事的教育事業只是如蜻蜓點水般地掠過，而他給現代史和國人留下的最重要的一筆——對「週期律」的質詢和反省——更是隻字不提。看來，黃炎培是深深地體會了「今是而昨非」了。

此般師生此般情——金岳霖與殷海光

一九三五年，經過一番與家人的據理力爭，做了一段學徒生涯的殷海光又重新回到了學校。愛與人辯論的性格，讓他對邏輯學情有獨鍾。因為在他看來，邏輯可以使他在辯論時立於不敗之地。也是在這一年，年僅十六歲的殷海光在一套清華大學出版部出版的邏輯學教材上知道了金岳霖的名字。當時，兩個人的地位可以說是天壤之別：金岳霖是名滿天下的大教授，殷海光是籍籍無名的中學生。然而在一九三五年之後，這兩個名字就產生了聯繫。

聯繫是這樣產生的：殷海光在讀了金岳霖的書之後，產生了和這位教授「討論」邏輯的想法。他直截了當地給金岳霖寫了一封信，在信中說了自己對於邏輯的一些看法，並向這位教授請教。作為名教授，金岳霖對於這個叫「殷海光」的中學生非但沒有不屑一顧，反而感到欣賞並很快回了信，在信中，金岳霖「告訴他，有哪些書，可以寄來借給他讀」。①這種做法對於還處於中學階段的殷海光起了多大的激勵作用？我們不得而知。不過，在這之後不久，年僅十六歲的殷海光以一己之力翻譯了一本厚達四百多頁的《邏輯基本》〔查普曼（Champsman）、亨利（Henle）合著，商務印書館出版〕，可以說與金岳霖的鼓勵關係匪淺。

一九三六年，殷海光的高中生結束，打算到當時的學術中心北平求學。對於殷海光的這一決定，他的家人並不熱心：殷海光隨心所欲的學習方式使他的家人對他的學業不抱希望，同時，家境的困難也難以負擔他的生活及學習費用。這時候，殷海光又一次想到了曾經給過他鼓勵的金岳霖，他又一次給金岳霖寫信。這一次，不是「討論」，而是求助，請求金岳霖幫助他到北平學習。金岳霖為此找到張東蓀，希望張能為殷海光安排一份工作，以便讓殷海光能夠一邊掙錢，一邊讀書。在獲得張東蓀的允諾之後，金岳霖寫信告訴殷海光：可以到北平來。對於一個與自己素未謀面的青年，金岳霖是熱心的。而他的理由，卻只是「一個青年要學問總是好事」。②

殷海光到達北平之後，張東蓀的允諾卻落了空。為此，金岳霖還和張東蓀傷了和氣，因為金認為答應了別人的事情就應該做到，否則就不應該答應。沒有辦法，金岳霖只好負責殷海光的生活費用。在那個時代，教授待遇優厚，負擔起一兩個人的普通生活費用，並不顯得吃力。「教授與他約好，每週他們見面一次，一邊吃飯，一邊談學問。」③

此時的殷海光，從與金岳霖「討論」的小朋友變成了他的弟子。不過，這位弟子與乃師的性情卻大為不同：金岳霖性情溫和敦厚，與人談話總是「如果這樣，那會怎樣」，又或者是「或者……」、「可能……」諸如此類等等，而殷海光卻是盛氣凌人，說話喜歡用「我認為一定如何」之類的語氣。然而這並不影響他們之間的師生情誼，跟隨著金岳霖，殷海光在那一段時期裏結識了眾多北平學術界的名流。一九三七年「七七事變」爆發，清華大學對於在校學生進行疏散，又是金岳霖自掏腰包，拿出五十元作為殷海光回家的路費。

一九三八年，金岳霖與殷海光這對情誼深厚的師生再一次相逢在西南聯大。「在一個靜寂的黃昏」，殷海光同老師金岳霖一起散步，「那時種種宣傳正鬧得響」。殷海光問老師：究竟哪一派才是真理？金岳霖答：「凡屬所謂『時代精神』，掀起一個時代的人的興奮的，都未必可靠，也未必能持久。」殷海光又問：「什麼才是比較持久而可靠的思想呢？」金岳霖又說：「經過自己長久努力思考出來的東西……比如說，休謨、康德、羅素等人的思想。」這番對話，對殷海光產生了深遠的影響。在之後的生涯裏，殷海光「一直以做這一類型（休謨、康德、羅素）的思想工作者自勉」。④在說到金岳霖對自己的影響時，殷海光說：「我突然碰到業師金岳霖先生。真像濃霧裏看見太陽！……昆明七年的教誨，嚴峻的論斷，以及道德意識的呼吸，現在回想起來實在鑄造了我的性格和思想生命。」⑤

在西南聯大，還有一件事情讓殷海光感念不已。在選讀金岳霖課程的學生當中，殷海光喜歡金老師的邏輯，另外一個同學喜歡的則是黑格爾。期末，兩人各就自己喜歡的領域寫了讀書報告，結果殷海光的分數卻低於寫黑格爾的那個同學。他氣衝衝地跑去找金先生，問他這分數是怎麼打的。金岳霖告訴他：「你的思路雖和我相同，但你的功夫沒有他深。」殷海光認為，這種客觀和公平「在中國文化分子中是少有的」。⑥

然而，作為弟子的殷海光，並沒有在學問上繼承金岳霖的衣缽，而是走了與其完全不同的道路。一九四九年之後，殷海光在臺灣成了傳奇般的啟蒙人物，而其師卻在大陸此岸接受思想改造。一九五二年，金岳霖迫於政治上的壓力，全面檢討自己的學術思想，寫下了〈批判我的唯心論的資產階級教學思想〉一文。在這篇文章中，金岳霖順便批判了沒有繼承他衣缽的殷海光以及繼承了他衣缽的王浩。在彼岸的殷海光讀到這篇文章之後，「思緒起伏不已」，⑦黯然神傷。但是，當別人撰文批評其師行為的時候，殷海光卻立即撰文提出反批評，認為他們是在說風涼話，沒有設身處地看待大陸學人的境況。而他的業師金岳霖，在其晚年依然無法擺脫意識形態的束縛。對於他早年的得意弟子殷海光，在口頭上依然持批評的態度。他說：「殷福生這個人，我非常不贊同他，他為什麼要反對中國共產黨，逃到臺灣？」⑧但是在他聽說殷海光在臺灣去世的消息之後，金岳霖感到驚愕、悲傷。看來，兩岸的阻隔和政治上的不同選擇並沒有消滅他們之間的師生情誼，只不過，殘酷的現實讓他們把這份情誼埋在了心底。

我們過去曾經有句老話，師徒如父子。這句話並不是隨便說說，像金岳霖與殷海光這樣的師生，在過去的時代中並不鮮見，楊振聲與沈從文、胡適與吳晗和羅爾綱都是這種情形的生動寫照。師生之間的這種親密關係，對於學術傳承的意義不言而喻，蒙文通先生常常說「學問可以不做，卻要做一個堂堂正正的人」，姑不論這是蒙先生的謙虛，從某種意義上，人品正，學品才會正。有了這樣的老師，對學問沒有敬畏之心，也難。現在不講這一套了，這樣的老師和這樣的學生也就不多見了。拿金岳霖和殷海光這對師生來說，殷海光到了臺灣之後，還培養出了像李敖、陳鼓應這樣的學生，但是他的老師金岳霖，除了批判自己的學術思想之外，已經沒有人敢與他討論學問了。

注釋

①陳平景：《殷海光傳記》，載陳鼓應編：《春蠶吐絲——殷海光最後的話語》。

②劉培育主編：《金岳霖的回憶與回憶金岳霖》，四川教育出版社，一九九五年。

③王中江：《煉獄——殷海光評傳》，群言出版社，二〇〇三年。

④殷海光：《致盧鴻材》，載《殷海光全集》。

⑤殷海光：《致林毓生》，載《殷海光全集》。

⑥韋政通：《我所知道的殷海光先生（一九六五～一九六九）》，載《殷海光全集》。

⑦殷海光：《我爲什麼反共？》載《殷海光全集》。

⑧陳平景：《致李敖》，載《李敖書信集》，時代文藝出版社，一九九二年。

在學術與氣節的蹺蹺板上

一

國人喜歡蓋棺定論，但是這樣的一件事情放在大哲學家馮友蘭身上，便顯得難度重重。馮友蘭在生前就是大受爭議的人物，其身後是非也一直延綿不絕。這種爭議主要體現在兩個方面：其一是因為馮先生一生苦難而傳奇的歷程，以及其在各種事件中所做出的反應，在一些學人有其是港臺以及海外學人看來缺少氣節，甚至因此影響到對於馮先生的學術評價，舉個最近的例子，便是何兆武先生在《上學記》關於馮友蘭的評價：「馮友蘭對當權者的政治一向緊跟高舉，像他《新世訓》的最後一篇〈應帝王〉等等，都是給蔣介石捧場的。在我們看來，一個學者這樣做不但沒有必要，而且有失身份……」；另一個層面，因為馮先生的哲學貢獻以及其無人能出其右的學術影響，並認為是中國哲學界的旗幟性人物，由此衍生出來對於馮先生的崇拜情結，認為馮先生完美。其實，關於馮友蘭的評論，還是他的女婿蔡仲德先生的看法最為持中，蔡仲德把馮友蘭的一生分為三個階段：第一個時期是「建立自我」，第二個時期是「失落自我」，而第三個時期是「回歸自我」，認為馮友蘭的思想歷程是中國知識份子的苦難縮影，這不是個人問題，而有典型意義。

而對於作為哲學家的馮友蘭來說，或許這一切都不重要，他用兩幅對聯對自己的一生作了總結：其一是「三史釋今古，六書紀貞元」；另外一副則是：「闡舊邦以輔新命，極高明而道中庸。」前一聯說的是自己的學術著作，三史分別是《中國哲學史》上、下卷（一九三三年）、《中國哲學簡史》（一九四八年）、《中國哲學史新編》一至七冊（一九八〇～一九九〇）。其中兩卷本的《中國哲學史》既是馮友蘭個人的成名之作，也是我國近代意義上的中國哲學史學科奠基之作；六書則是《新理學》、《新事論》、《新世訓》、《新原人》、《新原道》、《新知言》。這些著述形成了馮友蘭的哲學體系，給他帶來了美好的聲譽，奠定了他在中國乃至世界哲學界不可動搖的地位。馮友蘭在二十世紀四十年代，運用新實在論哲學重新詮釋、闡發儒家思想，以作為復興中華民族的理論基礎。這一時期出版的《新理學》為核心的「貞元六書」，構成了一套完整的新儒家哲學思想體系，它既是馮友蘭哲學思想成熟的標誌，也被認為是他一生治學的最高成就。後一聯與前一聯緊密相關，說得是在馮友蘭先生看來自己一生以一貫之的學術思想。

最近三聯書店一口氣出版了馮友蘭先生的「六書」以及《南渡集》，是其「馮友蘭作品精選」出版計畫中的一部分，其中「六書」曾經被河南人民出版社二〇〇〇年出版的《三松堂全集》，此次出版也是以此為底本，不過以單行本形式刊行。而《南渡集》結集於一九四六年，當時擬由商務出版社出版未果，一九五九年曾被收入《資產階級學術思想批判資料》第三集，像是歷史的反諷，《批判資料》也是由商務出版社出版。這一次則是首次以單行本刊行。

說起來，這套書的出版，和我還有一點小小關聯。事出有因，原因就是因為我在文章開頭提到的《上學記》。《上學記》出版之後，我讀過之後，給宗璞先生打了一個電話，告訴她書中有關於馮先生的評價。宗璞先生接到我的電話之後，對於《上學記》作了一些瞭解，認為其中對於馮先生的評價不確切，並且做出了回應。事後，宗璞先生告訴我，她與三聯書店的領導做了溝通，三聯書店正計畫把馮先生的著作重新出版，讀者看了馮先生的著作，自然就會瞭解馮先生其人，也會判斷《上學記》關於馮先生的評價確切不確切。

二

從學術來評價馮先生這幾本書，非我所願。我想借這套書出版之際，老調重彈，但是要發新聲。話題還是從本文開頭說起。

何兆武在《上學記》中對於馮先生的指責，代表了相當一部分知識份子對於馮先生的看法，而更多對於馮先生的指責則是針對於馮先生在文革尤其是「批林批孔」中的表現。是啊，馮先生，你是大知識份子、大哲學家，那麼多眼睛在看著你啊，馮先生，你怎麼能表現的那麼「識時務」，那麼「沒氣節」啊？你看看人家梁漱溟先生，「三軍可奪帥，匹夫不可奪志」，那才是知識份子的錚錚傲骨啊！事實當然是這樣，並且我也曾經一度這樣認為。但是，事實背後呢？當眾多的知識份子如此評價馮友蘭的時候，我們是否做到了「同情的瞭解」？恐怕沒有。對於當時的情境多一些瞭解，評價或許就會大相徑庭。拿梁漱溟先生來做對比，則更富有意味：

梁漱溟先生在一九四九年之前就是著名的民主人士，曾任中國共產黨的重要政治盟友民主促進同盟的秘書長。而且曾兩赴延安與毛澤東有過長時間的交談，這些都使得梁先生在一九五〇年從重慶到北京之後的政治環境中有特殊的優勢。首先是一九五〇年之後毛澤東數度請梁先生去中南海交談並力邀參加政府。但梁先生卻願意「留在政府外面」。但馮先生就不一樣了，馮先生因為曾參加過國民黨代表大會的代表，而且一直與國民黨政權有著不錯的關係，所以在解放後首先就因為「政治上的理由」被迫辭去清華大學校務委員會委員和文學院院長的職務。所以一九四九年十月就給毛澤東寫信，「大意思說：我在過去講封建哲學，幫了國民黨的忙，現在我決心改正錯誤，學習馬克思主義，準備於五年之內用馬克思主義的立場、觀點、方法，重新寫一部中國哲學史。」毛很快就回了信，「友蘭先生，十月五日來函已悉，我們是歡迎人們進步的。像你這樣的人，過去凡過錯誤，現在準備改正錯誤，如果能實踐，那是好的。也不必急於求效，可以慢慢地改，總以採取老實的態度為宜，此覆。毛澤東，十月十三日。」從起點上來說，馮先生與梁先生就不在一個起跑線上，也就是說，當時像梁先生和馮先生這樣重量級的知識份子，梁先生還有保持沉默的自由，而馮先生，連保持沉默的自由也不存在。當然還有一些沒有表態的知識份子，恕我說句不恭的話，當時還有很多知識份子在那場運動中還沒有發言的資格，如果我們對於那對歷史還有些瞭解的話，就會知道當時有不少青年才俊是積極想表現的。用氣節來評價人，多麼殘酷的一件事啊。歲月流逝，批林批孔作為已經過去的歷史事件，留給梁先生和馮先生的，是兩份不同的遺產。現在，我們再來看這些事情，至少應該懂得道德評價的必要性和限度了吧。

從另外一方面來看，馮友蘭先生至少有一件事情做的要比很多知識份子清白的多，那就是據我所看到的有限的資料來看，我沒有看到馮先生在文革中批判過誰、揭發過誰、陷害過誰，反倒是那些譏諷馮先生的人，在這方面卻積極的很。那些以氣節指責馮先生的人，可曾想過政治的馮友蘭和學術的馮友蘭分別坐在氣節和學術的蹺蹺板上這一境遇背後的歷史情境？歷史是一面鏡子，照別人的時候，首先要照一下自己，道德，也是如此。每個人的性格都有弱點，馮友蘭也是，考慮到這種弱點，結合具體的歷史情境，評價馮友蘭的反映，至少應該抱以同情的瞭解。對此作為馮先生的女婿的蔡仲德剖析得頗好：一方面，「『闡舊邦以輔新命』的『平生志事』表明馮友蘭一代知識份子具有強烈的愛國熱情」；另一方面，「他們對於群體與個體、國家與個人的關係，往往重視前者而輕視後者，甚至不區分祖國與政權，不考慮政權的性質，而總是強調國家的主權，忽視個人的人權。……這種國家至上的觀念決定他們往往把國家的獨立、統一看得高於一切，以致在國家的強權面前放棄知識份子應有的獨立思考與獨立人格。自己忍受來自國家的侵害而不反抗，也對國家侵害他人的現象保持沉默。」

三

關於「六書」，學界重多時賢多有論述，原本無須我多嘴。但是通讀馮先生這幾本書，卻發現馮先生的行文與當下學界的行文頗有不同，我只想原文抄錄幾段，至於書中精義，還是讀者去自行體會。

第一段：

本書名爲新理學。何以爲新理學？其理由有二點可說。

就第一點說，照我們的看法，宋明以後底道學，有理學心學二派。我們現在所講之系統，大體上承接宋明道學之理學一派。我們說「大體上」，因爲在許多點，我們亦有與宋明以來底理學，大不相同之處。我們說「承接」，因爲我們是「接著」宋明以來底理學講底，而不是「照著」宋明以來底理學講底。因此我們自號我們的系統爲新理學。

就第二點說，我們以為理學即講理之學。普通人常說某某人「講理」，或者某某人「不講理」。我們此所說之講理，與普通人所說之講理，雖不必有種類上底不同，而卻有深淺上底大分別。我們所說之理，究竟是什麼？現在我們不論。我們現在只說：理學即是講我們所說之理之學。」這是《新理學》緒論中的開端。

我敢說，現在要是誰敢這樣寫學術著作，肯定讓時賢笑掉大牙，可是馮先生不怕，那個時代的人們好像都不怕，把學術著作寫的根聊天話家常一樣，怪不得那個時期的學術那麼昌盛繁榮。

再抄一段：

朱：那等將來我們另有機會再說。現在讓我先回答你方才提出的問題。有兩件事情甲乙，假如有了甲不一定就有乙而沒有甲卻一定沒有乙，如此我們就說甲是乙的必要原因。譬如人只有飯吃，他不一定就能生存，因為他可以病死。但若是他沒有飯吃，他一定不能生存。因此我們說吃飯是人生存的必要原因。

戴：（哈哈大笑）不客氣地說，畢竟你們宋儒讀古書的能力，不及我們漢學家。照你說起來，所謂必要原因，就是《墨子》上所說的「小故」。《墨子・經上》說：「故，所得而後成也。」《經說》說：「故，小故有之不必然，無之必不然。」這不恰好就是你所講的必要原因嗎？

這是《南渡集》馮友蘭先生虛擬的朱熹與戴震的《新對話》中的一段。再多抄引，就成抄書了，就此打住吧。

被辜負的愛國心

關於馮友蘭先生，我曾經寫過一篇〈在學術與氣節的蹺蹺板上〉，自以為不算是為馮先生辨誣，只不過回到了馮先生當時所處的歷史情景去理解馮先生。前不久，收到宗璞老師寄來的《實說馮友蘭》一書，感覺關於馮先生，其實還有一些話可以說。

馮先生那一代的知識份子，經歷了太多的外憂內患，身上大多都有很重的民族情節和愛國情節，不理解這個前提，就很難理解馮先生後來的選擇。一九四九年的時候，馮先生其實是可以有多種選擇的，以他過去對國民黨的態度以及和蔣介石的關係，他是可以去臺灣的。事實上，國名黨也確實動員過他去臺灣，但是他沒有去，而是選擇了留下來。早在一九四八年，在動盪時局中很多人選擇去美國，那時候，馮先生正好就在美國，以他的條件，是可以選擇在美國定居的，他同樣沒有，而是急急忙忙地趕了回來，還生怕晚了就回不來了。支持馮先生做出這樣選擇的，不是基於對於哪個政黨的看法，而是基於他愛國的理念，這樣的理念，讓馮先生無法割捨這一片疆土。對於馮先生那一代的知識份子來說，愛國的理念雖然沒有和哪個政黨執政聯繫起來，但是也還沒有像後來余英時認為文化即國度那樣的觀念（比如余英時先生就說：「我到哪裡，哪裡就是中國。為什麼非要到某一塊土地才叫中國？那土地上反而沒有中國。」龍應臺女士也說過「中國文化是我的祖國」）。對於馮先生那一代人來說，愛國是和土地緊密聯繫在一起的，他們覺得他們的根在這片土地上，離開了這片土地，他們深深信仰的文化也就失去了根本。

後來時局有了變化，馮先生的遭遇真是讓人感慨，不過，仔細想來，馮先生錯在哪裡了呢？張岱年先生評價馮友蘭先生說是「大節不虧」，可是在我看來，馮先生在那樣的時局中，不管是主動還是被動，從來沒有整過人、害過人，不僅是「大節不虧」，小節也是不虧的。馮先生的遭遇，只能說是一顆知識份子的愛國心被辜負了。他選擇留下來，是因為他覺得這片土地的文化不能中斷，在當時的時局中，過去的一切都遭到了批判，身處其中的馮先生是很矛盾的，他很委婉地提出的「抽象繼承法」，也無情地遭到了批判，馮先生那時的悲涼，大概是我們後輩無法理解的。

環境有所好轉之後，馮先生的身體已經大不如從前，但是他還是寫出了《哲學史新編》，提出了很多與傳統觀點不同的看法，這不是偶然的，沒有生命中一以貫之的信念支撐，馮先生是無法寫出那樣的著作的。

《實說馮友蘭》一書採訪了二十多位馮友蘭的門生故舊，書的背後有一段話，讓我感慨不已：「他們講述了自己的親身體會和真實看法，有見識而客觀，有感情而公正，沒有道**聽**塗**說**，不是人云亦云。」如果我猜測的不錯的話，這段話應該出自宗璞老師的手筆。書中的講述客觀不客觀，公正不公正，我們可以評價，但是「沒有道聽塗說，不是人云亦云」倒是千真萬確。馮先生那一代的知識份子對於馮先生的表現多有看法，宗璞先生這些年一直致力於改變這些看法帶來的影響，比如《三松堂》不收馮先生在文革中的檢討和某些文章，甚至遭到了一些人的不理解。其實我們應當理解馮先生那一代知識份子對馮先生的看法，更應該理解宗璞先生的表現。中國有句老話叫作「子為父隱」，何況，馮先生沒有什麼過錯可以隱的，我覺得，我們不能非得要求宗璞先生也認同馮先生那代知識份子對馮先生的看法。即使宗璞先生有為馮先生「隱」的地方，也值得理解，子女對於父母是有感情的，相對於那種在文革中揭發自己父母的人，我覺得宗璞先生的做法，不僅是「直在其中」，而且值得尊重。

宗璞：關於陳遠先生文章的兩點回應

陳遠按：前不久我寫了一篇關於馮友蘭先生的文章，因爲寫得時候過於相信自己的記憶力，沒有查相關的資料，以至於文章中出現了兩處錯漏之處，宗璞先生看到拙文之後，給我寫信稱讚拙文，同時指出了文章中不確切之處。後來宗璞先生又撰文說明，文章發於《南方都市報》，現轉載在此，並感謝宗璞先生的教正。

《南方都市報》二月十五日刊載了陳遠的文章〈被辜負的愛國心〉，讀後甚感欣慰。文中對馮友蘭先生的行動做了剖析，指出馮先生具有眞摯的愛國心，這也是上一代知識份子的特點。他們愛祖國的文化，愛自己的同胞，也愛生我養我的這一片土地，那裏的山山水水、一草一木。因爲親歷了自己的國家在多年積貧積弱中備受欺凌，他們要建設自己的祖國，使之獨立、使之強大。他們所想的不只是個人，而是整個國家、民族。陳文還指出，馮先生那一代的知識份子，愛國的理念並不和哪個政黨執政聯繫起來。

一個年輕人能夠這樣理解前輩學者是可喜的。

所謂「我在哪裡，哪裡就是中國。」可以說是詩的語言，而不是現實的語言。誰能把整個中國帶走？除非在夢中。

可能由於作者的疏忽，陳文中有兩處不確切的地方。

季羨林先生曾爲馮先生寫過一篇文章，題目是〈大節不虧，晚節善終〉。陳文將前四個字誤爲張岱年先生語。特此更正。季文後收入《馮友蘭先生紀念文集》。題目已改爲〈生命不息睿思不止〉。

陳文後半部有關於「子爲父隱，直在其中」的議論。我完全領會作者的好意，但是作者的前提是不存在的，需要更正。《三松堂全集》（河南人民出版社出版）已收入能找到的馮友蘭先生的檢討文字。絕對不存在「爲尊者諱」、「子爲父隱」的情況。

在編輯《三松堂全集》的過程中，對於收不收檢討文字，有兩種意見。一是收，一是不收，最後馮先生自己做出決定，採納了蔡仲德先生的意見，收入檢討類文字，作爲閏編。他的行爲光明磊落，如日月經天，無可隱諱，也無須隱諱。蔡仲德一直認爲無論編纂《全集》或者編寫《年譜》，都要「信」字第一。他認爲馮先生的遭遇是中國知識份子的苦難縮影。他是從歷史的高度、社會的高度來看，不爲尊者諱。

這種態度受到學界的高度評價。

主張不收的學者認爲檢討大多出於被迫，可以不算作者自己的文字，也毫無「隱」或「諱」的意思。

近年有人造謠，說我們「爲尊者諱」。書是擺在那裏的，出版社有，各級圖書館有，書店也有，可以查閱。但此說依然有影響，可見說明眞相的重要。

我寫文章只有一個目的，就是要把事實眞相寫出來，留下來。以後我還要這樣做，這是我的責任。如果我不這樣做，我就對不起前人，對不起歷史。

雖然「子爲父隱」與我無關，我還是認爲孔老夫子的見解是合乎常情常理的。而認同這一見解的人，必定有一顆善良的心。

梁漱溟的骨氣和底氣

一

梁漱溟是二十世紀最具傳奇色彩和聲譽的人物之一。從他的一生來看，有幾個橫斷面讓人驚羨：其一是一九一六年，梁二十三歲，當年九月在《東方雜誌》發表〈究元決疑論〉。被蔡元培發現，聘請其到北京大學任教。且當時有傳聞，之前梁預考北大而不得；其二是一九四六年國共和談期間，十月十日，梁漱溟由南京到上海去見周恩來，促其回南京繼續和談。十一日夜車，梁由上海回南京，次日清晨到南京，下車一見報，看到國軍已攻下張家口的消息，不禁驚歎地對記者說：「一覺醒來，和平已經死了！」這句話被當時的各報紙作為頭條標題，一時間成為民國期間最為著名的話語；其三是在一九五三年九月十一日，梁漱溟在政協全國委員會常委會發言中說：「今建設重點在工業，……工人九天，農民九地」，過去農民「與共產黨親如一家人，今日已不存在此形勢」。等等。這番話觸怒了當時的最高領袖，梁漱溟要「雅量」而不得，於是「三軍可奪帥，匹夫不可奪志」，梁漱溟因為這一事件，被譽為「一代直聲」。

對於梁漱溟，一直想系統地閱讀其著作和一些相關的資料，卻遲遲沒有付諸行動。最近讀《一九四九年後的梁漱溟》，正好可以作為全面閱讀梁漱溟的一個起點。縱觀梁漱溟一生，無時無刻不是豐富多彩，之所以在文章開頭選取三個橫斷面，是因為這三個橫斷面分別代表了梁漱溟一生中最為重要的三個階段：第一段為三十一歲（一九二四年）之前，除去梁漱溟的成長期，自一九一七年始，梁漱溟在北京大學教授印度哲學，是當時北大著名的教授，這一段生涯，梁漱溟可以說是一個單純的知識份子；第二段從三十二歲（一九二五年）到六十歲（一九五三年），在這一段生涯中，梁漱溟辭去北大教職，輾轉全國各地，開始開展鄉村建設，一直到組建民主同盟，再到被毛澤東邀請加入新政府卻拒絕之，最後則是因為「九天九地」說開始「靠邊站」的生涯。在這一時期，梁漱溟的角色是一個社會活動家兼政治活動家。第三段則是「靠邊站」之後，開始寫作《人生與人心》以及其他一系列著作，復歸為知識份子的生涯。

《一九四九年之後的梁漱溟》一書，就是以梁漱溟因「九天九地」說與毛澤東發生衝突為時間基點，向梁漱溟此前和此後的生涯延宕，集中敘述梁漱溟先生人生的第二個階段。作者汪東林從上個世紀六〇年代在全國政協工作，有機會親炙梁先生身前，因此瞭解了許多內情，因為還沒有來的及系統閱讀梁漱溟先生的全集，因此不便說這本書的資料有多少是新的，多少是舊的。本文也不打算討論這個問題，只想就筆者對梁漱溟先生的思考，結合閱讀的過程和盤托出，以就教於方家。

二

過去說到梁漱溟先生，一方面的說法是「反面教員」、「頑固的反動分子」，歷史已經證明了這種說法的謬誤，在此不說；另一方面，則是把梁先生說成知識份子的標杆，知識份子的骨氣彷彿凝於梁先生一身，士林對梁先生「一代直聲」的讚譽，當證明我的看法大致不差。我對梁先生的敬仰之心，不比時賢差到哪裡，但是對於後者，卻有一點自己的認識。

梁先生有沒有骨氣？答案當然毫無疑問。梁先生是不是知識份子？在一般人看來，這當然也是毫無疑問的。不過，以我一顆愚鈍的心想來，這個問題其實可以商榷。民國以前，中國基本上不存在一個獨立的知識份子階層，籠統地說法叫「讀書人」，學界稱之為「士大夫」，當時的讀書其實是個手段，並非出自對於追求知識的渴望，其終極目的是入仕做官，擺脫「讀書人」的地位。晚清以降，在西方的影響下，才催生出近代中國第一批具有現代意義的知識份子。但是對於這一概念，爭論從來就沒有斷過。我則傾向於把知識份子定義為追求知識、傳播知識並且建構知識的人。這樣的定義雖然狹窄，但是界定起來卻比較清晰，討論起來比較簡易。從這個定義出發，梁先生人生中的第二段生涯，可以說不是個知識份子，至少不是單純的知識份子。對此，梁先生自己其實早有體認，《一九四九年之後的梁漱溟》一書曾經提到，在梁先生的最後歲月裏，「梁漱溟始終對『否定文革第一人』、『中國的脊樑』、『最後的儒家』這些稱呼敬而遠之，他說，知識份子有學術中人，有問題中人，他自己恰恰是一個問題中人。自己一生所做，獨立思考，表裏如一而已。」按理說，梁先生沒有否認自己是知識份子，後來者不該強作解人，其實不然，仔細體味梁先生的話，說自己是「知識份子」是一種「不自覺」，而「問題中人」的自我定位，才是一種「自覺」的選擇。更何況，這是在梁先生晚年複歸知識份子狀態之後的自我體認，若是再早些年，梁先生奔走於國共兩黨之間指點江山之時，又或者是梁先生冒犯龍顏，發出「九天九地」之獅子吼之時，梁先生心中，可曾想過自己的自我定位？如果想過，我想單純的一個知識份子，是無法囊括梁先生的，否則的話，梁先生也就不必辭去北京大學的教職。

再說一點題外話，歷來被士林推重的藐視權貴或者有骨氣的民國「知識份子」，比如說王闓運、比如說章太炎，都是敢罵袁世凱的主，在我看來，都不能算是單純的「知識份子」，王闓運見了袁世凱是可以叫「慰亭世侄」的主兒，這樣的政治資歷，誰比得？章太炎是大學問家不假，可是他還有個名字叫章炳麟，那是老牌的革命黨，袁世凱見了，是要忌憚三分的，所以「鄒容吾小弟」死於獄中，章太炎平安無事，這樣的政治資歷，誰又能比得？學者謝泳提出過一個意味深長的問題，就是現代教育的根基，確實在一幫傳統士子的手中完成的，比如說蔡元培，再比如說唐文治，蔡元培大家都比較熟悉：晚清翰林，老牌革命黨，資歷深厚，在教育這個領域內，簡直是牛刀小試，當時的政界大佬們，誰不給個面子？唐文治大家比較陌生，其資歷與蔡相仿，一八九二年的進士，在晚清政府歷任要職。要說這些人是知識份子，不是不可以，但是要說這些人的骨氣和成就是知識份子的榮光，在我，是不敢分享的。對於梁先生，我也做如是想。

三

知識份子之所以把擊賞的目光投在梁先生身上，其實說來也比較簡單，梁先生冒犯的，是毛澤東。毛澤東與梁漱溟，即是朋友，也是冤家。

兩個人的第一次會面是在一九一八年。具體時間和地點則難以考證，想來不是在北大圖書館，就是在楊懷中的家中。當時的毛澤東是北大圖書館管理員，而梁漱溟則是著名的教授，楊懷中家中的常客。當時的會面，嚴格來說不叫會面，因為梁漱溟並沒有注意這個看起來跟別人沒有什麼不同的圖書管理員。但是作為當時的著名教授，毛澤東對梁漱溟印象深刻。所以一九三八年梁漱溟隻身赴延安與毛澤東會面時，毛澤東的第一句話就是：「梁先生，我們早就見過面了，您還記不記得？民國七年（一九一八年），在北京大學，那時您是大學講師，我是小小圖書管理員。您常來豆腐池胡同楊懷中先生家串門。總是我開門……」當天晚上，梁漱溟和毛澤東從下午六時一直談到次日凌晨，第二天，兩個人又聊了一個通宵。兩個通宵，兩個人都在反覆申述自己關於當時中國社會的觀點，相爭不下。毛澤東此時再也不是當年的「小小圖書管理員」，面對當年的著名教授，毛底氣十足。當時另一方面，毛澤東「作為政治家的風貌和風度」也給梁漱溟留下深刻印象，使梁「終生難忘」：「他不動氣，不強辯，說話幽默，常有出人意外的妙語；明明是個不相讓的爭論，卻使你心情舒坦，如老友交談。」

之後，梁漱溟參與創建民盟。一九四六年，作為民盟的組建者之一，梁漱溟為國是奔走在國共兩黨中間，與毛澤東建立了可以說深厚的友誼。一九五〇年一月十二日，梁漱溟應邀到中南海頤年堂毛澤東家中做客，林伯渠作陪。就是在這次談話中，梁漱溟謝絕了毛澤東對其加入政府的邀請。梁漱溟的答覆顯然出乎毛澤東的意外，汪東林在《一九四九年之後的梁漱溟》中交代：「他（指毛）的臉上顯露出不悅之色，但彼此並未形成僵局。」當天的晚宴，還有江青參加，席間，毛澤東又邀請梁漱溟到河南、山東等地去考察，梁漱溟接受了這一邀請。當年九月中旬，梁漱溟考察歸來，和毛又有會面。梁談了在各地考察的情況之後，毛又提出請梁到廣東考察的建議，這一次，梁漱溟因為當年在外奔波過多，推辭了。毛不但不以為忤，而且為梁安排了一座小巧而精緻的四合院。

據汪東林在書中交代：一九五三年之前，毛澤東與梁漱溟的交往大體每一兩個月即有一次，一年有若干次。據此，汪東林做出如下斷語：正由於梁漱溟與毛主席有著這樣久遠（幾十年）而頻繁的交往，就梁漱溟這一方面而論，才在一九五三年九月遇到毛主席的批評之後，忘乎所以，如對待老朋友爭論般討論而起，做出犯顏抗論之舉。這樣的斷語，大致不差，這樣的背景下這樣的表現，既是梁先生的底氣，也是梁先生的性格。

四

前不久，馮友蘭先生的《貞元六書》在三聯再版，我寫了一篇關於馮先生的文章，把馮先生與梁先生作了一個比較，比較之下，才發現歷史如此意味深長。在此，也想就梁先生「九天九地」之形狀再做幾個比較。

梁先生在因「九天九地」的發言而「靠邊站」這一歷史事件中的表現和遭遇，讓我最容易想到的是，是張申府先生。人們常常說性格即命運，若是拿這話來對應梁漱溟和張申府這對老朋友，則不是那麼準確。張申府的性格與梁漱溟有若干相似之處，至少就倔強這一點來說沒有問題，用張申府自己的話來說，他是「寧折不彎」的。兩個人的經歷也有幾分相似，都是在毛澤東擔任北大圖書管理員時期認識的毛澤東，張申府當時正好是毛澤東的頂頭上司。一九四八年，張申府在《觀察》上寫了一篇〈呼籲和平〉，在時局已經明朗的局勢下呼籲和平。許多研究者認為張申府之後遭遇與這片文章關係甚大。不過，就是在這之後的一九四九年出，梁漱溟還在《大公報》上發表過〈敬告共產黨〉和〈敬告國民黨〉兩篇文章，似乎，梁漱溟沒有因為這兩篇文章遭受什麼「特殊待遇」。反過頭再在看張申府，張申府的女兒張燕妮老師曾經跟我說起過：「新中國建立之後，父親曾經一度沒有工作。後來章士釗對主席說，申府也算我們黨的老人了，他的工作應該安排一下。主席說：他是我的頂頭上司，我怎麼敢安排他呢。後來父親的工作還是由周總理給安排到北京圖書館。在圖書館，父親只是埋首自己的研究工作，政治上的活動沒有了，文章也很少發表。」從毛澤東對章士釗的答覆上，可以推斷，當時在北大圖書館，毛澤東與張申府相處的並不是很融洽。卑之無甚高論，至少我覺得，這樣的比較，是看到梁漱溟和張申府相同性格不同遭遇的一個角度。

歷史的好玩之處在於，在同一時期，與梁漱溟不同性格相同表現不同遭遇事情還有一件可資比較，一九五七年春季，中共中央決定實行開門整風，歡迎社會各界人士對共產黨展開批評。四月三十日，毛澤東以此為主題召開了第十二次最高國務會議。出乎與會者的意料，臨近會議結束時，毛澤東話鋒一轉，談起他不準備擔任下一屆國家主席的問題，並委託在座的諸位在各自的範圍內透露這個消息，刮點小風。散會後，參加會議的民主人士陳叔通和黃炎培連夜給劉少奇和周恩來寫了一封信：

> 昨毛主席於會議上最後提到下屆選舉主席不提毛澤東的名，並囑我們透露消息。我們兩個人意見：最高領導人還是不更動爲好。誠然要強調集體領導，但在短期過程中全國人民還認識不清楚，集體領導中突出個人威信，仍是維繫全國人民的重要一環……
>
> 陳叔通黃炎培一九五七年五月一日。

陳叔通、黃炎培的來信經劉少奇、周恩來閱後，轉到毛澤東手中。按照慣例，毛澤東對陳、黃信的批語應該直接交給陳、黃本人，但是這次卻一反常規，在寫下批語的當天，毛將寫了批語的陳、黃來信轉給劉少奇、周恩來、朱德、陳雲、鄧小平、彭真等人傳閱。毛的心情我們現在無從推測，不過，可以說黃炎培的信再一次打動了他過去的老友和現在領導的心。

過去有位朋友跟我說：你寫文章不要總是羅列史實，你要說出你的觀點。我說，歷史如此搖曳多姿，一不小心就會掉入觀點的泥淖。看看歷來被士林傳頌的梁漱溟先生的「骨氣」，參照一下當時同等地位的黃炎培，你當然不能說梁先生沒有；但是如果參照一下當時相同性格不同境遇的張申府，你得承認，梁先生這樣的骨氣，背後是需要底氣的。

歷史的弔詭——從張季鸞之死到胡政之之死

一九二六年初，張季鸞剛剛辭去隴海鐵路會辦的職務，閒居天津的息遊別墅，間或給上海報社寫點評論，採點新聞。也是在這一年，胡政之來到天津，住在熙來飯店，主要經營北京「國聞通訊社」。此時，吳鼎昌恰以在野之身，獨居天津，除了鹽業銀行經理一事外，無事可幹。三位報人的因緣際會，成就了日後報業史令人矚目的《大公報》。

這一年的夏天，由吳鼎昌出資，胡政之出面接洽，吳、胡、張從安福系財閥王郅隆的兒子手中盤接下《大公報》，成立了新記大公報公司。之後吳鼎昌雖名為社長，但實際上報社的主要事務皆由胡張二人主持。張負責編輯，並由此確立著名的「四不」方針，而胡則負責人事和經營。及至九月一日，新記《大公報》續刊出版了。從籌備到出版，僅用了三五個月的時間，全不像現在辦一份報紙，有如「登天」一般地困難。

張季鸞編輯有道，胡政之經營有方，新記《大公報》發滿一萬號，各方人士紛紛致函行文祝賀。蔣介石在專為《大公報》所作的〈收穫與耕耘〉中說：《大公報》「改組以來，賴今社中諸君之不斷努力，聲光蔚起，大改其觀，曾不五年，一躍而為中國第一流之新聞紙」。此時的大公報，已隱然成為當時中國影響力最為強大的民間報紙。一九四一年五月十五日，大公報被美國密蘇里大學新聞學院評選為最佳外國報紙，贈予榮譽獎章，可謂是實至名歸。

此後不久，張季鸞臥病不起，於九月六日與世長辭。張的一生可謂生榮死哀。由於和胡政之共同創辦新記《大公報》，一九二八年結識蔣介石，頗得蔣的賞識，此後出入蔣門無需通報，雖不做官卻可以參與國家機密。但是張並不以自驕，而是始終保持了文人本色，也正是由於這一點，張的為人在朋輩中亦是有口皆碑。其死後，各界要人紛紛發出唁電，其中有國共雙方的領袖蔣介石、毛澤東，其他要人包括周恩來、宋子文、閻錫山、張治中、傅作義、黃炎培、胡識、王造時、成舍我、張奚若等等。同時，國民政府還下褒獎令，中共機關報也發表了題為《季鸞先生對報業的貢獻》的短評，都對張極盡褒揚之詞。

國共雙方何以都對張有如此高的評價，不能否認其中有張的人格魅力以及其業績等原因，但更重要的原因要從當時的時局中來尋找答案。學者丁東對此有如下分析：兩黨對峙的時候，自然都希望居於中間的《大公報》發出於己有利的聲音。張季鸞的幸運，在於其死正「逢時」。這樣說一位先賢或許顯得刻薄，但之後胡政之的死恰恰印證了這種刻薄不無道理。

一九四八年，胡政之選擇去港，並著手《大公報》港版的復刊工作。在〈大公報港版復刊詞〉中，胡政之寫道：「民國二十七年的大公報香港版，只是為了應付抗戰的臨時組織，這次復刊卻是希望在香港長期努力。」不過，此時胡政之的身體與心境都已經大不如前。一九四八年三月，他在《大公報》港版的編輯會上說：「我已經是六十歲的人了，這次香港復刊，恐怕是我對事業的最後開創。」此話在一年後竟成讖語。一九四九年四月十四日，胡政之逝世於上海。此時離上海解放只有一個多月，國民黨忙於撤離，共產黨忙於進城，《大公報》上海館在新舊交替中窮於應付，總編輯王芸生不在上海，代理總代理曹谷冰忙得不可開交。因此，胡政之逝世之時，沒有政府的「褒揚令」，沒有各界要人的輓聯、輓詩和輓詞，也沒有來自四面八方的唁電、唁函，也沒有盛大的追悼活動。在其生前臥榻的一段時間裏，胡的後妻顧俊琦與其前妻之女胡燕為了大公報的股權日夜爭吵，鬧得胡政之不得安生，只好懇求其妻讓出一千股給女兒胡燕。這就是現在我們可以在《大公報股份有限公司股東姓名暨股權清冊》上看到的：胡政之：一百股；顧俊琦：六千四百股；胡燕：一千股。而八年之前張季鸞則在他的〈遺囑〉中寫道：至關於余子教養，及家人生計，相信余之契友必能為余謀之，余殊無所縈懷……

張季鸞生前曾說：「十多年來，同業友人，或死或散，或改業為官吏，獨政之與吾鍾情於報紙而不渝耳！」對比報業史上兩位大報人的命運，不能不讓人感到歷史的弔詭。

李新回憶錄的一致與不一致

中華書局版十三卷本的《中華民國史》一直是我最喜歡的一套書，遺憾的是，這套書我沒有買齊，原因很簡單：買不到。說來慚愧，雖然很喜歡這套書，但是對於其書主編李新，卻瞭解甚淺，只知道他曾經擔任過中央黨史研究室的副主任。所以得知李新的回憶錄《流逝的歲月》出版，就趕緊找來一本，「讀其書，頌其詩」，進一步想「知其人」。不過，讀完此書，感覺到的，卻是李新一生的一致與不一致。先說一致，再說不一致。

一以貫之的鬥爭哲學

在回憶錄中，李新對於自己在重慶川東師範學校的歲月用了濃章重彩。而〈風雨巴山〉那一章寫的確實好，活靈活現，讀起來都是一種享受。不過，我從中讀到的卻是李新（或者說他們那一代人）前半生與後半生頗為一致的鬥爭哲學。

在布衣學會由此發展而成的眾志學會中，李新和他的同伴們一起與學校當局做了削奪鬥爭。以當時的情況來說，校方是權力掌握者，李新以及他的同伴們處於弱勢。但是，在眾志學會與校方的歷次鬥爭中，學生們能夠屢次不落下風，固然有當時的時代救亡情勢使然，然而與其說正義最終壓倒非正義，倒不如說學生們的鬥爭哲學占了上風。

總結起來，可以歸納成幾點：其一是要占住理，在當時的救亡情勢下，救國是哪個方面也不敢反對的口號，由此，學生們就佔據了一個制高點；其次是具有廣泛的群眾基礎，用現在的話來說，就是弱勢者必須聯合起來才有力量。當時的一個運動，李新和他們的同伴們到其他學校去串聯，必能引發回應，若無此，單憑個人的愛國情緒，根本就沒有與校方博弈的基礎；其三是李新當時還有一個家境比較好的同學陳泰湖，在關鍵時刻可以拿出資金加以援助，比如布衣學會為了抵抗校方要求學生必須統一穿著嗶嘰布校服的規定，召集貧困學生集會商議對策，就是陳泰湖出錢搞定。其實還有關鍵的一點，在這一段歲月中表現得不太明顯，但是卻至關重要，就是背後有富有經驗的人來指導，比如李新在棠香初級中學時的邱老師。沒有如此富有經驗的人，稚嫩的學生們必然不是老謀深算的校方的對手。

我之所以說這種鬥爭哲學在李新（或者他們那一代人）的一生中保持了一致性，是因為在後來關於搞「三反」、反右派、乃至八角亭編書以及後來的四清運動中，我們幾乎可以找到與以上可以一一對應的情節，只不過斗轉星移，這時的鬥爭對象已經易人，自己人與自己人開了火。具體到李新個人身上，這套鬥爭哲學給他的益處則是，讓他在特殊歲月中倖免於難，否則，李新的命運，大概就與那個時代中被劃為右派的眾多知識份子無異了。

不過，這種鬥爭哲學，在革命時期體現出的是革命者在非常時期對於現實的應變，在如今的法律社會中卻不合時宜。我們閱讀前輩的歷史，一方面應該抱有同情的理解，但是一方面也應該認識到，在公民意識薄弱的今天，應該早些走出這種鬥爭哲學的誤區。

兩個李新，相互撕扯，左右衝突

三十萬字的篇幅，敘述了李新的一生，按理說，作者自己的回憶，且不說客觀上的真實與否，至少與自己心目中的自我塑造應該最為接近。然而讀完之後，感覺卻是有兩個李新：前半生的李新與後半生的李新。前半生的李新是以革命者的姿態出現在現代歷史舞臺的，通過書中的描述，我們看到的是一個內在具有一致邏輯的革命者。從九．一八到一．二八，從在四川重慶從事學生運動到在晉冀豫參加反「掃蕩」……乃至之後一系列的革命活動，李新的生命軌跡宛如一條被安排好的道路，一切都順理成章。然而，從李新在人民大學經歷「三反」之後的敘述中，我讀到的卻是一個左右衝突、相互撕扯的李新，就彷彿一個人卻有兩個相互對立的靈魂，不，這樣說還不太貼切，應該說，身體向左，靈魂向右，才更貼切一些。

這些年讀了不少現代人物的回憶錄，這種情況似乎是一種典型。這樣的情況，在單純的知識份子身上或者在一九四九年新政權建立之後身居高位者身上，或多或少也會有一些體現，但是都不如李新或者說李新們來得如此強烈，來得如此明顯。

比如說，對於范長江到人民大學做「三反」工作，對於范長江的「左」，我們可以明顯體會到李新筆下的情緒，不過，反過來想想，李新其實也是那個陣營中的一員，他的老領導，吳玉章老人，也正是以「左派人士」著稱的。以及後來李新在八角亭編《中國新民主主義革命時期通史》，在編寫人員上的選擇，之所以選擇北師大的王真和山東大學的孫思白，加上後來加入進去的蔡尚思和陳旭麓，等等一系列的事件，不能說沒有「主義」之爭，但是給我的感覺是，其中更重要的，毋寧說是人事糾葛。這些人事糾葛，正是大人物們所說處理歷史問題「宜粗不宜細」中的細節。按理說，像李新這樣的老革命，對於「歷史宜粗不宜細」的原則應該是深諳於心的，為什麼寫了出來，李新自己的說法是：「我親身經歷過的一些歷史事實，都被一些大名鼎鼎的『史學家』為了政治目的而把它歪曲了，我的良心使我感到有責任把它糾正過來。」

不過，如果我們抱著尋求客觀歷史的希望去讀這本書，恐怕是要失望的，因為這本書本身就是帶著情緒的。李新的反思，最終也只能停留在這些人事糾葛上而沒有上升到更高的層次，原因就在於他無法脫離自己的「母體文化」。而這本回憶區別於其他回憶錄的地方，正是在於其中有李新自己的善善惡惡，也即我所說的左右衝突。

李新身上之所以發生這樣的「左右衝突」，原因就埋在他早年參加革命的經歷裏，當指導自己的「大思想」與自己身處的「小環境」發生了衝突，這種衝突就不可避免的在當事人身上淋漓盡致的表現出來。正是有了這樣的衝突，李新的後半生才讓人看起來不是那麼順理成章，也惟其如此，這看起來矛盾的後半生的回憶才顯得更加真實，事實上，我讀這本書，正是從書的後半部分開始的。這樣說，並非說這部回憶錄的前半部不真實，相反，我對李新在前半部的敘述中體現出來的對於革命的真誠信仰，非常尊重，不過，與後半部比起來，它缺少了個人色彩，像是被時代的篩檢程序過濾過了。

人間正道是滄桑

一

讀完牛漢的口述自傳《我仍在苦苦跋涉》，第一時間想起的，就是何兆武先生的口述自傳《上學記》。《上學記》出版的時候，很受士林推重，一時洛陽紙貴。相比之下，《我仍在苦苦跋涉》已經出版了幾個月，似乎沒有引起應有的反響。

除了兩本書都是由三聯出版之外，兩位作者和兩本書看起來風馬牛不相及，而我之所以把兩者聯繫起來，是覺得兩者可資比較之處頗多。

牛漢先生出生於一九二三年，何兆武先生出生於一九二一年，按照年齡來說，兩個人屬於同一個時代的人，但是從兩個人的人生經歷來看，兩個人的人生際遇迥然不同。在青年時代，何兆武接觸的是西南聯大的那批自由主義知識份子，如雷海宗、金岳霖、馮友蘭（雖然何先生對馮先生有一些看法，但這種看法在整體上並不影響何先生所處的環境），也是在那樣的環境中，何先生有了一生向學的志向，何先生那一代人沒有能取得他們本來應該取得的成就，這裏面的因素很複雜，既有時代的，也有個人的，但是總體說來，時代的因素要多一些。再來看牛漢，在他的年輕時代，因為三舅牛佩琮（曾經擔任過《清華週刊》的主編，是季羨林的學長）是共產黨，牛漢小小年紀就認定了共產黨，把共產黨的理念當成自己的理念，在那個時期，他接觸的是胡風、雪峰這一批左派知識份子，這樣的成長經歷，基本上從一開始就奠定了牛漢之後一生的底色，昭示了牛漢後來的生命軌跡。從《我仍在苦苦跋涉》這本書來看，牛漢在晚年對自己的早年經歷進行了徹底的反思，可以說是回到了自己參加共產黨之前的起點。他與何兆武這兩個人生際遇完全不同的知識份子，在晚年卻有了交匯。這樣的結局，讓人想起來，會產生無限唏噓，真不知道牛漢先生在回憶人生軌跡的時候會有什麼樣的感想。

不過，人生經歷就如同烙印，一旦打上就很難去除，這從書名的取捨這個細節上也可以體現出來。何先生把自己的兩本回憶錄一本取名《上學記》，一本取名《上班記》，而牛漢的回憶錄則取名為《我仍在苦苦跋涉》。何先生的書名樸實平和，讓人們很容易就聯想起上個世紀以胡適為代表的那批自由主義知識份子辦的雜誌，如《每週評論》《努力週報》《現代評論》《獨立評論》。用這種風格取書名的，還有季羨林先生的《牛棚雜憶》。牛先生的書名富有象徵意義，很明顯與魯迅給他所辦過的雜誌起名字的風格相近，比如說《莽原》《奔流》《未名》《北新》，後來胡風辦的一系列雜誌，也基本上沿襲了這種風格。前些年出版的韋君宜的回憶錄《思痛錄》、徐光耀的《昨夜西風凋碧樹》，也都是這種風格。可見這並不是個別的現象。謝泳先生曾經寫過一篇〈刊名中的文化精神〉，或許可以理解牛漢和何兆武這兩位文化老人書名風格不同的內在含義。

二

與《上學記》相類的是，《我仍在苦苦跋涉》書中也涉及了現當代史上眾多的著名人物，作為那個時代的經歷者，牛漢與這些人物存在著千絲萬縷的聯繫，比如胡風、雪峰、丁玲，等等。從涉及的人和事上來說，《我仍在苦苦跋涉》與韋君宜的《思痛錄》以及徐光耀的《昨夜西風凋碧樹》更相近一些。

與韋、徐二位的回憶錄一樣，牛漢的回憶錄中也涉及了一些過去年代的個人恩怨，但是牛漢顯然超越了這個高度，上升到了更高的境界，就像他自己書中說的：「我的悲痛，不僅僅是個人的，是歷史的，社會的」、「我和我的詩所以這麼頑強地活著，絕不是為了咀嚼痛苦，更不是為了對歷史進行報復。我的詩只是讓歷史清醒地從災難走出來。」也唯其如此，牛漢的反思也就非常徹底。用牛漢自己的話說就是不含糊。「不含糊」這樣的話在牛漢的口述中不止一次的出現，讓我們看到了這位反思者的真誠與可敬。

遺憾的是書中還是有一些人名被「ＸＸＸ」取代了，其實大可不必。對於熟悉那段歷史的人來說，即使用「ＸＸＸ」，大家也都清楚是誰，當事人自己心裏更清楚，對於不熟悉歷史的人來說，這樣做反而讓他們覺得不理解。徐光耀當年寫《昨夜西風凋碧樹》的時候，點名道姓地批評了劉白羽，劉白羽不僅沒有怪罪，反而寫了一封誠懇地道歉信給徐光耀，成就了文壇一段佳話。

把何兆武先生的《上學記》和牛漢這本《我仍在苦苦跋涉》結合起來看，就會發現，其實無論是像何先生那樣與政治無涉的知識份子，還是像牛漢這樣與政治聯繫比較緊密地知識份子，在一九四九年之後都是走了一條充滿荊棘的道路。

毛澤東有詩云：天若有情天亦老，人間正道是滄桑。讀了牛漢的回憶錄，借用牛漢的話，我把詩改了一下：犧牲個人成全黨，人間正道是滄桑。用這句詩來提煉牛漢這本回憶錄，倒是貼切的很。

費孝通的兩個世界

國人歷來有將「道德」與「文章」相提並論的傳統，「鐵肩擔道義，妙手著文章」更是為這以傳統下了絕好的注腳，以黑格爾氏「存在即合理」的名言觀之，這種存在單以在中國的源遠流長，便註定了它的並不合理的合理性。

如果捨棄「文章」層面而單談「道德」，費孝通至少有兩件事會被歷史記住。第一件事發生於一九四五年十一月二十五日晚，費孝通、錢端升、伍啟元和潘大逵四位教授在西南聯大的民主草坪一帶參加六千餘人與會的「反內戰講演」，當演講輪到費孝通的時候，槍聲響了。面對著專制者的殘暴，費孝通沒有退縮，而是發出了比槍聲給為響亮的呼聲：「不但在黑暗中我們要呼籲和平，在槍聲中我們還要呼籲和平！」「我們要用正義的呼聲壓倒槍聲！」第二件事發生在次年七月，李（公僕）聞（一多）被暗殺後，費孝通面臨的局勢十分危險，在美國領事館的幫助下，費孝通及其家人避到了美國領事館。但是費孝通並沒有因此就放棄了對專制的批判，他在〈這是什麼世界〉一文中寫到：「一個國家怎能使人人都覺得自己隨時可以被殺！

人類全部歷史裏從來就沒有過這種事。我們現在活在什麼樣的世界裏！」（張冠生：〈青山踏遍〉）這兩段敘述讓世人感覺到了費孝通作為民主鬥士堅定激進的一面，翻看同一時期費孝通的文章，我說的是費孝通專業以外的隨筆，諸如〈悼錫德蘭．韋伯先生〉、〈與時代俱逝的鮑爾溫〉、〈雄聖甘地〉以及〈讀張菊生先生的《芻蕘之言》〉等等，會發現與其說費孝通是一個民主鬥士，倒不如說他是一個溫和的自由主義者。但是這兩點在費孝通的身上是十分統一的，當時的許多知識份子都很有激進的一面，那就是在對專制不遺餘力的抵制上。在〈悼錫德蘭．韋伯先生〉一文中，費孝通描述韋伯的生平活動，「他教育和組織人民，領導他們爭取應得的政治和經濟權利」，並且「盡力說服對方，辯論，著作，用事實證明他的看法，要求大家以理智和遠見來求公眾的幸福」。可以說，在這種有點「費邊」的敘述中是暗含了中年費孝通的政治理想的。但是費孝通的理想沒有來得及實現，環境就發生了變化，使費孝通的政治理想再也無從實現了。

把話題回到費孝通的學術上來，費孝通學術地位的奠定以其《江村經濟》的出版為標識，其時是一九三五年，當時的費孝通年僅二十五歲。在之後的一九四七年和一九四八年又出版了《生育制度》和《鄉土中國》以及《鄉土建設》。按說有這樣的學術起點，以後的歲月中費孝通是應該可以取得更高的學術成就的。但是費的轉變卻讓人感到費解，他的學術水平不是提高了，而是停留在他的原有水平一直沒有變化。關於費孝通，謝泳曾經有過如下一段評價：他

（陳注：指費孝通）的晚年，或者說他的後半生，一直生活在兩個世界裏，一個是政治家（像不出其他更好的稱呼）的世界，這一面為人所知，另一個則是社會學家的世界，前者是公眾的，而後者是個人的，理解晚年費孝通，非走入費孝通的個人世界不可。（謝泳：《晚年費孝通》）這為我們理解費孝通的兩個世界提供了一把鑰匙。我在讀張冠生先生所著的《青山踏遍》時發現，費孝通兩個世界的形成，恰恰是在其生命力最為旺盛的三十九歲。附在《青山踏遍》後面的《（費孝通）生平著述年表簡編》中有這樣一段敘述：「（一九四九年）五月，任清華大學校務委員會委員，副教務長。

九月，參加北京各界人民代表會議。十二月，寫《大學改造》和《我這一年》兩書。是年文章明顯減少，多刊於《新建設》。」《大學的改造》於一九五〇年五月出版，其中觀點自然不乏時代烙印，值得注意的，是費孝通在後記中的一段話：「我們經歷了這一重要的轉變，對於大學的改造報著信心，但是改造一個舊大學困難是有的。首先是政策把握不住，而且自己的立場，觀點和方法也都不穩。」這時費孝通的學術信心已經在強大的體制之下慢慢被打碎了。在學術研究的出發點上，問題的解決已經不再是首先要考慮的因素，而是先要「把握政策」。可以說在這以後，費孝通便開始把自己真實的世界隱藏在他隱秘的內心了。我讀費孝通前後兩個時期的文章，簡直不相信是處於一個人的手筆，因為其間的差距實在時太大了，前者不但文采好，而且內容特別豐富，令人讀後回味無窮。至於後者，不是說不好，但是更以前的文章是沒法比了。

是什麼樣的力量使得一個連死都不畏懼的自由主義知識份子做出了這樣無奈的選擇？我們在今天可以看的更清楚一些，我們在以「同情的理解」和「溫情的敬意」評價前輩的時候，同時應該想想以前的對當下的借鑒意義，以便中國未來的道路可以走的更好。

刀割到自己方覺痛——讀《往事回首錄》

我的兩位朋友，結婚多年，雙方都視我為親密朋友，一有矛盾，便找我訴苦。要說有什麼大的矛盾，也沒有，只是日常生活的柴米油鹽。根據我的瞭解，這兩個人從戀愛到結婚，一直到現在，大吵三六九，小吵天天有，樂此不疲。他們向我訴說對方的過錯，不知情的人聽了會覺得他們所說的另一方簡直十惡不赦。但是我可以保證，那兩個人都是心地善良之人，並且都不善撒謊。但是他們在敘述對方的時候，有意無意地把對於不利於自己的部分事件過濾掉了。從他們那裏，我覺得，要看透一個事件，應該有多方的舉證，才能得到真相，否則，只能是片面之詞。

曾出任文化部副部長、對外友協副會長、對外文委副主任的已故作家周而復，在長達一百萬言的《往事回首錄》中，將自己長達七十年的人生經歷，自覺地融合在中國共產黨發展的歷程裏，這樣的視角，不算獨特，但是對研究現當代史來說，卻是有價值的。在過去將近一年的時間裏，我曾經集中採訪了近三十多位現當代文化名人的後裔，通過他們的敘述，展現那一代知識份子在共產黨由革命黨向執政黨轉變的這個歷史轉捩時期的命運。根據我的體會，只有將那一代知識份子的命運放在中國共產黨發展史這個大背景之下，才更好解釋他們的命運何以會那樣。

周而復出生於一九一四年，一生經歷經歷了兩個時代，左聯作家的背景，加上後來從政的經歷，讓他在共產黨由革命黨向執政黨轉變的這個歷史轉捩時期的不同階段參與許多重要事件，他的回憶錄，無疑可以為對那段歷史感興趣的人們提供很多線索。不過，周而復並非對於他曾經經歷過的事件全盤收錄，而是有所取捨。從作者的字裏行間，我們不能看出他的取捨標準，這也是多數在一九四九年從過政的人們撰寫回憶錄的人們共同遵守的的標準。這個標準，跟我的那兩位朋友訴說雙方錯誤的情況可以有個比照：可能一點虛假都沒有，但卻不是完全真實。所以讀這本回憶錄，應該和其他一些文獻或者當事人的回憶錄一起參照閱讀。

作為延安整風運動的經歷者，周而復也認為是「製造了許許多多的冤假錯案」，不過，他認為應當為這場運動承擔責任的，是康生。作為後來人，我們可以推斷，以康生當時的地位，恐怕很難掀起那樣一場暴風驟雨般的運動。倒是在稍後的敘述中，作者引述毛澤東的話道出了真相：

> 這個黨校犯了很多錯誤，誰人負責？我負責，我是校長嘛！
>
> 這次大家都洗了澡，就是水熱了一點。不少同志被搞錯了，……帽子戴錯了，現在我把它給你們摘下來就是了。

同樣是過來人，故去的原人民文學出版社的社長韋君宜對於這段歷史的反思則要透徹的多，她同樣經歷了毛澤東道歉的這件事情，但是她想：「不是一個簡單的事情，不是鞠一個躬就可以原諒的事情，它有很深的背景。」（參見筆者所撰〈韋君宜：《思痛錄》的人生底色〉）這個背景是什麼？韋君宜沒有很明白的說出來，恐怕也不好說，但是這段話可以讓人們去進一步的思考。

新中國成立之後，周而復出任上海市委統戰部第一副部長職位，具體負責私營工商業的改造問題，對於當時那些私營工商業者在那段歷史中的表現，我們到現在瞭解的相對來說比較少，他們當時的處境如何？他們在思想上產生過怎樣的波動？沒有具體的資料，這些問題都不好找到答案。作為改造私營工商業的具體執行者，周而復曾經接觸過大量的民營工商業者，對於這些情況可以說是比較熟悉，但是關於這段歷史的描述中，對於這些情況他說的並不詳細，這不能不說是一個遺憾。不過，在周而復的敘述中，多少透漏了一些當時上層對於改造私營工商業的一些態度和論爭，可以讓我們從側面瞭解一些當時的情況。

在這之前的敘述裏，周而復一直試圖與官方修撰的黨史保持一致，所透漏的情緒，也只是對於當時政策的認同以及從這種認同感中獲得的歡欣。這種認同和歡欣，應該說是真實的，但是同時也是有保留的，因為這種認同和歡欣不是單純的個人感受和個人情緒。在敘述到單純的個人經歷的時候，周而復的個人感受和情緒才逐漸流露出來。

在〈山雨欲來風滿樓〉這個章節裏面，周而復敘述了自己在一九五四年被免去上海市委統戰部第一副部長的經歷，其中涉及到周而復和潘漢年以及當時華東局統戰部黨派處副處長劉人壽之間的一些恩怨。文章最初在《新文學史料》發表之時，曾經有當時的當事人發表文章指出周而復的記憶有誤。不過，即使是同一事件，不同的人回憶起來當然會有不同，若是事實大致一致，那麼其間所流露的，也就是當事人不同的感受吧。在周而復的敘述裏這場「統戰部的宗派主義傾向『問題』拖延了五年多之久」，不過在後來人看來，這不應該是簡單的個人恩怨，而是組織方式出現了問題，個人又沒有暢通的渠道解決，才會「拖延了五年多之久」。

到了敘述文革的時候，周而復的個人情緒更近一步地流露出來。在那一段時間裏，周而復失去自由長達七年，《上海的早晨》在一夕之間由「香花」變成了「毒草」。這七年的不滿、憤恨，在他的問題獲得平反之後徹底的流露出來。不過，這種不滿依然是只停留在對於個人之間的情緒上，歷盡劫波之後的周而復，並沒有反思是什麼原因造成了社會的災難以及個人的「命運多舛」。在文革中曾經失去尊嚴的周而復在回首這段歷史的時候，顯然沒有回到當事的歷史情境為當時曾經站在他對立面的人們去考慮，對於處於歷史災難中的一些雖然不算是「無辜」的人們，也缺少必要的「同情和瞭解」。他對於這段歷史的回憶，不過是刀子割到了自己的身上，才感覺到了痛。他在恢復黨組生活並成為政協委員之後，在《文匯報》上撰文〈「四人幫」扼殺《上海的早晨》的陰謀〉，氣憤地指責上海中級人民法院對曾經在文革中支持《上海的早晨》的桑偉川的「誤判」，指責上海中級人民法院以及法官「不肯自己主動老老實實坦率承認錯誤」，但是他沒有想到，這個錯誤，其實並不該由具體的法院和法院來承擔。我們不應該回避歷史，也不能推卸個人在歷史中應該承擔的責任，但同樣不應該把時代的錯誤推卸到個人的身上。《上海的早晨》和桑偉川被平反之後，周而復建議新華社撰寫專門文章陳述真相，之後全國各大報刊轉載，這與其說是歷史的裁判，倒不如說是權力的裁判更為貼切。

周而復撰寫這部長達萬言的回憶錄，是打算當作信史來寫的。對於歷史，他其實看的相當清楚，在書中他曾經寫道：「歷史上的是是非非，由於地位、權勢、立場、觀點不同，常常是是非顛倒，故當代人寫的當代歷史，往往帶有主觀隨意性，不大可靠，只有留待後人去評說……」並且發出感歎：「信史，難矣哉！」然而，周而復筆下的歷史，依然沒有成為他自己期待的信史，因為他的思維還依然留在過去的時代裏，「以論帶史」的思維方式，只是讓他寫出了部分的真實。

賈植芳：負傷的知識人

剛剛過去的二〇〇八年是個文化災年。

三十多位文化老人撒手西去：蔡尚思一百零四歲，王養沖一百零一歲，駱耕漠、談家楨一百歲，瞿同祖、周堯九十八歲，陳錫祺、陳振漢、任美鍔九十六歲，王永興九十五歲，王叔岷九十四歲，賈植芳、唐敖慶九十三歲，王名揚九十二歲，滕維藻九十一歲，張芝聯、蔣學模九十歲，孔德成八十九歲，彭燕郊、柏楊、王元化、陳述彭、方平八十八歲，袁可嘉、金堤八十七歲，蕭蓮父八十四歲……

士林凋落，觸目驚心。每一位老人的去世，都會被眾多媒體冠以「大家」「大師」之名，這固然表達了人們對這些老人的尊重，另一方面也暴露了這個時代患上了嚴重的「大家（大師）缺乏症」。對老人的尊重可以理解，但是我覺得沒有必要一律給他們冠以「大家」「大師」之名，私意以為，對這些老人稱之為「文化老人」，或許更準確一些。

比如賈植芳。

賈先生以九十三歲高齡辭世，十七歲因參加「一二・九」學生運動被捕關押。二十一歲出獄後，流亡日本，先後在國民黨的監獄三進三出，一九五五年又因胡風事件，在「人民當家做了主人」的新社會裏罹難，被關押達十二年之久。待平反之時，賈先生已經六十五歲了。之後雖然歷任復旦大學教授、圖書館館長，中國比較文學學會第一屆副會長，上海比較文學研究會第一屆會長，但是用於學術研究最好時光已經過去了。所以我說賈先生名則名矣，要說是「大家」，則只能看作後輩人覺得時代虧負了賈先生，而對先生的一種善意的褒揚了。否則，一個讓人費神想上半天也說不出其抗鼎之作的「大家」，豈不是文化的笑話？

囿於專業上的興趣，我過去對於賈植芳一直沒有太多的關注。最近讀牛漢的《我仍在苦苦跋涉》，讓我對那一代「追求進步」的知識份子產生了興趣。而讀完賈植芳的回憶錄《我的人生檔案》，最深切的感受是賈植芳身上存在明顯的二律背反，對於他們那一代的知識份子來說，這種現象有很大的普遍性。

賈植芳生於一九一五年，是真正在「救亡與啟蒙的雙重變奏」的局勢下成長的一代人，他們那一代人的一個普遍特點就是政治情結比較重，就像賈植芳自己說的那樣：「對於我們這些在五四文化精神哺育下成長起來的知識青年來說，第一位的事便是革命活動和積極介入救亡和爭取爭取民主的愛國運動，這幾乎是當時大部分中國青年的共識。」從我們今天的角度來說，五四的文化精神是多方面的，但是在賈植芳他們生活的那個年代，不可能像我們今天這樣可以立體的看到五四文化精神的多方面，那一代人在他們的年輕時代，基本上都是只看到五四的一個方面，並且吸取之後走上了各自相同或者不同的人生道路，比如說比賈植芳小一些的何兆武，也是在五四精神的哺乳下成長起來的，其人生道路和賈植芳就迥然不同。這樣的成長背景，基本上成了他們那一代的人的人生底色，不同的人選擇不同的母體文化，從賈植芳的敘述中，我們很容易可以看出來，他所選擇的的母體文化和何兆武是截然不同的。所以我們看到賈植芳在回顧自己的文學生涯時，從頭一篇小說〈相片〉開始，他就「由原來朦朧地以文學為改造人生和社會的思想，漸次具體兒清晰地發展起來的文學為人民革命事業服務的思想樂」了，並且「日趨堅實地指引了我以後的文學活動」。在多年之後的回憶裏，歷經磨難的賈植芳依然對一九五〇年的《解放日報》把自己列為「進步人士」津津樂道，就是這種母體文化在起作用。

然而，存在於賈植芳身上的二律背反表現為：雖然選擇了自己的母體文化，並且深深認同，但是畢竟是在五四時期成長起來的，「知道獨立人格的寶貴」，始終不能放棄「獨立人格」。單獨看賈植芳前面的選擇，沒有錯，單獨看他後面所說的吸收的「五四新文化的營養」，也沒有錯。但是當這兩者糾結在一個人的身上的時候，問題便出來了，因為這兩種文化是不相容的。

賈植芳有句話特別愛被時人徵引：「我覺得既然生而為人，又是個知書達理的知識份子，畢生的責任和追求，就是把『人』這個字寫得端正些。」後來賈植芳因為胡風事件罹難，其中固然有自我道德要求（把「人」這個字寫得端正些）的因素，更多的還是因為他身上的這兩種文化的衝突。

賈植芳只看到了自己身上存在著兩種文化（「追求進步」和「獨立人格」），也察覺到了這兩種文化的衝突：「五四新文化給他們養成的獨立人格又偏偏使他們總是與這個新的環境格格不入」。但是最終也沒有能擺脫自己的母體文化。正如他自己所說的：「這一代知識份子不僅是從理論中，而是從實踐上或感情上認同了革命，就理所當然地視革命為自己的一部分。或者說，視自己為當然的革命分子。革命的勝利也既是我們的勝利。」正是因為以「這個世界的主人」自居，自以為作為「自己人」，其一言一行的出發點都是為了「組織」，賈植芳對於胡風以及自己的人生悲劇才會有格外的不解，倒是因胡風事件罹難之後的一個獄友給賈植芳指點了迷津：「你們這種小資產階級，又不是章士釗梁漱溟，你們本來就是跟隨革命的人，你們喊萬歲，上面才不稀罕呢！」縱觀在一九四九年之後歷次運動中受到衝擊的「自己人」，賈植芳的那位獄友所言，頗有幾分道理。

賈植芳自謂：「不是學問中人，而是社會中人」，熟悉近現代史的人大概都清楚，這句話其實是梁漱溟那句「不是學問中人，而是問題中人」的翻版，賈植芳比梁漱溟小將近二十歲，受到梁漱溟的影響是很自然的事情。不過歷史的現實是，賈植芳沒有梁漱溟那樣的資歷，他所能交往上的最高的人物，不過是一九五五年因言獲罪的胡風，雖然在他看來，胡風是繼魯迅之後的「青年導師」和「精神領袖」，但是這樣的一位「青年導師」和「精神領袖」，在絕對的權力面前依然是不堪一擊。不管主觀上的意願如何，最終，賈植芳還是沒有成為梁漱溟那種意義上的「社會中人」，而是終老於復旦，成了一名「學問中人」，遺憾地是，他過去把過多的精力放在了政治上，那原本並不是很符合他天性的事情，這讓他在學術上沒有達到和他有相似經歷（同樣出身於「一二・九」運動）又同在上海的王元化那樣的高度。

一九三六年，因為參加了「一二・九」運動，從國民黨的監獄裏被保釋出來的賈植芳到了青島「避難」，在那裏他翻譯了英國傳記作家奧勃倫的《晨曦的兒子——尼采傳》，在他譯作的序言裏，賈植芳借用亞歷山大・柯思的話，把尼采稱為「典型的負傷的知識人」，讀完《我的人生檔案》，覺得這個稱謂，用在賈植芳身上，倒也十分貼切。

知道的和說出的

歷史的二律背反

幾年前，在民盟碰到張冠生，他告訴我，正在做沈公的口述。沈公，即文化界無人不知的沈昌文。

三個月前，收到花城出版社秦穎先生的郵件，說有一部他盯了三四年的書稿，終於要出版社，打開一看，赫然是張冠生整理、沈昌文口述的《知道》。書稿不長，不消一個小時後就可以看完，但可堪玩味之處甚多，我讀此書，思維常常跳到書外。

近年來，口述歷史大行其道，人們也喜歡讀，大概是因為這種以大時代大事件為背景的私人記憶，卻推翻了以大時代大背景的歷史敘述範式。豐盈的細節總是容易打動人。

我亦如是。但是，對於這一類題材，我的警惕與喜歡參半。我總是固執地認為人在回憶時難免粉飾，粉飾自己或者別人。這方面，沈昌文也不能免俗。說到一九四五年到一九五一年的學徒生涯，沈公說到當時「接觸了很多共產黨人」，沈先生還提出「要跟他們走」，但是他們的理由是「你還是留在上海的作用更大。」這個句式很熟悉，但是還是心生疑竇：一九四五年到一九五一年，沈昌文不過是個十四歲到二十歲之間的孩子，能發生多大的作用呢？這樣講，並非對沈先生不恭，我相信沈先生記憶真實，而且大概不止一次對別人說起這段往事。但情況卻有可能是，沈先生當時在上海接觸的，是共產黨的週邊人物或者非核心人物。做這樣的猜測，是因為歷史上有前例可揆：當年范長江要求離開《大公報》和共產黨走時，得到的也是這樣的答覆。時境雖然不同，性質卻極為相似，從兩個人之後的境遇來看，可以推斷到兩人異時異地接觸到共產黨人的不同。

這就是記憶的放大處。但若因此，不相信一切回憶，則是因噎廢食。歷史的延續，正是靠這口耳相傳的記憶和記錄。這是關於歷史的二律背反。由此推想，我們看到的歷史，要麼被粉飾，要麼被放大，要麼被縮小，當然，這些與沈先生這本書無關。

講述記憶的方式

面對往事，講不講？講什麼？如何講？這是任何想要保留歷史的人都要面對的問題。看沈昌文談往事，肆無忌憚，若無旁人：文革反右對別人的檢舉揭發批鬥、和老上司范用之間的微妙之處等等，讓人覺得沈先生是在掰開了揉碎了地敘述那段不堪的往事。

其實不然，這三個問題依然擺在了沈昌文的面前。

「當時的這些事兒，我在回憶文章裏不好寫。不好寫的事情多著呢！以後慢慢說。」這是講不講的問題。汶川地震，舉國悲情，但是，不好講的事情有沒有？比如說，所有的捐助，都要通過官方渠道，很少有人追問，為什麼直到現在，我們依然沒有民間互助的模式。沒有人講，大概也是因為不好講。

講什麼？這個問題簡單，只要翻開書，就知道沈先生在這本書中講了什麼，這是記憶的選擇，沈昌文與別人不同的是，別人是把美的說出來，把不美的留在心裏。沈公則是美與不美都講。

但是，講述也講究方式，比如批判戴文葆，沈昌文說「是范用連夜告訴我，你今晚上就要寫出大字報反擊，調子要高。」大字報後來如何寫就？沈先生只說了一句「我當然很會做這個事了」，調子高到什麼程度？沈先生沒有說，我們也就不好妄加推測。我在這句話裏聽出的「弦外之音、言外之意」是：我當然需要懺悔，可是別人更需要懺悔。這既是「講什麼」的問題，也是怎麼講的問題。

歷史在過去常常被人說成是「任人打扮的小姑娘」，歷史學家們當然不同意這種說法，否則他們就失去了存在的意義。但是歷史到底如何傳承，卻著實令人著迷又令人迷惑。「歷史是由勝利者書寫的」，這話現在大有市場，我們自己的說法是「一部二十四史無非是帝王將相的家譜」，勝利者和權力者在這裏可以劃一個等號。但是，說出「歷史是有勝利者書寫」這句話的那位納粹德國年輕上校，後面的話還沒有說完，他接下來說的是：「但事實真相只有親歷者才知道。」

這句完整的話，包含了兩個層面的意思：書寫歷史和知道真相。巧的是，沈先生的書也叫《知道》。但是，《知道》的和說出的，能畫等號嗎？或許，今天人們熱衷的私人記憶，真實與否已經不再重要，重新敘述的歷史，在敘述者「往回看」的同時，也摻入了太多的個人情感，所以，與其說是保留歷史，不如說是挖掘心靈。

第二輯

舊瓶新酒

蔡元培爲什麼能夠做成最成功的教育家新解

寫蔡元培很簡單，大量的資料擺在這裏，只要精心擇選材料，寫一篇文章不難；寫蔡元培很難，千百篇文章擺著這裏，如何寫出新東西，這是個難題。

至少，在今天的語境之下，談論蔡元培，可以有兩個層面：一方面，在知識份子範圍內，蔡元培已經成為一個符號，一種理念，一種象徵；另一方面，在更大的範圍乃至教育界，蔡元培對於我們又顯得如此陌生，如此模糊。兩個層面的蔡元培，背向而行。

時賢談論蔡元培，多把目光聚集在其教育家的身份上。當然有理，世界上和北大水平相當甚至超過北大的學校為數不少，但是沒有哪所大學能夠像北大一樣與一個國家的現代化進程如此息息相關。以一所學校對一個國家產生如此之影響，連耶魯、哈佛、劍橋等大學都不能相酹。能夠成功地塑造這樣一所學校，不是教育家，是什麼？但是，眾人在談論蔡元培的教育成就之時，很少有人提及蔡元培作為教育家的基礎。今年是北大建校一一〇周年，蔡元培誕辰一百四十周年，蔡先生和北大會再次聚集世界各界的目光當屬意料中事，我願意從這一思路出發，追憶蔡先生，紀念蔡先生，也希望能夠勾勒一個真實的蔡元培。

蔡元培（一八六八～一九四〇），浙江紹興人，光緒十五年（一八八九）舉人，十六年會試貢士，未殿試。十八年補殿試，為進士，授翰林院庶起士，二十年補翰林院編修。甲午戰爭後，開始接觸西學，同情維新。士——這是晚清危局中的蔡元培，也是蔡元培的底色，之後雖經德國遊學而未改變。同情維新——則是蔡元培的政治起點。

蔡元培之成為教育家早有夙緣：光緒二十年晉階翰林，在世俗看來是通往錦繡前程的天梯，而對於蔡元培來講則是他告別仕途的月臺。在北京愈久，蔡元培就愈感覺到大清王朝沒有希望，隨著往昔熱心維新的朋友風流雲散，蔡元培對於維新的同情轉為失望。一八九八年九月，蔡元培結束了四年半無味的翰林生涯回到家鄉紹興，決意官場。回鄉後，蔡元培投身的第一個領域便是教育。當時，蔡元培的故交徐樹蘭剛剛創辦中西學校不久，蔡一回鄉，便被故交延請為校長。中西學堂在當時是一所頗為新潮的學校，與北大淵源也甚為深厚：後來曾任北大校長的蔣夢麟和北大地質學教授王季烈就是當時中西學堂的學生。不過，徐之所以延請蔡元培，除了故交這一因素之外，蔡元培的翰林身份也相當重要。之所以下這樣的判斷，是因為中西學堂雖然是一所新潮學校，其中的新舊之爭卻很強烈。蔡元培就是因為在新舊之爭中支持新派而和徐樹新發生矛盾憤而辭職。舊翰林卻是新風潮的代表人物，徐樹新選擇蔡元培算是看走了眼，但是對於蔡元培來說，卻因為這一段的經歷，切切實實地走上了教育之路。之後的一九〇一年，出任南洋公學（上海交通大學前身）的特班總教習；一九〇二年，又和同仁一道籌辦中國教育會、創辦愛國女校並擔任會長和校長之職。之後的日子裏，蔡元培並沒有太多的精力放在教育領域，當時革命風潮四起，蔡元培也脫下儒衣，搖身一變而成為老牌革命黨。我以為，老牌革命黨的資歷，是蔡元培之後能夠對北大產生如此之大的影響的最重要的原因。

早在一九〇〇年初，蔡元培辭去中西學堂校長時，革命之志已經顯露，他在給徐樹新的辭職信中寫道：「元培而有權力如張之洞焉，則將興晉陽之甲矣」。看一看蔡元培這一時期的履歷，就能明白，民國初年作為教育家的蔡元培在當時政局中的資歷：一九〇二年，三十五歲的蔡元培同蔣智由等在上海創辦中國教育會並任會長，中國教育會「表面辦理教育，暗中鼓吹革命」，但是當時時局震盪，教育會在教育方面的工作始終沒有很好地開展，卻成為國內最早鼓吹民主革命思想的社會團體；之後這位前清翰林還參加了暗殺團，並且研製炸藥，希望一暗殺的手段推翻清朝統治，一九〇四年，在上海與黃興、陶成章一起組織建立了光復會，並被推舉為會長；一九〇五年，同盟會成立，光復會併入，孫中山委任蔡元培為同盟會上海分會負責人；一九一二年一月四日，中華民國臨時政府在南京成立，蔡元培就任南京臨時政府教育總長。一九一二年二月十八日，作為孫中山的特派專使，偕同唐紹儀赴北京迎袁世肯南下就民國總統職位，而當時，汪精衛、宋教仁、王正廷等之後在民國政壇上舉足輕重的人物則僅僅是使團成員。

以蔡元培的資歷擔綱北大，從政治上來講是失意的。不過以我看來，投身教育比躋身政界反倒是更加符合蔡先生的才情，而有了政治資歷墊底，讓蔡先生在北大的一系列措施得以順利進行（許多研究者都發現，蔡元培在北大所從事的改革，其動作幅度之大，推進速度之快令人驚訝，且大都「一步到位」），而也正因為蔡元培的政治威望，使得北大這所大學與當時中國政局息息相關。談論教育家蔡元培，不談及他政治家的身份，其塑造北大、改造教育看起來就像是無源之水般的奇蹟。在政治家身份的基礎上來談論蔡元培，便會明白，牛刀殺雞，比水到渠成還要來的簡單。

一九一七年初的一天，蔡元培以質樸的姿態走進了北京大學，向在排列在校門口迎接他的校工們脫帽致禮。也是從那一天起，他給中國大學定了一個恒久的調子：「囊括大典，網羅眾家，思想自由，相容並包」。這個資深的革命黨要員深深懂得教育獨立的重要：「教育事業應當完全交給教育家，保有獨立的資格。」不過，若沒有蔡元培那樣的政治資歷，大概沒有哪個校長敢如此放言。

如蔡元培一般才情的或許不乏其人，如蔡元培一樣具有政治資歷的也大有人在，但是二者能夠如此在一個人身上完美結合，蔡元培一人而已。

當今大學問題重重，時賢總冀希望於當今的大學校長學習蔡元培，在筆者看來難以哉。難就難在蔡元培學不了也不能學。也不能說現在的大學校長都沒有為中國現代學術開拓的努力，但有些校長是有心無力的。

今年適逢北大一一〇周年和蔡先生誕辰一百四十周年，我們不能再沾沾自喜地以出過蔡先生為榮，也不必痛心疾首地號召現在的大學校長一致向蔡先生學習。在民國初年那個一切制度正在蹣跚起步的年代，蔡先生以其獨特的才情和政治資歷改造和奠定了今日的北大，其他的大學校長也並非對蔡先生亦步亦趨，但是他們都知道用心體會蔡先生的教育理念，當時大學風格面貌各異，但是校長們的理念則息息相關。現在的情況正好相反，大學面貌千篇一律，校長們各有想法卻無教育理念（于光遠先生就認為一九四九年之後的教育不是教育思想出了錯，而是沒有教育思想）。

蔡先生是教育官，這點與當下教育環境中的大學校長以及教育官員並無不同，不同的是蔡先生還是教育家，具有情懷的教育家。今天紀念蔡先生，不需要讚美，多一分瞭解和同情便足夠了。而北大，則需要捫心自問：對於蔡先生奠定的北大的品格，我們現在還存留多少？畢竟，我們不能總是說，蔡先生時期的北大如何如何。總說我祖上如何如何榮光，那是沒落戶的子弟最喜歡幹的事，抱著對北大的熱愛之心，我不願作如是想。

由燕京大學想到的

前不久，巫寧坤先生從美國發來郵件，打開一看，是余英時先生為其即將出版的新作《孤琴》寫的序言，題為〈燕京末日的前期〉。我從幾年前就開始搜集關於燕京大學的資料，巫先生覺得我必然會感興趣，所以發給我看。余先生標題中的「燕京」，即是燕京大學。讀完文章，想到巫先生一生的遭遇，不免唏噓；另一方面，看余先生對於當時局勢的分析，又不僅為史學家的洞察擊節讚賞。不過，我讀此文，思維去常常跳到「燕京大學」這個題目之外。

現在的人們對於燕京大學這個名字大多數會感到陌生，甚至許多人知道燕京大學僅僅因為《上海灘》中的許文強於燕京畢業。有一次我在百度的「燕京大學吧」中，還看到這樣的留言：不知道燕大招不招收函授學員。留言者還鄭重其事地留下電話和電郵，歷史造物弄人，讓人啼笑皆非。

但是，在上個世紀，燕京大學卻非常有名。那時候，燕京這所學校，是常常與北大、清華一起被人提起的。創建於上世紀初的燕京大學，存在時間雖然只有短短三十三年（一九一九～一九五二），卻創造了中國教育史上的兩個奇蹟。奇跡之一是在不到十年的時間內，從一個一無所有的「爛攤子」一躍成為中國乃至國際知名的一流綜合性大學；奇蹟之二是不長的時間內，為中國各個領域培育了不少頂尖人物：在兩院院士當中，燕大學生多達五十二人；一九七九年鄧小平訪美，二十一人的代表團中包含了七名燕京人。巫寧坤先生，就是於上個世紀五〇年代從芝加哥大學學成回來，成為燕京大學的教授。余英時先生則是在一九四九年秋就考入燕京大學歷史系，曾經在燕京大學短期就讀。

因為是美國教會創辦的學校，在一九五二年的院系調整中，燕京大學被停辦。被一起停辦的，還有另為十七所教會大學和一些私立學校，比如頗負盛名的光華大學。

過去說到燕京，常常會追溯到美國人到中國來辦學校的目的，不可否認，美國花費了大量人力物力，來到中國創辦大學，確實存在企圖影響中國未來的戰略考慮。國民黨政府之所以同意國外力量來中國辦教育，也確實存在國力不濟的因素。不過，我們如果摘掉目的倫理和意識形態的眼鏡，不能不承認，包括燕京大學在內的一些教會大學的創辦，在客觀上卻起到了促進中國文化發展的效果。

教會大學如此結局，私立大學也是如此。在上個世紀的大學教育格局中，國立大學、私立大學和教會大學本來是三足鼎立，私立大學更是可以與國立大學分庭抗禮。遙想當年，張伯苓先生創辦的南開大學，令當時的最高領袖蔣介石說出「有中國就有南開」，影響是何其廣泛？而私立大學的存在，則是國立大學的一個良好的補充。道理極為簡單，歷朝歷代，凡是在體制之內的機構，其變革勢必緩慢，無他，制度使然，體制之內的機構，牽扯人員既眾，「按照制度辦事」變成了最佳選擇，否則便容易滋生舞弊。而私立大學則天然具有靈活機動的特質，更容易改變自身來符合社會的發展。

這樣一個富有彈性的「差序格局」，體現的正是中國傳統中「萬物並育而不相害，道並行而不相悖」的多元思路，相得益彰。這樣一個雙贏的格局，在一夕之間遽然打破，只能令人感到惋惜。

改革開放以來，私立大學似乎又恢復的跡象，不過在氣相上卻一直無法與過去的相提並論，在過去，張伯苓先生創辦的南開，陳嘉庚創辦的廈門大學，馬相伯先生創辦的復旦大學，哪一個，不是響噹噹的？造成這種局面的原因在於，我們只是在形式上恢復了私立大學，但是在制度上卻沒有一個良好的保障。比如教育部，是否可以捫心自問：對於這些大學，真的能做到一視同仁嗎？在待遇等各種形式上，真的是認為這些大學的地位是平等的嗎？恐怕不能，直到今日，私立大學還沒有獨立發放文憑的權力。而在另一個層面，在當下公立教育一家獨大的格局之下，當今的國立大學是否真的可以保證社會日益多元的需要？是否真能滿足一個擁有十三億人口大國的教育需求？恐怕也要打上一個問號。

過去，我們有一種看法，以為一旦教育放開，就會天下大亂，其實未必。一般來說，在社會清平或者動盪的時候，私立大學因為在政治地位上無法與國立大學相比擬，反倒容易與政府合作，以此來爭取政府的支持。

目前正在舉行的奧運會，中國以開放的姿態，讓世界看到的中國的成長與成熟，也是讓世界看到了中國的實力。在教育上，我們是否能具有同樣開放的姿態?畢竟，剔除了歷史諸多複雜的原因，我們不是無例可循。

「北大是常爲新的」新解

一

轟轟烈烈的北大一一〇周年校慶剛剛過去，作為一個媒體人，又剛好做了一個篇幅長達十六個版的北大一一〇周年特刊，對於北大，似乎應該不再有什麼話可講。可偏偏不是這樣，北大一一〇周年的歷程，與中國同一時期的歷史息息相關，光要說清楚這個話題，就是一個長篇。不過，這是題外話。但恰恰也是這個原因，讓北大格外惹人注意。

不說別的，單就北大的傳統這一點，就要頗費周章：和北大歷史年頭相近的幾個學校，清華也好，復旦也好，浙大也好，傳統都很好說，不好說的，只有北大。為什麼如此，或許和北大特別珍重自己的歷史有關。沒有哪個學校像北大這樣熱衷於紀念自己：自蔡元培掌校之後，北大幾乎是十年一大慶，五年一小慶，既然有如此多的紀念，關於傳統有多種闡釋也就不足為怪。

甚至不是整年數的時候，北大也會時不時紀念一下。比如一九二五年，北大學生會為紀念校慶二十七周年，就曾向魯迅緊急約稿。為此，魯迅寫下了〈我觀北大〉一文。在文章中，魯迅提出了一句至今仍常常被人徵引的話：北大是常為新的，改進的運動的先鋒，要使中國向著好的，往上的道路走。「橫眉冷對」的魯迅，對於北大的感情並不強烈：在北大，魯迅只是「教一兩點鐘的講師」，所以被有的教授指責「不配與聞校事」。以魯迅的性格，會對在北大的經歷感到舒服嗎？

魯迅之所以表現出對北大一片溫情脈脈，一來約稿者是學生，對於青年，魯迅一向是愛護的。所以這一片溫情，與其說送給北大，不如說送給北大的學生；二來，迅翁心中也明白，紀念刊上的文字，是一種特殊的文體，越是這樣的時候，越不能揭人家的傷疤，而越是精彩的好話，則越有可能被後人徵引。或謂此為誅心之論，無憑無據，則不妨看看四年之後劉半農在《北京大學三十一周年紀念刊》說的話。劉半農當年為《北京大學三十一周年紀念刊》撰稿，提及紀念文章之難寫，稱不外「說老話」與「說好話」兩種做法。這一點，劉半農清楚，魯迅也清楚。

如果說證據還不充分，不妨再來看同一個魯迅，關於同一個話題的不同敘述：一九三三年，魯迅給臺靜農寫信時說到北大：「北大墮落至此，殊可歎息，若講標語各增一字，作『五四失精神』，『時代在前進』，則較切矣。」很難說三十年代的北大與二十年代的北大有如此的「天壤之別」。一九三三年，北大的校長是蔣夢麟先生，這位北大歷史上任期最長的校長和胡適師出同門，且是教育科班出身，對於北大的貢獻著實不小。北大在他的治下，也未曾「墮落」。不過，一九三三年，魯迅已經離開北大，又是私人通信，且又針對具體的人和事，為求痛快淋漓，則偏頗之處難免。

二

不過，拋開魯迅說話的具體語境和時代背景，在眾多對北大傳統的闡釋中，還是迅翁的說辭最準確，也最得我心。時賢總結北大傳統，一廂情願，各執一詞。比如教育學者總願意把北大的傳統說成「相容並包」，而政治學者則願意把北大傳統總結為「自由主義」，官方和北大校方則願意把北大傳統定格於「愛國主義」……

不能說沒有道理，但是這樣的總結，也總讓我想起一個眾人皆知的典故：盲人摸象。都以為自己說到了北大傳統的核心，其實只是說到了一個方面，只有迅翁的「常為新」一語，沒有具體指向，反倒最貼切。

從北大歷史來看，北大也確實做到了「常為新」：北大的校史從一八九八年算起，不攀附太學傳統，連有直接淵源的同文館也都排除在外，直接選定戊戌年「大學堂」的創立作為自己歷史的開端，其實暗含了北大的自我定位：與其成為歷代太學的正宗傳人，不如扮演引進西學的開路先鋒。北大一開始，就要「為新」。

五四運動、白話文運動、大學招收女生……一直到「一二．九」運動，再到後來的反饑餓、反內戰，無不與北大息息相關，北大確實「常為新」。

北大還有另外「常為新」的一面，不大為人提起。新中國成立之後最常被人們提及的北大校長是馬寅初先生。不過，人們說起馬先生往往與他因「人口論」冒犯龍顏有關。我對於馬先生的骨氣也尊崇有加。但人們很少提起的是，在馬先生冒犯龍顏前，曾經引發過思想改造運動。擔任校長不久，針對解放初期師生員工的實際情況，為倡導師生學習政治、改造思想，馬寅初首先在北大教師中發起了一個以改造思想、改革高等教育為目的的學習運動，並邀請周恩來為北大教育學習會作第一次報告。後來，全國範圍內興起的知識份子思想改造運動，就是以此為發端。

一九六六年，文革在北大校園內打響了第一槍。出自聶元梓手筆的〈宋碩、陸平、彭佩雲在文化革命中究竟幹些什麼？〉，不僅使聶當上北大校文革主任，也拉開了中國十年文化大革命的序幕。那一段歲月，人們提起來都會用到「不堪回首」。「不堪」是真，「回首」也很必要。北大一直領風氣之先，正視歷史，更能顯現北大的榮光。

北大還有「為新」和不敢「為新」的矛盾：改革開放之初，能有哪個出自民間的口號比得上「小平您好」？這一世界著名的口號，已成為人們對鄧小平開創的改革開放時代的情感懷念。其發源地就是北京大學。當北大學生們打出「小平您好」標語的那一刻，時任北京大學副校長的陳佳洱正在天安門的觀禮臺上。他的第一反應是「北大學生是不是闖禍啦?!」因為「原來規定不能隨便帶東西的。同學帶了這個標語了，學校可要挨批評了」。「嚇一跳」的陳佳洱「看看小平同志」，結果鄧小平沒有生氣，並且帶頭鼓掌，陳校長才「高興」起來。

不是非要揭短，雖然無緣在北大讀書，也無緣在北大執教，但是熱愛蔡元培時期的北大，熱愛蔣夢麟掌校的北大，熱愛胡適治下的北大，也熱愛當下的北大，才希望北大正視歷史。惟如此，才能顯示一所世界一流大學的胸襟和坦蕩。可是現在，我再跟很多畢業於北大的朋友談起這些，面對的多是一臉茫然。

就在魯迅在私人通信中指責北大「墮落」的一九三三年，劉半農在為《北京大學卅五周年紀念刊》撰寫紀念文章時，就是從魯迅給北大設計的校徽談起的，劉半農說：

我以為這愁眉苦臉的校徽，正在指示我們應取的態度，應走的路。我們唯有在愁眉苦臉中生活著，唯有在愁眉苦臉中咬緊了牙齒苦幹著，在愁眉苦臉中用沉著剛毅的精神掙扎著，然後才可以找到一條光明的出路。

而魯迅在寫〈我觀北大〉時，在文章結尾也作了預先聲明，稱明年若再出紀念刊，則難以從命。之後，魯迅確實也沒有公開評論北大的文章，我想原因大概不僅僅是「說起來大約還是這些話」。

綜上所述：在今天，我更願把迅翁「北大是常為新的」之語，以警語視之。

西南聯大：不是最好的學校

一九三七年因抗戰組建起來的國立西南聯大，到今年，正好是七十周年。七十周年，經過時間這朵玫瑰的薰染，香氣四溢，幾成傳奇。有媒體甚至直接把「最好的學校」這一桂冠戴在了這所已經消失的學校頭上。

西南聯大是不是最好的學校？

我看未必，根據資料顯示，當年教育部一開始撥給長沙臨時大學（西南聯大前身）的經費，不過是區區七一七四九．九八元。而在一九三七年下半年，每市斤豬肉的價格是〇．一八元，按照今天的物價折合，這些錢，不過是一座說不上豪華的別墅或者是一輛比較奢華的汽車。這一點錢能夠辦成最好的學校，在今天聽起來似乎是天方夜譚。

再有，雖然是西南聯大在辦學時秉著「戰時即平時」這一理念，但是畢竟是戰時，與平時不同，同樣據資料顯示，為了保證生源，當年有不少西南聯大的學生，沒有通過入學考試，就進入了這所大學讀書。按照今天的觀點，這簡直就是不合規矩。

不過，在這七十周年之際，各種紀念活動此起彼伏，既有官方，也有民間；既有自發，也有自覺。眾人不約而同把懷念指向西南聯大這所學校，也許是因為，這所在筆者看來也許並非是最好的學校，給我們留下了豐厚的教育遺產，拋開「學術自由」、「教授治校」這樣宏觀的主題不談，挑選幾個細節來談論西南聯大的遺產，或許對於今天更有意義。

在接受新京報專訪的時候，北大、清華、南開三位現任的校長都談到了西南聯大當年幾乎聚集了最優秀的師資，以現在的眼光看來，這種評價當然公允，可是不要忘了，當年西南聯大的師資不是突然冒出來的，而是三位常委之前的辦學之中，以卓越高遠的眼光培養、聚集起來的。比如說，以清華當年的門檻，要求教師必須有博士學位或者留學背景行不行？我想大概沒有疑問，答案是肯定行。但是偏偏是既無學歷又無學位的陳寅恪，出任了清華國學院的四大導師之一。當年的清華並非沒有制度規範，其可貴之處就是在剛性的制度之外，當時的校長還富有彈性的學術眼光與人文情懷。今年謝泳先生被廈門大學聘任，在許多老朋友們看來是一件實至名歸的事情，但是卻成為今年教育上的一個亮點，或許就說明了這種彈性恰恰是我們今天所欠缺的。不過，行使這種彈性需要謹慎，否則就會成為教育腐敗的方便之門。

其實，三位校長的訪談中也都談到了當年的西南聯大培養出了諸多優秀的學生，的確不勝枚舉，楊振寧、李政道、何炳棣、王浩……其實這也並非奇跡，多少年後我們再來看北大清華南開，也都會有一連串閃光的名字。不同的是，這些閃光的名字背後的成就和制度。撇開成就不說，制度才是培養天才的土壤，雖然貧瘠的土地上也能長出鮮花。在何兆武先生的《上學記》中曾經敘述過自己幾次轉系的經歷，這樣的事情，在今天看起來似乎是特別困難。想來當年西南聯大的學生應該是非常幸福，可以學自己真正感興趣的東西。能夠做出成就，也就不是什麼奇怪的事情。教育這件事，說到底還是針對個人的，而在少年時期，只有通過比較之後，才能選擇出自己真正感興趣的方向。如果把教育做成工業化的流水線，培養出來的學生也就可想而知。其實，西南聯大這種彈性的制度也是淵源有自，昔日的吳晗、錢鍾書、華羅庚進入大學的時候，都是破格錄取。近年來也有不少大學破格錄取學生，但是並不受好評，原因很簡單，這些被破格錄取的學生裏面，不是這明星，就是那明星，唯獨沒有具有學術潛力的讀書種子。這種破格錄取裏面，哪裡能體現教育家的眼光？

在西南聯大七十周年之際，我不願意輕率地把「最好的學校」這頂桂冠戴在西南聯大的頭上，而是希望，通過梳理，我們能夠認識一個真實的西南聯大，認識到昔日我們的前輩所進行的，並非難以企及的事業。唯有如此，我們才能更好的繼承西南聯大的遺產。

子規夜半猶啼血，不信春風喚不回。希望西南聯大的遺產，在今天不是美麗的海市蜃樓。

蔣介石：總統原來是常人

一

前不久在香港與鳳凰衛視的梁文道聊天，他說起童年的經歷，他說童年在臺灣長大，從來不知道「偉人蔣中正原來另有別名蔣介石」，直到中學時代，他到了香港，才知道，蔣介石還被人稱為「魔頭、軍閥及獨裁者」。我和文道兄有類似的經歷，但是正好相反，在一九九八年之前，我只知道蔣介石是個對外不抵抗、對內發動內戰的獨裁者，卻從來不知道在抗日戰爭中，蔣曾是個堅定的主戰派，直到一九九八年，讀到黃仁宇的《從大歷史角度讀〈蔣介石日記〉》。

臺北中研院近代史研究所原所長呂芳上在為最近出版的《尋找真實的蔣介石》一書所寫的序言中的一句話，或許正好可以解釋上述的現象，呂芳上說：「近代歷史雖有資料巨集富之利，但更有問題複雜、事多隱晦、人多在世的困擾，尤難擺脫現實政治的糾纏。」

楊天石先生把自己的新書取名為《尋找真實的蔣介石》，對於已經發生過的歷史，「真實」殊難找尋。

二

以蔣介石為例，資料就繁多的令人瞠目結舌，不說別的，但就流傳的蔣介石日記，就種類繁多，比如蔣的私塾先生兼秘書毛思誠模仿《曾文正公日記類抄》而編成的《蔣介石日記類抄》、蔣介石令其同鄉按照分類原則摘抄而成的《困勉記》等五種、其他還有《事略稿本》、《總統蔣公大事長編初稿》、《蔣總統秘錄》等等。之前的學者研究日記中的蔣介石，多是從以上引錄或者摘錄的文獻資料出發的。二〇〇四年，蔣家後人決定把蔣介石日記手稿寄存到斯坦福大學胡佛研究院，二〇〇六年三月，這批珍貴的資料首度對公眾開放。楊天石是接觸到這批資料的學者之一。

不用說，楊先生的資料佔有令人折服，否則面對繁複的蔣介石日記，便會頓生茫然，不知從何處下手，而《尋找真實的蔣介石》一書，所選取的都是蔣介石生命中至為重要的階段，同時也是近現代中國歷史的至為重要的大事，比如中山艦事件、軟禁胡漢民時間、淞滬之戰和南京之戰、重慶談判等等。因為有了新的材料，楊天石關於這些事件的論述讓人耳目一新。

在蔣介石長達五十七年的日記中，有相當多的自我警束和自我策勵的辭句，這與我們通常認識的蔣介石頗有出入。問題接踵而來：日記中的蔣介石是否是歷史上真實存在過的蔣介石？楊天石對此其實有相當的警醒，比如他說：「研究近現代中國的歷史，不看蔣日記會是很大的不足，但是，看了，什麼都相信，也會上當。」而我則傾向於認為，日記中的蔣介石關於自我反省和克己修身的記載，不排除有替本身辯白、掩非飾過的趨向，更多是帶有一些信仰的成分，這看蔣介石日記中關於王陽明的論述就可以更加明瞭，從這一點出發，就比較好理解蔣介石日記中為何有如此多的道德訓誡。

三

資料表明，一九二三年，蔣介石曾花了相當的精力研究馬克思主義學說，在當年的日記中，關於閱讀馬克思主義著作的紀錄屢屢出現。其訪問蘇聯期間，曾有人動員蔣介石加入成立不久的共產黨，蔣介石的回答是需要請示孫中山。這是以國民黨左派出現的蔣介石的基礎，也是蔣介石追隨孫中山和共產黨合作的基礎。一九二三年，蔣介石時年三十七歲。

我讀書至此，有一大膽猜想：蔣介石是否有加入共產黨的可能？在此利用楊天石書中資料，「小心求證」一番。

一九二三年，國民黨雖然沒有統一中國，但是經過多年經營，在中國已是頗具勢力的政黨，而共產黨則創立不久，當時的重點還在著力於共產主義的傳播，從力量上講，還無法與國民黨抗衡。

早期的共產主義傳播者也以知識份子居多，比如李大釗、陳獨秀、張申府等人，當時加入共產黨的人員，以年輕人居多，且大多家境較好，這也是理想主義者的基礎之一。

而當年已經三十七歲的蔣介石，雖然也對馬克思學說看到「不能懸卷」的程度，但是不得不更多的考慮現實問題。蔣介石出身鹽商之家，社會地位不高，早年喪父的經歷讓他自幼受到土豪劣紳的歧視和壓迫。這些經歷，讓蔣介石在做出選擇的時候，不太容易單純從理想主義的角度出發。另外，在一九一八年至一九二三年期間，蔣介石曾奉孫中山之命，與戴季陶、張靜江共同參與籌備上海證券物品交易所，楊天石在書中說：「蔣介石和它發生過密切關係，它也曾給予蔣介石的生活、思想以深刻影響。」楊天石在書中分析的交易所對蔣介石的影響，如對上海商人的不滿與反感、瞭解到中國民族資產階級的困境以及增強了蔣介石的社會改造思想等等，這都是使他對馬克思主學說發生興趣左傾的因素。不過，對於這一問題更為重要而楊書沒有涉及的是，蔣介石在這一期間的生活來源，也必是在交易所支取，同時與戴季陶、張靜江等人的共事，也勢必加強他與國民黨之間的聯繫。

如果在一九二三年之際，國民黨的勢力還沒有發展到如是程度，或者，蔣介石還沒有與國民黨發生如是之深的糾葛，蔣介石是否會加入共產黨？很難說。

不過，正是有了這些基礎，才有了緊隨其後的蔣介石蘇聯之行，正是在蘇聯，蔣介石「一個黨，一個領袖」的思想得以發軔。

四

抗日戰爭中蔣介石的表現，我最感興趣的是南京之戰，當時圍繞著南京是守還是棄，國民黨內部頗有爭論，就連蔣介石，也在日記中如此寫道：「南京城不能守，然不能不守，對上、對下，對國，對民無以為懷矣。」楊天石說，這是蔣內心矛盾的表現。而我的不解也在這裏。

南京之戰，國民黨幾乎元氣喪盡。對於這個結果，蔣介石是由預料的。早在淞滬之戰開戰之前，和戰之爭就已見端倪。議和派在國民黨軍方以何應欽為代表，在知識界則以知識階層為代表。但是蔣介石力排眾議：「地無分南北，年無分老幼，無論何人，皆有守土抗戰之責任。」淞滬戰役，國民黨軍方失利，在「各部死傷大半」的情勢下，蔣介石依然決定長期堅守上海，之後，蔣介石曾經對此有過自我檢討，認為自己沒有在九國公約會議之前及早撤兵。有了這一經驗，蔣介石為何還要在南京之戰中重蹈覆轍？

說南京為首都所在、總理陵墓所在，以此政治家與戰略家的兩難困境來解釋蔣介石的選擇，總讓我覺得非重點所在，就像楊天石先生分析的，「突圍與撤退時的嚴重混亂以及損失仍然是可以避免的。」

五

書中的最後一個章節描寫蔣介石的家庭生活，讓人覺得，總統亦是常人。這是此書的一大特色。政治人物難寫，在於研究者或撰寫者常把政治人物視為非同常人，一般都少用筆墨敘述其人性化的一面。

看蔣介石日記中，在宋美齡滯港不歸時的「孤寂」乃至「孤苦自憐」，讓人可以看到，這位「蔣大總統」的喜怒哀樂，原來與我等凡夫俗子並無不同。而「家事致曲，不宜太直、太急與太認真」、「家事以委曲求全為主，不能與普通交道並論」等，則又讓人覺得這位「蔣大總統」原來也是這般人情練達。而宋美齡為蔣緯國身世以及蔣氏元配陳潔如與蔣介石產生矛盾，則讓人驚訝於原來「國母」也有這般女兒態。

另外，蔣介石日記中，有不少怨天尤人的句子，對好友如戴季陶，親屬如宋子文、孔祥熙，同僚如胡漢民、孫科、李宗仁等，下屬如周至柔，幾乎無人沒有受過他的埋怨。還真沒有見過哪個領袖，一邊「天理人欲」，一邊怨天尤人。不過，這也是人性的表現，否則，我們大概只能看到一個呆板的蔣介石了。

最後，錄一個關於蔣介石的段子，與書中《蔣介石親自查處孔祥熙等人美金公債舞弊案》相關，雖不入正史，卻足以補缺：

話說當年蔣介石查處孔祥熙一案，曾派了翁文灝去查。翁動身之前，蔣鄭重其事地對翁文灝說：「詠霓，請你辛苦一趟，到上海調查，回來時什麼時候到南京，就什麼時候來見我，愈快愈好。」翁文灝見到蔣介石如此堅決表示，認為調查後一定要辦一下。翁文灝到上海調查了兩天，把什麼都搞清楚了，回到南京時已近黃昏，打電話給蔣，問他是否接見，蔣回答他「明天再談」。翁覺得奇怪，第二天一見面，蔣就說：「我已經明白了，上海銀行界向來是吃財政部的，現在庸之（孔祥熙）不讓他們吃，所以他們恨庸之。」翁文灝說：「我在上海調查的結果，似乎不是這麼一回事……」蔣馬上截斷他的話：「我已完全知道，你不用講了！」竟不等翁文灝開口，就端茶送客，連「你辛苦了」一類敷衍門面的話也沒有說一句。蔣對翁一向比較客氣，翁從來沒有碰過這樣的釘子，回到行政院，氣得話都說不出，停了一會，對蔣廷黻（當時的政務處長）說：「不好幹了，辭職，一定辭職！」蔣廷黻問他為什麼事，翁講了一遍，蔣廷黻想了一會，說：「我看辭不得，要辭也要等三個月以後，事情冷下去再辭。如果現在摜紗帽，就種下了裂痕，如有人說起這件事那件事，他們會說是我們洩露出去的，他（指蔣介石）豈是能容人的？說不定會招殺身之禍！」經蔣廷黻這樣一說，翁文灝的氣憤被嚇去了一半，不敢再喊辭職了。原來蔣介石派翁文灝去調查的時候，不知道投機操縱者是誰，所以大打官話，派翁去的同時，又派戴笠去密查，戴笠比翁文灝早回南京一天，已一五一十把內幕對蔣講了，蔣一聽牽涉到宋靄齡，這件事就絕對辦不得，所以不讓翁文灝開口，免得說出了反而為難。

這樣的傳聞，也足以證明了蔣介石的「人情練達」，但也是政治腐敗的淵藪。

第四輯

人物論述

章乃器：在政治和經濟的天平上

前不久與立凡先生聊天，立凡先生告訴我，民建建黨五十周年的時候，曾經整理了一本黨史，送到統戰部審讀時，被統戰部打回，統戰部的理由是：寫民建黨史，怎麼能少了章乃器？民建建黨，章乃器是重要發起人之一，但是由於歷史的原因，竟然章乃器這個名字諱莫如深。對於今天的我們來說，章乃器更是睽違已久。

他是誰？救國會的「七君子」之一，民主建國會的主要創建者之一，一九五七年的著名右派。因為這些，人們常常以政治人物視之。

章乃器是政治人物，但不僅僅是政治人物。

翻開章乃器的人生履歷，政治人物這個標籤，遠遠不能概括他的一生。看看一九九七年出版的《章乃器文集》就會知道，章乃器是中國近代經濟學家中少有的貨幣專家和理財家，也是首倡創建中國現代資金市場和資本市場的學者之一。在海外，他更是被冠以「中國資信業第一人」的稱號。更少為人知的是，他還出資拍攝過兩部眾所周知的電影：《八千里路雲和月》和《一江春水向東流》。

章乃器的一生，如何大起？又是如何大落？他是如何從一個銀行家轉變成政治人物？

一

章乃器一開始學經濟，純粹是誤打誤撞。

辛亥革命爆發之時，十五歲的章乃器從學校跑出來，去當學生兵，在陸軍部下屬的飛行營。一年之後，南京政府被袁世凱的北洋政府取代，章乃器的軍旅生涯隨著東當時局就此結束了。

父親帶他到了杭州，繼續求學，他們到了杭州的時候，所有的學校都招滿了，只剩下浙江甲種商業學校。

按章乃器當初的理想，是當一個發明家。受過去士大夫觀念的影響，在章乃器的內心裏，對於謀利的行業比較輕視，覺得商是四民之末。進入商業學校，章乃器很不情願。

但是別無選擇，不但如此，貧寒的家境後來還無法支付他的學費，章乃器只得靠優異的成績獲取獎學金來維持學業。

四年之後，章乃器在甲種商業學校畢業，在校長周季倫的推薦下，章乃器去了浙江實業銀行工作。先是實習生，然後是職員，誰也想不到，日後的章乃器會成為一個大銀行家。

章乃器不甘心平淡的生活，他要到北平闖天下。

隻身一人，章乃器到了北平，在通州京兆農工銀行擔任會計。在北京，章乃器遭遇了「五四運動」。立凡先生說：「父親當時的情況，就像現在農村的孩子，剛到了大城市打工的境遇是一樣的。

不同的是他正好趕上了國難。大時代讓他特別激動，想加入到學生隊伍中去，但又覺得沒有資格。」救國有心，報國無門。章乃器過著與普通職員一般的日子。

日後和章乃器成為老朋友的梁漱溟，那時候已經是北京大學的名教授。章乃器甚至沒有機會見到梁漱溟。

時局動盪，城頭變換大王旗，皖系被直系取代之後，章乃器丟了在通州京兆農工銀行的飯碗，為了生活，去一個美國人的銀行工作了一段時間。弱國不僅沒有外交，弱國的國民即使在自己的國土上也沒有尊嚴，章乃器受不了洋人的氣，乾脆辭職。

舉目無親，章乃器過得很苦。

受了這一番刺激，浙江實業銀行還願意接受他，章乃器回到了上海。銀行家的生涯，正在慢慢展開。

二

回到了浙江實業銀行的章乃器，決心潛下心來，在專業上作些研究。白天上班，晚上自學。幾年下來，章乃器對於銀行業務越來越熟悉，經常給浙江實業銀行提些制度改革上的建議，在銀行的職位也逐漸提高。

同一時期，章乃器也開始在學術界嶄露頭角，經常有關於金融的文章發表在《銀行週報》上，在當時，《銀行週報》是上海金融界必讀的報紙之一。比如章乃器闡述金融的涵義時說：「金」是一種堅硬而固定的物質，而「融」是融化流通的意思。「『金』何以能『融』？這有賴於『信用之火』的燃燒，但有時『信用之火』燒得太猛烈了，融化的金騰沸洋溢，反而要澆滅了『信用之火』；跟著，融化的金也冷卻而結凍了。這就是信用過度膨脹成了恐慌底現象——就是所謂資產的凍結。所以『金融』底重要意義，是要金錢融化流通，而頂頂要不得的就是呆滯凍結」這種觀點，來自於章乃器在銀行的實踐，又獨出機杼，引得銀行界人士紛紛側目。

而在當時的上海，金融界兩種勢力雙峰並峙，爭奪對金融的控制權，一股是以滙豐、花旗等為代表的洋行，一種是以中國銀行、交通銀行以及浙江實業銀行等南北四行為主的華商銀行。

當時，在華商銀行中，有一幫新銳人物，執意改革當時銀行界在信用調查方面各自為政的局面，他們想把這些資源整合起來，互通有無，被認為是上海金融界的少壯派。章乃器身在其中，其他如中國銀行的張禹九、祝仰辰，新華銀行的孫瑞璜，上海商業儲蓄銀行的資耀華等等，都是後來在中國近代金融史享有大名的人物。

一九三二年三月，張禹九、祝仰辰和資耀華邀集章乃器、孫瑞璜、方培壽等八九位銀行界精英聚會，籌畫一種合作信用調查機關的組織。經過幾度磋商，產生了一個學術團體——中國興信社，中國興信社的目標，就是在研究信用調查的方法，促進信用調查的技術，交換信用調查的資料。資耀華後來回憶說：「章乃器當時勇氣很大，說我們銀行也要革命，不能老是墨守成規。」

但是，正如資耀華當時所講：「我們都不是銀行的當權者，有此主張，而無此財力，等於紙上談兵。」

像是天意，一個機會出現在這幫年輕人的面前。

三〇年代初期，天津有個協和貿易公司，其開辦人是段琪瑞的女婿，由於有官方的背景，排場又做得很大，各大銀行爭相貸款給段的女婿。不料協和貿易公司經營不善，忽然有一天倒閉，竟然拖累幾家銀行隨之倒閉。

經此事件，銀行界的大佬們覺得成立一個共同經營的徵信機構非常必要，章乃器、資耀華又利用時機大聲疾呼，中國徵信所應運而生。

一九三二年六月六日，由十二家銀行共同出資，在上海香港路四號銀行公會會址內，正式成立了全國第一家中國人辦的信用調查機構——中國徵信所。其創辦計畫書稱：「中國徵信所專負調劑工商金融之使命，藉對於報告市場消息，促進工商信用，略有貢獻」；其主要業務為：報告市場實況；受會員或外界委託，調查工廠商店及個人身家事業之財產信用狀況，於最短時間內將調查結果報告給委託者。」

章乃器以浙江實業銀行副總經理的身份，出任中國徵信所的董事長。

三

中國徵信所的調查方式有兩種，一種是會員制，成員銀行每年交一定的會費，每天會受到徵信所的情報，一種是專項調查，這種是收費的。這些收入，就成了維持徵信所發展的資金。一整套的調查制度被建立起來，徵信所還發起了一份日報，每天及時地送到成員銀行那裏。幾個月內，徵信所已經蒸蒸日上，會員銀行從原來的十二家增加到十八家，囊括了幾乎所有重要的華資民營銀行和官辦銀行。

一年之後，外國銀行也紛紛加入。一九三五年，一家外國紙商代理行在投機活動中失敗，但仍隱瞞真情，繼續接受商號訂貨，收取定金，並向銀行貸款。後經中國徵信所調查，獲知已拖欠貸款達四十萬元，即將此情況向會員通報，代理行的借貸最終沒有成功，一場危機，被消彌於無形。

中國徵信所的影響越來越大，章乃器的社會影響也越來越大。立凡先生對我說：「雖然說父親是浙江實業銀行的副總經理，但是他的社會影響主要是因為做中國徵信所。」

在創辦中國徵信所之前，章乃器辦過一份雜誌，叫《新評論》，從寫稿、編輯、出版、發行，都是一個人。一九二九年，《新評論》被查禁了。章乃器想通過辦雜誌的方式，發表自己的意見，與聞國事。

四

創辦中國徵信所之後，章乃器與聞國事的途徑多了起來：一九三五年與宋慶齡、沈鈞儒等組織救國會，主張停止內戰，一致抗日，並因此被捕入獄，成為著名的「七君子」之一；在此之前的三十年代初期，上海的中共地下黨組織在白色恐怖下遭到嚴重的破壞，章乃器的三弟章秋陽（中共秘密黨員）便通過他把與組織失去聯繫的中共黨員安排到中國徵信所，駱耕漠就是在那個時期進入的中國徵信所。

蔣介石開始注意到章乃器了。他希望能把章乃器拉入到國民黨的陣營中去。

蔣介石習慣先禮後兵，救國會成立之前，蔣召見沈鈞儒、李公樸和章乃器。吃的是西餐，陳布雷作陪。

道不同不相為謀，七君子和蔣介石走不到一條道路上去。

蔣介石開始出手。上海市市長吳鐵城找到浙江實業銀行總經理李銘，要銀行辭退章乃器。李銘告知吳鐵城，章乃器在銀行工作非常出色，至於職務之外的事，銀行不好干涉，找不到什麼藉口辭退。

吳鐵城以辭退相要脅，李銘無奈之下，只好找到章乃器，提出由銀行出資送章出國留學，薪水照發。

天下掉下個林妹妹。可章乃器不為所動，他想的不是個人進退，而是國家興亡。一兩個小時之內，章乃器辦完了辭職手續，辭去上海浙江實業銀行副總經理的職務。

在中國徵信所，章乃器是代表浙江實業銀行擔任董事長的，離開了銀行，董事長也就不能再擔任。章乃器推薦了中國銀行祝仰辰繼任。

不料，祝繼任之後，隨即違背事前向章乃器承諾的「方針、政策不變和重要人事不變」兩個條件宣佈，解聘駱耕漠。在徵信所內部，一場罷工風潮由此引燃。本來每天早晨，徵信所都會按時把搜集的每日情報送到銀行經理們的辦公桌，但是第二天，銀行經理們收到的卻是工人們的罷工宣言，要求罷撤祝仰辰。

徵信所一時無法運轉。當時，宋子文剛剛取代張公權出任中國銀行董事長。宋找到章乃器，說已決定撤回祝仰辰，讓章繼續推薦人選並說服工人復工。章推薦了新華銀行的孫瑞璜。

孫上任之後，蕭規曹隨，一場罷工風潮才由此偃旗息鼓。

但章乃器與政治的越來越緊密，在他的人生履歷上，此時，政治和經濟所占的比重開始平分秋色。而在此後在他後半生的人生天平上，政治的砝碼正在逐漸加重。

一九三七年，章乃器受李宗仁之邀，出任安徽省財政廳廳長，章乃器出山了。戰時的安徽財政完全是個爛攤子：貪污、浪費再加上戰爭，情況可想而知。同時安徽也是複雜的地方，桂系、CC、地方實力派，明爭暗鬥，相互傾軋。章乃器迎難而上，竟然把安徽財政搞得風生水起。

章乃器的成績讓另外兩派惴惴不安，就向蔣介石暗自告狀，舉列章乃器的「若干罪狀」。老蔣也覺得，將章乃器這樣的人物留在桂系統治下的安徽，並非長久之計。

一九三八年章乃器到武漢，蔣介石召見他，提出要章留在中央工作。章乃器以「安徽事務恐難擺脫」為由婉拒。

一場針對章乃器的「圍攻」開始了：先是陳誠約章乃器便飯，給他一份厚厚的三青團的印刷品，要章「在團中央幫忙」；然後是孔祥熙，請章「在工業合作社負責」；接著是陳立夫，到章下榻的旅館去，邀章「加入國民黨」……

章乃器一時無法招架，只好找李宗仁求救。

蔣介石哪裡是肯善罷甘休的人物？一九三九年四月，蔣介石致電章乃器，要章「赴渝述職」，到了重慶，蔣介石沒有露面，章乃器卻接到了「免職另候任用」的命令。

之後蔣介石幾次想啟用章乃器，但是章乃器卻再也沒有做過國民黨的官。

五

章乃器一生，有四次為堅持自己的政治主張而放棄個人名位事業。第一次是因參與救國會，辭去中國徵信所董事長一職；第二次，是在一九四一年因反對《日蘇中立條約》，退出了救國會。因為推出救國會，章乃器沒有參與民盟的籌建。但是民盟的前身「統一建國同志會」的章程，章乃器是起草者之一，這些章程，在日後章乃器參與籌建「民主建國會」時，在民建的政綱性文件中得到了延續。

而籌建「民主建國會」，則與章乃器在安徽卸任財政廳長之後的實業家生涯息息相關。

一九四〇年六月，章乃器與陳光甫合作，創辦了上川實業公司，設有酒精廠、手搖發電機廠、機器廠、畜牧場等，由章任總經理，獲利甚多。後因與上海銀行在經營方針上發生分歧，章乃器於一九四四年四月另組上川企業公司，並成為這家公司最大的股東和總經理。上川企業公司也以從事工業投資為宗旨，但由於抗戰後期通貨膨脹，幣值和物價不穩定，有一段時期一直經營土產運銷和進出口業務。抗戰勝利後，該公司遷往上海，在重慶、蘭州、西安、香港、臺灣、東北、漢口均設有辦事處。

章乃器在自辦工商業的同時，更致力於實現其工業化的理想。當時工業界人士為了爭取民族工業的生存和發展，先後組織了「遷川工廠聯合會」、「全國工業協會」、「國貨廠商聯合會」、「西南實業協會」、「戰時生產促進會」等五個工業團體。章乃器曾任遷川工廠聯合會執行委員、常務理事等職，以後又陸續擔任國貨廠商聯合會理事、全國工業協會中外技術合作委員會委員等職，同時，他也是重慶工商界「星五聚餐會」的活躍人物。

「父親和胡厥文、黃炎培、胡子嬰等人的聯繫，都是在這之後發生的。」立凡先生告訴我說。

據吳羹梅回憶：「在遷川聯合會裏，我們有一個以章乃器為首的朋友小集團，章乃器在當時的工商界裏威信較高。他思維敏捷，社交能力強，能言善辯，而且對當時的政治經濟情況比較瞭解，主意也多，吸引了一批人。」

他們「幾乎每個星期都在冠生園或章乃器的家中聚餐。席間，大家交流一下各廠的情況和有關資訊，當時的政治、經濟形勢，遷川工廠聯合會的工作，以及為碰到困難的廠家出主意想辦法。大家邊吃邊談，氣氛又融洽又活躍。……那時，許多有關工商界的新主意、新辦法都是在這個小聚會中醞釀的，如設立新兵服務社，成立中國工業經濟研究所，倡議增值轉資，簡化稽徵辦法等等。」

「味精大王」吳蘊初（全國工業協會理事長）、亞浦爾燈泡廠經理胡西園（全國工業協會理事），陳蝶仙家庭工業社代理人莊茂如、冠生園冼冠生的助手徐佩熔、申新紗廠副廠長厲無咎、京華印書館的沈雲峰、重慶輪渡公司的張澍霖、中國標準鉛筆廠總經理吳羹梅都是這個小集團的主要成員。「雙十協定」簽訂之後，周恩來還曾經應邀到「星五聚餐會」演講過。

在周恩來到「星五聚餐會」演講之前，章乃器在西北考察的途中，得知日本無條件投降的消息，迅速返回重慶，與黃炎培、胡厥文等人多次會商，決定發起民建，這也是中國第一個以民族工商業家和知識份子為主體的政治團體。

民建的成立宣言、政綱、組織原則以及章程，由章乃器起草，然後與黃、胡等人反覆討論後定稿。

一九四五年十二月十六日，民建在重慶白象街西南實業大廈舉行成立大會。章乃器在大會上說：

兄弟服務社會三十年，其中二十年謹守崗位，埋頭苦幹，謹守崗位的結果，其失望是和大家一樣的。於是覺悟到守崗位並不是守崗籠，守崗位必須高瞻遠矚，還須是帶千里鏡聽收音機，才能守得住崗位，所以覺到必須組織起來，與聞國家大事。這是一點。第二、要和平統一，必須民主，國共兩黨，仇恨太深，必須第三者組織起來，團結起來，以公正之態度做和平統一的基礎才行。第三、有很多外國友人憂心中國國事，關心中國團結問題，可惜我們沒有一個眞正代表人民的公意，能給他們得到一測驗的標準。第四、現在貪污橫行，行政效率低落，假如人民不站起來，即無法肅清貪污，提高效率。要人民有權，才能使政府有能，政治才能上軌道。所以政治清明，就須要我們有一種組織。

在這次大會上，章乃器當選為民主建國會理事。一九四六年一月八日，民建假座西南實業大廈舉行茶會，到會政協代表、各界人士及新聞記者共一百一十餘人。應邀出席的各黨派政協代表有：中共的董必武、王若飛、陸定一；國民黨的邵力子，民主同盟的羅隆基、章伯鈞、張東蓀、張申府、梁漱溟；青年黨的陳啟天、楊永浚、常乃德；無黨派代表王雲五、胡霖、郭沫若、錢永銘、繆雲臺、李燭塵等。于右任、馬寅初、陶行知、褚輔成、王昆侖、閻寶航、陳銘德、蔣勻田等各界知名人士也出席茶會。

章乃器代表本會向與會人士宣佈了民建向政治協商會議提供的初步意見。章乃器要求代表們「抱必成的決心，死生以之，以求無負於全國人民的期望」。

自這次招待會起，民主建國會正式登上了中國的政治舞臺。一部民建史，怎麼能少了章乃器？

六

在籌備民建的過程之後，章乃器執掌的企業的資金也在不斷積累。

由左翼電影人籌建的聯華影藝社找上了章乃器。章乃器與左翼電影人，早有淵源：一九三六年五月，由一百七十六名文化界人士聯名發表的《中國文化界為爭取演劇自由宣言》中，章乃器列名其中，與章乃器同列名單的就有田漢、歐陽予倩、洪深、陽翰笙等人。

據參與籌畫發起聯華影藝社的任宗德先生回憶，一九四五年八月日本投降後，周恩來曾指示陽翰笙「在上海建立一家電影製片廠，作為黨在上海在國統區的文藝陣地」。第二年，各路人馬紛紛回到光復後的上海，三、四月間，在愛棠新村任宗德家中，由陽翰笙主持，袁庶華、史東山、蔡楚生、蔡叔厚、任宗德等一起商議籌組聯華影藝社。

袁庶華是章乃器在上川公司時期的老部下，他提議邀請章乃器參加，提議馬上得到了眾人的回應。

一九四六年六月，華聯影藝社成立，章乃器被推為總召集人，準備拍攝故事片《八千里路雲和月》和《一江春水向東流》。

第一筆製作經費十萬美元，由章乃器、任宗德和夏雲瑚三人分擔。任宗德回憶說：「其中，章先生出資最多，我次之，夏雲瑚最少。」「凡有重大事務，由章乃器召集有關人員商議決定。實際上，起決定作用的是陽翰笙、袁庶華和蔡叔厚。而在藝術創作方面，則由陽翰笙、史東山、蔡楚生。鄭君里、陳鯉庭、徐韜、王為一等人負責。那時，章乃器和我對經營電影業都完全是外行，陽翰笙、孟君謀、夏雲瑚等內行權威人物說怎麼辦我們就怎樣辦……」

由於資金緊張，兩片的製作十分艱苦。拍攝《八千里路雲和月》用的是一臺老式法國「拜爾豪」單眼攝影機，每換一個鏡頭，就得拆下來調試一次；而拍攝《一江春水向東流》上集結尾的暴風雨場景時，不得不抽用污水噴灑，搞得演員苦不堪言。

電影是個需要不斷投入的事業，耗資的巨大幾乎吃光了章乃器所有的流動資金，章乃器不得不去四處調集。據說他解決燃眉之急的方法就是找老朋友吳蘊初幫忙，「味精大王」照例會給他一張產品提貨單，倒手就可變出現金來辦事。

章乃器雖號稱「戰時理財專家」，畢竟在電影投資上是新手；而導演為追求藝術效果造成的製作期延宕和成本加大，也不是事先可以預料的。《八千里路雲和月》公映後，理論上雖可回收部分投資，但在結算週期上卻緩不濟急。《八千里路雲和路》和《一江春水向東流》，中國影壇批判現實主義電影的扛鼎之作，也永遠奠定了史東山、蔡楚生在中國電影史上無可爭議的大師地位。但對於電影投資人來說，回收投資難才是他們最大困擾。立凡先生告訴我，他曾查到上川公司協理黃玠然等給章乃器的數十封商業信函，多處談及與昆侖公司往返交涉、仍拖付欠款的經過，上川董事會「對於電影款項，對方歷次失信，甚為不快」

章乃器決定退出。任宗德晚年回憶當時的情形說：

作爲總召集人的章乃器先生日漸感到自己在創作、管理尤其是在經濟上都作不了主，也不及時向他通報有關情況，愈來愈對聯華影藝社的狀況不滿意。一九四七年二月，《八千里路雲和月》完成上映，一江春水向東流也拍攝了一半，但所投入的十萬美元資金已全部用完，聯華影藝社面臨著拍攝經費的巨大缺口。此時，雖然《八千里路雲和月》一炮打響，受到好評，但是章乃器先生還是堅決地表示了退出聯華影藝社的態度。章先生退出的理由有二：一是影片的攝製預算、成本、開支控制不住，隨意開銷，難以經營；二是夏雲瑚不好相處，難以共事……

立凡先生告訴我，在父親的晚年曾經對他說：「我那時對電影製作是外行，完全是憑著一股熱情而投入，這裏面水有多深是不清楚的。後來不得不中途退出了……」

七

一九四八年是章乃器的人生巔峰。

那一年，章乃器在香港創辦的港九地產公司欣欣向榮。當時的香港，還不似今天這般，據當時經常往返於港滬之間的任宗德回憶：

當時許多從上海甚至從廣州到香港去的人，還看不上香港。後來，在香港做房地產生意的章乃器先生勸我在港購置房屋，我也沒有答應。我當時在章先生處存有二十萬港幣，他說可以由他出面為我購置幾幢六層大樓，我考慮到我在香港人事關係不算深廣，不如在上海容易發展事業，更想到民主、光明的新中國即將來臨，所以沒有接受他的建議。

但章乃器對香港的發展看得比較遠，據徐鑄成回憶：「他曾經和我談過，香港的市面必定日趨繁榮，地產的總趨勢，必定日益看漲。當時，由於國內局勢的急轉直下，香港很多人對前途是消極觀望的，而今天擁有大量地產的企業家，當時還遠未露出頭角。」

章乃器同樣嚮往「民主、光明的新中國即將來臨」，當他在香港接到中共中央的秘密邀請之時，他毫不猶豫地放棄了自己在香港的事業。

新中國成立，章乃器出任糧食部長。但是好景不長，一九五七年很快就到來了。

章立凡不願意再提那段歲月，「傷心。」

那一年，章立凡剛滿七歲，他生平第一次在大庭廣眾之下講話，內容卻是：右派分子章乃器雖然是我父親，但是我還是要反對他，跟他劃清界線。

七歲的他從那以後身份上多了一個烙印。上到中學，學英語學到「Capitalist」（資本家）一詞，同學中有人發明了一個新詞「Capitalist Son」（資本家之子），不消說，這個稱號是屬於章立凡的。

章乃器的日子更不好過。毛澤東點了他的名：「右派的老祖宗就是章伯鈞、羅隆基、章乃器。」「現在有些右派死不投降，象羅隆基、章乃器就是死不投降。我看還要說服他，說幾次，他硬是不服，你還能天天同他開會呀？一部分死硬派，他永遠不肯改，那也就算了。他們人數很少，擺到那裏，擺他幾十年，聽他怎麼辦。」

在那個年代，最高領袖發了這樣的話，那還了得？

章乃器被「擺」在了一邊。到了文革，光「擺」著已經不行了。章乃器開始遭受批鬥。但章乃器架子不到。有一次，章詒和見到章乃器，問他：怎麼穿的還是一副首長的樣子？

章乃器回答：這是人的樣子。

章立凡也記得，有一天父親見到他的衣服破舊了，從箱底裏翻出一套淺米色的生毛料中山服說：「人要像個人的樣子。這套衣服是當年劉鴻生送我的，把它穿上吧。」

行文至此，忽然想起徐鑄成說到章乃器時的一段話：我忽發奇想，假使章乃器一直（留在香港）不走，以經濟之長才，如炬之目光，孳孳為利，或者還可以取得政治上的方便，那末，他可能已是億萬富翁，車馬盈門，安享清福了。而現在……不必談了。

是呵，不必談了……

傅涇波：站在司徒雷登身邊的人

一

在燕京，傅涇波是個謎一般的人物，司徒雷登在《在華五十年》一書中這樣寫到「傅涇波之於我，就像我的兒子、同伴、秘書和聯絡官。」①旅加拿大學者林孟熹則這樣說：「傅涇波是對司徒一生最具影響力的人，也是對司徒幫助最大的人。不理解傅涇波就無法理解司徒……」②

一九一八年，年僅十八歲的傅涇波陪同信仰上帝的父親傅瑞卿，到天津參加了在那裏召開的全國基督教青年大會。也是在那次大會上，尚在南京金陵神學院的任教的司徒雷登被邀在大會上作了演講，在他演講完畢的時候，司徒雷登看到了他早就熟識的傅瑞卿。在此之前，對司徒雷登欽佩有加的傅瑞卿曾經請求司徒雷登在有機會的時候多指教他的兒子。司徒雷登走下臺來，注意到了傅瑞卿身邊的這個年輕人，並且跟他握手。司徒雷登大概沒有想到，他精闢的講演、高雅的風采，特別是他所散發出的難以形容的人格光輝深深的吸引了這個十八歲的青年。傅涇波的長女傅鐸若事後在回憶父親的文章中寫到：「這次與司徒之初聚後，竟成了我父的人生歷程碑，成了他生活道路的新起點。」③確實，在那次相遇之後，傅涇波和司徒雷登有了幾次會面，然後，在隨後的幾十年裏，兩個人的命運緊緊地連在了一起。

在與司徒雷登相遇的那一年，傅涇波正在北京大學讀書，任俠好客的傅涇波身上頗有一些五陵少年「交結五都雄」的氣質，當時學校裏活躍人物大多與他來往頻繁，其中就包括近現代史上大大有名的胡適、陳獨秀和李大釗，至於校長蔡元培，那更是父親傅瑞卿的老朋友。由於父親的關係，傅涇波很早就和基督教有所接觸，並且每週都參加北京青年會查經班的聚會。不過當時的傅涇波只是把基督教當作幾種主要思潮之一加以比較。有時他參加完查經班，就帶著心中的疑問去請教胡適和陳獨秀。胡陳兩人後來的立場雖然不同，但是在這一點上卻是一致的，就是不贊成傅涇波參加宗教活動。胡建議他多讀杜威的書，陳則斥宗教為靈魂的鴉片煙。而傅涇波和在當時被視為激進派的李大釗的來往，則讓他的父親感到擔憂，為此還專門拜訪了北大校長蔡元培。不過傅涇波的交往遠遠不只如此，留法派先驅李石曾與他有世交之誼，另一位留法派先驅吳稚暉也是他的朋友，在他的朋友當中，還有當時尚未步入政壇的山西巨富孔祥熙、左翼文學家瞿秋白以及南開中學的周恩來。他甚至還通過溥儀的英籍老師莊士敦，去謁見過當時仍受到民國政府優待住在故宮裏面的遜位皇帝。

傅涇波當時的思想狀況可以說是在唯物主義和基督思想之間搖擺的，因為除了熱心參加基督教的活動，他還參加馬克思主義信仰者每週一、三、五晚上在北大舉行的鼓吹暴力革命和唯物論的聚會④事後，傅涇波這樣回憶他那段時期的經歷：「我有很多機會成為共產黨人，但是我拒絕像他們那樣，因為我深受美國個人主義義及基督教導的影響。我不可能成為一個革命者，因為我信奉非暴力。」⑤

二

不過，這種思想上短暫的搖擺在一九二〇年傅涇波轉入燕京大學之後就結束了。在燕京大學，傅涇波並不是一個簡單的學生，他讀書一邊讀書，一邊幫助司徒雷登工作。晚飯後的時分，傅涇波經常和司徒雷登一起聊天，有時司徒的母親和妻子也參與其中。無論是關於工作或者是生活瑣事，司徒的每一句話、每一個行為和決定都是那樣符合基督的教導，就好像專門闡釋基督教義一般。這種言傳身教無疑給了傅涇波巨大的影響。一九二二年，傅涇波在司徒雷登的家人面前接受了司徒雷登為他進行的洗禮，成了一個皈依上帝的基督徒。傅涇波曾經這樣敘述司徒雷登給他的印象：「他給予我的印象彷彿他本人就是基督的化身。他在各方面都吸引了。他對我十分仁慈。而我對他的愛也超過了對我的親生父親。我從未司徒一家一道去過教堂，但是他的榜樣卻喚醒了我應該成為一個基督徒，而不要再無目的地在周圍遊移。」⑥

傅涇波轉入燕京大學到底和司徒雷登有多大關聯，現在還不好推測。不過，司徒雷登初到北京上任，人生地疏，無疑需要一個人際關係極為熟絡的人作為助手。而因為司徒雷登人格魅力的吸引，傅涇波在這方面顯示他非凡的熱心和能力，為了幫助司徒雷登迅速的打開教育界的局面，一九二〇年，傅涇波為司徒雷登在崇文門內盔甲廠（燕京大學遷址燕園之前的舊址）的住宅內，安排了十二人參加的晚宴，出席者包括蔡元培、蔣夢麟、周貽春……當時當時最負盛名的學者和一流大學的校長，這令司徒雷登驚喜不已。司徒雷登覺得傅涇波「好像從他那世代都是高官的祖先那裏繼承了一種政治上的才智，他生來就有一種通曉官場心理學的本能」。⑦

這種發現讓司徒雷登對傅涇波青眼有加，在那次聚會之後的不久，司徒雷登根傅涇波說起，他最大的心願就是把燕京大學辦成一所中國化的大學，一所生根於中國、為中國服務、有中國人管理和支持的大學，而不是沿襲傳統教會大學的模式。司徒雷登進而說，達到這個目標的唯一途徑就是要和中國社會溝通，這樣他們自然樂於拿出精神和物質來支持，然而，他對於如何辦好一所大學以及爭取美國方面的支持都有相當的把握，但是他不知道怎麼樣去和中國社會溝通。但是這個工作又必須進行。司徒雷登說完這一切，問在他面前安靜傾聽的傅涇波：「你是否願意幫助我從事這項工作？」傅涇波一時間不知道怎麼回答。幾天後傅涇波決定答應司徒雷登，但是有三個條件：（一）除差旅費外不接受任何薪酬；（二）不參與燕京大學的任何校內事務；（三）只對司徒一個人負責。⑧

自此，傅涇波的「生活道路的新起點」開始了。

三

就像司徒雷登深深地影響了傅涇波一樣，傅涇波也深深的影響了司徒雷登。在傅涇波的影響下，司徒雷登在中國社會中成為了一個中國通。從他出長燕京到他出任大使的二十七年間，司徒雷登成功的把燕京大學辦成了一所一流的中國化的教會大學。傅涇波在這個過程中究竟起了多大作用？根據現有的資料還不好定論，不過這個過程與傅涇波關聯甚深則毫無疑問。但是在這個過程中傅涇波的身份頗為尷尬：他從來不是燕京大學的正式職員，與其說他在為燕京大學工作，倒不如說他在為司徒雷登工作更為貼切。這大概也是關於他資料甚少的一個原因之一。

這個問題在司徒雷登擔任燕京大學教務長的時期還不算大，雖然「司徒雷登就瞭解燕大有相當一部分教職員對傅抱有成見，不歡迎他介入燕大的事務」，⑨但是由於司徒雷登在燕大位置和威望，傅涇波的工作並沒有受到影響。但是到了一九四六年司徒雷登出任駐華大使的時候，如何安排傅涇波則成了難題：他此時更加需要傅涇波的幫助，但是根據安全守則，傅涇波作為一個普通中國人不能居身使館之內。不過他們之間這種亦師亦友、情同父子的友誼得到了馬歇爾的理解，最後還是馬歇爾給傅涇波想出了「司徒雷登的私人顧問」的頭銜，讓傅涇波可以躋身美國大使館內並住在司徒雷登的鄰室。

四

短暫的大使生涯讓司徒雷登心力憔悴，隨著南京的解放以及美國對華政策的徹底失敗，一九四九年八月二日，司徒雷登不得不踏上回美國的飛機，隨行他的，還有傅涇波一家人。在司徒雷登炙手可熱的時候，傅涇波曾經有很多機會得到更好的工作機會但是他沒有離開司徒雷登，因此還受到一些人的猜疑。現在，所有的猜疑都不攻自破。司徒雷登在美國中風以後，傅涇波，這個中國王公的後代，像個兒子一般服侍在司徒雷登的身邊。據傅涇波的女兒傅海瀾回憶：「我父母對司徒雷登完全像父親一樣看待，我們幾個孩子一直用英文叫他『Grandpa（）爺爺』……」「司徒雷登最感謝的是他的中國兒媳、我的母親劉倬漢。」⑩

至於日常生活，大概可以由司徒雷登的學生徐英關於司徒過生日的一個回憶推測出來：「過生日時，司徒本人並不緊張。他坐在一張紅絨椅子上接見來賓。那時他行動已不方便，要借助於助行機行走，上下樓梯時，全是由傅涇波扶持。他每天食量甚微，但樣數不少，而且用刀用叉也不馬虎，傅涇波夫婦像侍奉親人一樣奉養他，事事想得周到，做得也盡心盡力。他的寢室和傅涇波的相連，並有一門相通，二人同起同睡，他可以充分安適的靜養。」⑪

一九六二年九月在司徒雷登臨終之前，他給傅涇波留下了兩個遺願：一是將當年周恩來送他的一隻明代彩繪花瓶送還中國；二是將他的骨灰送回中國，安葬在燕京大學的校園內。⑫為了在有生之年完成司徒雷登囑託，傅涇波曾多次向中國駐美大使館陳述司徒雷登的遺願。一九八六年，他找到中國駐美大使韓敘，託韓將兩封信帶回國轉交有關方面，其中有一封信是直接寫給鄧小平的，信中再次提到了司徒雷登的遺願。⑬今年三月份，曾經在中國駐美使館工作的國仲元（國先生因為花瓶歸還一事與傅涇波相識相交，並且與傅家抱持聯繫至今）先生回國，跟我談起他和傅涇波的交往時說到：「他對於司徒的尊重，完全是中國傳統的體現，他表現出來的那種君子之風，在現在不容易看到了。」

五

由於傅涇波和司徒雷登的事業緊密地聯繫在了一起，他一生的經歷極其複雜，各個時期不同營壘的政壇重要人物包括北洋軍閥、偽滿、民國政府、中共、汪偽政權等等他都有過來往。這讓他成了研究近代史一個非常重要的人物，一九八六年三月，中國社科院委託何迪前往華盛頓幫助傅涇波整理他的口述歷史。傅涇波再次把司徒雷登推向了臺前：他說自己的一生沒什麼好講的，它已經和司徒的一生緊緊地聯在一起，當敘述完司徒的歷史活動後，自己也就隱沒其中了。於是，何迪在徵得老人的同意後，把他的口述歷史提名為《我與司徒雷登》。⑭不知什麼原因，這部口述歷史最終並沒有完成。由於他身份的特殊性，關於傅涇波的資料保留下來的極少極少，這讓他成了一個謎一樣的人物。

二〇〇四年四月，紀念傅涇波先生座談會在北大未名湖臨湖軒舉行，這裏曾經是司徒雷登居所。在座談會上，北大副校長、學者郝平提出了傅涇波與中共具有極其微妙而密切的關係，主要根據大致是：（一）一九四九年四月，解放軍即將發動渡江戰役，為了安全起見，美國駐華使館大部分工作人員和家眷都撤離南京，人們也勸司徒雷登撤到廣州，但是傅涇波卻極力反對，他和司徒雷登都認為，一旦南京失守，他們就有機會在近距離和共產黨接觸，討論中美關係。解放軍佔領南京之後，傅涇波馬上代表司徒雷登拜訪了中共派駐南京的外事主任黃華。而黃華又是周恩來點名派到南京並且允許和司徒雷登進行私人接觸。（二）中美關係解凍後的一九七二年，為瞭解中國的情況，美國政府組織了一批學者和社會活動家到中國訪問。傅涇波的小女兒傅海瀾也是訪華團成員。臨行前，傅涇波將他寫給周恩來的一封信託女兒帶到中國，傅在心中表達了他對中美之間開始重新對話的祝賀和欣喜，並表達了想回國看看的願望。收到信後，周恩來即向傅涇波發出秘密邀請。一九七三年，傅涇波在離國二十四年後回國，在北京住了十個月。當時正是「文革時期」，如果沒有與中共的特殊關係，即使作為中共的客人，也不可能在北京一住就是十個月。（三）傅涇波在美國去世後，中國駐美大使韓敘、僑務參贊陳啟道和大使館海陸空三軍武官，以及新華社駐美分社社長等人都前往悼念，並且參加了他的追悼會。這是中共在海外給予一位黨外人士的最高禮遇。⑮

傅涇波是個謎團，誰知道他的謎有多少？

注釋

①司徒雷登：《在華五十年》。轉引自林孟熹著：《司徒雷登與中國政局》，新華出版社，二〇〇二年十月第二版。

②林孟熹著：《司徒雷登與中國政局》，新華出版社，二〇〇二年十月第二版。

③傅鐸若：《傅涇波》。載於燕京研究院編：《燕京大學人物志》第一輯，北京大學出版社，二〇〇一年四月第一版。

④同②。

⑤林孟熹輯：《傅涇波生平紀年》，引自《紀念傅涇波先生座談會資料彙編》。

⑥傅涇波與Philip West一九七二年的談話錄音，見Philip West所著《燕京大學與中西關係》（英文版），中文轉引自林孟熹著：《司徒雷登與中國政局》，新華出版社，二〇〇二年十月第二版。

⑦同①。

⑧同②。

⑨何迪：《悼傅涇波老人》。載於燕大文史資料委員會編：《燕大文史資料》（第七輯），北京大學出版社，一九九三年四月第一版。

⑩王如君：《司徒雷登的晚年生活》，原載《環球時報》，二〇〇二年八月十二日。轉引自燕京大學校友校史編寫委員會編：《燕京大學校長司徒雷登》

⑪徐英：《司徒雷登返美以後》。引自燕京大學校友校史編寫委員會編：《燕京大學校長司徒雷登》

⑫同。

⑬郝平：《傅涇波與中共的關係》。引自《紀念傅涇波先生座談會資料彙編》

⑭同⑨。

⑮同⑬。

大公報四巨頭

在我們這個古老的國度中，是很重視五年、十年、百年這些紀念日的，北大百年的時候，轟轟烈烈的活動自不必說，單是坊間出版的書籍就多不勝數，清華的百年還沒有到，關於清華的書籍就開始一窩蜂地開始出版了，估計到清華百年的時候更會有許多好書付之梨棗。今年（二〇〇二年）六月十七日是大公報創刊的百年紀念日，但是奇怪的是紀念活動既不熱烈，也不轟動，坊間出版的書籍，限於我能看到的，僅有曾任大公報主編的王芸生的哲嗣王芝琛先生編著的兩本書，一本是《百年滄桑——王芸生與大公報》，另一本是《一九四九年以前的大公報》。

說起大公報，有幾位先賢不可不提，那就是創始人英斂之、新記公司的創業者吳鼎昌、胡政之、張季鸞以及後繼者王芸生。

英斂之（一八六七～一九二六），名華，字斂之，又號安蹇，滿洲正紅旗人，生於北京。二十歲左右由習武轉為學文，受今古群書影響，憤世嫉俗，尤其痛恨那些「奸貪誤國，豪暴虐民」的達官貴人，矢志終身不做官。

一九〇一年四月，英斂之在天津開始與人籌畫創辦報紙。至一九〇二年六月十七日創刊，這便是大公報。在大公報創刊號上，英斂之發表了署名文章《大公報序》，說明辦報宗旨。文章說：「報之宗旨，在開風氣，牖民智；挹彼歐西學術，啟我同胞聰明。」在創刊第二天的《大公報出版弁言》又明確表示：「本報但循泰東西報館公例，知無不言。以大公之心，發折中之論；獻可替否，揚正抑邪，非以挾私挾嫌之事；知我罪我，在所不計。」隨後的大公報宣傳君主立憲，反對共和革命（但同時反對殘害革命黨人），倡導社會改革，確立了大公報「敢言」的特色，其論說無論正確與否，但是表明了一家報紙的政治態度和思想觀點。可以說，以後以「文人論政」為特色的新記大公報，從這裏便露出端倪。辛亥革命以後，袁世凱當上了臨時大總統，英斂之辦報的興趣歲之減弱。一九一二年二月二十三日大公報實行改版，改為以中華民國年號紀年，英斂之便退出了大公報。此後隱居香山。一九二五年與馬相伯成立公教大學（輔仁大學前身）並擔任校長。一九二六年一月十日去世，享年五十九歲。

吳鼎昌（一八八四～一九五〇），字達荃，筆名前溪。生於四川華陽（今成都），原籍浙江吳興。在介入大公報以前，我們可以說吳的興趣是集中在從政上，即使在一九二六年九月一日，他出資五萬元與胡政之、張季鸞以新記公司續辦大公報的時候，吳也沒有失去從政的興趣。但是過去那個時代的人真是有意思，幹什麼就講幹什麼的規則，所以當吳與胡、張二人一起接手大公報以後，就把心思轉移到辦報上來了。當時吳鼎昌是董事長兼社長，應該說權力是非常大的，但是吳這個社長好像並沒有什麼權力。在他與胡、張的約定中就有這樣一條：「吳任社長，但一切用人行政都由胡政之主持，吳不加干涉。胡的名義是總經理兼副總編輯，張則任總編輯兼副總經理。吳只是幫助寫社評，言論方針由張掌握。」那麼吳鼎昌做什麼呢，吳只管白報紙的定購，這個在今天看起來對於辦報無足輕重的活計，吳津津有味地幹了九年，直到一九三五年被蔣介石任命為實業部長。吳上任以前，在大公報上刊登了一條啟事，聲明辭去大公報的社長職務，過去的人們好像對於做官有一種看法，以為做官就不能做別的事情了。不是說做官有多麼不好，而是怕做官以後再做不好別的事情。現在這種情形恰恰是顛倒過來了，好像一個人一旦做了官，就彷彿什麼都能做好似的。其實並不是這個樣子的。

至今我沒有發現有史料說吳鼎昌在做官以後撤回了最初的五萬元的投資，但是吳做官之後便不再過問大公報的社務倒是一個事實。有些人在論及吳鼎昌時說吳鼎昌辦大公報是作為從政的資本，但是在這一點上，我們可以說吳或許有那樣的初衷，但是同時吳確實想辦一份成功的報紙。因為如果不是這樣的話，吳完全可以在任實業部長以後把最初的資金收回。從吳接辦大公報之前對報紙的認識上，我們也可以得出同樣的結論。吳認為一般報館之所以辦不好，主要是因為資金不足，濫拉政治關係。拿人的手短，拿了人間的錢就要為人家說話。所以最初吳拿出五萬元辦報，不拉政治關係，也不收外股。大公報自所以能夠做到不偏不倚，跟吳的這種認識有很大關係。因為經濟上獨立，說話相對就自由。當然，當時的社會環境也為這種不偏不倚提供了條件，那時的社會還是有一定的彈性的，有了錢，就可以辦報館，辦了報館，說話雖然不是完全自由，但是在一定的限度之內，還是相當自由的。現在社會的環境變了，辦報館在個人已經成了不可能的事情，像吳鼎昌這樣的人自然也就沒有了。

胡政之（一八八九～一九四九），名霖，筆名冷觀，生於四川華陽（今成都）。胡最初介入大公報是在一九一六年，當時的大公報為安福系的大財閥王郅隆所操縱，相當於安福系的機關報。儘管胡當時做了很多努力，但是並沒有改變當時的大公報是安福系的機關報這一性質。這一性質導致了後來大公報的萎靡不振，同時，胡也感到大公報與自己的理想有差距，便辭去了大公報，旋而到林白水主持的北京《新社會報》任總編輯。一九二一年，胡因與林意見不合，離京南下，過去的人們的心態是比較自由的，做工作也比較看重於自己的理想和志趣是不是一致，常常是合則聚不合則散，當時的社會也為這種心態的自由提供了條件，只有有本事，就不怕沒飯吃；只要想做事並且有相當的才能，就能夠做成。同年八月胡在上海創辦了國聞通訊社，後來又創辦了《國聞週報》。新記大公報創立之初，很多人手就是從國聞通訊社直接調過來的。吳、張也不以為嫌，那個時候的人們做官也好，做事也好，基本上都有一種坦蕩的心胸。這多少令我這個後學晚進有些感慨。今天我們說起這些，不是說過去的社會有多麼，過去的社會也有不好，但是我們懷念過去的好處，是希望這些過去的好處能夠得到繼承，使我們的今天和明天可以做的比過去更好。

胡在報社的主要事務是經營，但是胡對新聞也有自己的看法，他反對以前報界那種有聞必錄的新聞方式，但是堅持應該把必要的材料擺到讀者面前，讓他們自由的選擇。一九四三年十月二十一日，在重慶大公報的編輯會議上，胡有一個講話，中心思想是辦報的人要有政治興趣而不應該參加實際政治，報紙的最高目標是能代表國民講話。這話現在看起來一點也不過時，相對於現在與主旋律保持高度一致的、千報一面的報紙，說這話振聾發饋該是不為過的。

在經營方面，胡精心羅致人才，知人善任，任人唯賢而不是任人唯親。胡是管人事的，但從不把與自己有關係的人引進報社，也從來不搞派系。在用人上，胡儘量啟用新人，而不是錄用那些已經成名的人，在當代報業史、新聞史上大大著名的金庸、徐鑄成、蕭乾、范長江、楊剛等人，可以說都是由胡發現，由大公報培養起來的。在胡政之的帶領下，大公報所有的人都把大公報當成自己的事業，從而奠定了大公報的鼎盛。

胡政之最為人詬病之處是他於一九四六年十一月參加了蔣介石召開的「國民大會」，當時中共和民盟等黨派都拒絕參加，胡本來也是不打算參加的，但是迫於蔣的壓力還是出席了會議，但是在簽到後的第二日就返回了上海大公報。我們回顧歷史，應該對當時的社會環境有一個大致的瞭解，而不應該在今天的角度上對前人做評價，這樣評價起來才會做到比較客觀。平心而論，胡參加「國民大會」也無可厚非。蘇格拉底對當時的雅典政權指責了一輩子，但當時的雅典政權宣佈他的死刑的時候，這位年屆古稀的老人放棄了各種逃生的機會，對陷於悲痛的朋友們說：「告訴人們掩埋的只是我的屍體。」胡雖然對當時的政權不滿意，但是按照遊戲規則其實並沒有理由不參加。何況在當時的情況下，胡若拒不參加，大公報就要受到牽連。胡為了大公報，不得不犧牲自己。與蘇格拉底不同的是蘇格拉底死後，其開拓西方哲學的知識路線卻堅持了下來，正如蘇說那樣，掩埋的只是他的屍體。而胡做出的犧牲去沒有多少人能夠理解，並且還為大公報在一九四九年以後帶來了很多麻煩。這其間的差異，或多或少地體現了兩種文化的差異。但是蘇的就義是在西元前三九九年，而胡做出個人犧牲則是在一九四六年，前後相差近兩千年。有時候，讀讀歷史，真讓人感慨歷史老人的偏心。

張季鸞（一八八八～一九四一），名熾章，生於山東鄒平，祖籍陝西榆林。新記公司接辦大公報之初，吳、胡、張三人曾有五項約定，其中的第五項就是：「三人共組社評委員會，研究時事問題，商榷意見，決定主張。文字雖分任撰述，而張先生則負責整理修正之責，意見不同時，以多數決之，三人各各不同時從張先生。」也就是說，大公報的言論，基本上是由張季鸞一個人負責的，大公報的主張同時也體現了張季鸞的主張。著名的「不黨、不賣、不私、不盲」四不主義辦報方針最初就是由張季鸞提出的。

所謂不黨，即「黨非可鄙之辭。各國皆有黨，亦皆有黨報。不黨雲者，特聲明本社對於中國各黨閥派系，一切無聯帶關係已耳。惟不黨非中立之意，亦非敵視黨系之謂，今者土崩瓦解，國且不國，吾人安有立袖手之餘地？而各黨係皆中國之人，吾人既不黨，故原則上等視各黨，純以公民之地位發表意見，此外無成見，無背景。凡其行為利於國者，吾人擁護之；其害國者，糾彈之。勉附清議之末，以彰是非之公，區區之願，在於是矣」。

所謂不賣，即「欲言論獨立，貴經濟自存，故吾人聲明不以言論作交易。換言之，不受一切帶有政治性質之金錢補助，且不接受政治方面之入股投資是也。是以吾人之言論，或不免囿於知識及感情，而斷不為金錢所左右」。

所謂不私，即「本社同人，除願忠於報紙所固有之職務外，並無私圖。易言之，對於報紙並無私用，願向全國開放，使為公眾喉舌」。

所謂不盲，即「不盲者，非自詡其明，乃自勉之詞。夾隨聲附和是謂盲從；一知半解，是謂盲信；感情衝動，不事詳求，是謂盲動；評詆激烈，昧於事實，是謂盲爭。吾人誠不明，而不願自陷於盲」。

縱觀以後大公報的言論，確實也體現了這「四不」方針的。由於大公報的獨立立場以及其影響力，一九四一年五月十五日大公報被美國密蘇里大學新聞學院評選為最佳外國報紙，贈予榮譽獎章，這是我國新聞界第一次獲得此種國際榮譽。中國新聞學會和重慶各報聯合會為此在重慶舉行慶祝會，到會的人員有蔣介石代表賀耀祖以及于右任、吳鐵城、王世杰、陳立夫、谷正綱、何應欽代表唐宇縱、美國駐華大使館秘書賽維思、英國駐華大使館參贊郝戈登、蘇聯駐華大使武官華德聶柯夫和新聞專員柯瓦烈夫、沙露諾夫、中國新聞學會理事長蕭同茲、重慶各報館聯合會總幹事陳博生、各報社代表何聯奎、陳銘德、康心之、陳斂仁、潘梓年、趙敏恒等三百餘人。張季鸞抱病參加了慶祝大會並發表了演講。張在他生命中最後的這次演講中表達了兩點，其中的一點是談到「報紙成功之條件或秘訣「，「即不望成功，準備失敗，是報人天職，曰忠。曰勇。忠即忠於主張，此則須經過評審研究，不得固執偏見。勇則勇於發表之論，此則須時時準備失敗，方能做到勇字」。

慶祝會後，張季鸞臥病不起，於同年九月六日與世長辭。縱觀張的一生可謂生榮死哀。其生前出入蔣門從來無須通報，雖不做官但卻可以參與國家機密。不過張自始自終也沒有失去其文人本色。這也是我們今天懷念張的原因所在。張的為人在其朋輩中有口皆碑，于右任、胡政之等人都對張都有很高的評價。張死後，社會各屆紛紛悼唁。蔣介石的唁電是：

「季鸞先生，一代論宗，精誠愛國，忘劬積瘁，致耗其軀。握手猶溫，遽聞殂謝。斯人不作，天下所悲。愴悼之懷，匪可言罄。」其輓聯是：「天下慕正聲，千秋不朽；崇朝嗟永訣，四海同悲。」

中共中央領導人毛澤東、陳紹禹、秦邦憲、吳玉章、林祖涵以參政員名義從延安發來唁電：「季鸞先生在國民參政會內會外，堅持團結抗戰，功在國家，驚聞逝世，毋勝悼念。」

周恩來、董必武、鄧穎超的唁電為：「季鸞先生，文壇巨擘，報界宗師。謀國之忠，立言之達，尤士林所矜式。不意積勞成疾，遽歸道山。音響已沉，莫切不再，天才限於中壽，痛悼何堪。特此持唁，敬乞節哀。」

周恩來、鄧穎超送輓聯為：「忠於所事，不屈不撓，三十年筆墨生涯，樹起報人典範；病已及身，忽輕忽重，四五月杖鞋矢次，消磨了國士精神。」

同時，國民政府還下褒獎令，中共機關報也發表了題為〈季鸞先生對報業的貢獻〉的短評，都對張極盡褒揚之辭。

國共雙方何以都對張有如此高的評價，不否認其中有張的人格魅力以及其業績等原因，但更重要的原因要從當時的局勢來尋找答案。學者丁東對此有如下評價：兩黨對峙的時候，自然都希望居於中間的《大公報》發出對己方有利的聲音。張季鸞的幸運，在於其死的早，也死的巧。這樣說一位先賢或許顯得刻薄。但從一九四九年以後王芸生以及大公報的命運來推測，張的命運又會怎樣呢？

王芸生（一九〇一～一九八〇），學名德鵬，生於天津市，原籍河北靜海。王自幼家境貧寒，只念過幾年私塾。通過這幾年私塾打下的基礎，加上自身的勤奮，王芸生最終成了一名傑出的報人。但是其間的辛苦，也許只有王芸生自己才能體會了。

一九二九年，王芸生已經在《商報》擔任了一年的總編輯。《商報》是天津一家不大也不算小的報紙。但其影響還遠遠比不上《大公報》。當時王芸生寫文章與大公報辯論，被張季鸞發現，於同年夏被張請進了天津大公報編輯部。近年來時聞有人因筆墨官司大動干戈甚至對簿公堂，看看先賢的故事，想想先賢的胸襟，真是讓我們做後人的感到慚愧。

「九・一八」事變以後，張季鸞、胡政之召開全體編輯會議，討論報紙以後的編輯方針。張在這次會上宣佈，今後的編輯方針是「明恥教戰」。所謂「明恥」，「蓋使國民仰漢唐之盛，悲今日之衰，亦以證明中日文化淵源之厚，而責日本凌壓中國之殘暴。」張當場指定編輯部汪松年主持其事，派剛進入大公報不久的王芸生協助工作。後來汪因才力不濟，遂「推王君芸生主編之」。於是從一九三一年九月開始，王芸生往來於平津之間，奔走於北平各大圖書館，廣泛搜集材料。然後每天寫成一段文章，在《大公報》上連載。這便是後來結集出版的《六十年來與日本》。「由於符合讀者的感情和需要」，使得王芸生聲名鵲起。王也因為這本書展示了自己的才華，被張季鸞擢升為編輯部主任。

一九三六年四月，《大公報》上海版創刊，王芸生和張季鸞來到了上海。此時的王芸生「已不是一個一般的報人，而是兼著報人和日本問題研究專家的雙重身份。」「並開始為大公報所倚重，成為了大公報上海版的總編輯。至此，王芸生決心「摒棄一切政治的糾結，安心來過一個新聞記者的生活」。從後來王拒絕蔣介石的聘金來看，王說這話確實是發自內心的。

一九三六年十月十九日，是魯迅先生逝世的日子。十月二十日的大公報發表題為〈悼魯迅先生〉的短評。段評說：「他（指魯迅）那不妥協的倔強性和疾惡如仇的革命精神，確足代表一代大匠的風度。」同時，短評也指出：「他那尖酸刻薄的筆調，給中國文壇劃了一個時代，同時也給青年不少不良影響。」接下來文章又說：「在他晚年，把許多力量浪費了，而沒有用到中國文藝的建設上。」

短評發表之後，立刻引起「軒然大波」。這篇引起「軒然大波」的短評，就是出於王芸生的手筆。王芝琛先生把王芸生批評魯迅的原因歸結為王芸生看不慣魯迅對梅蘭芳的「不恭」。但是我以為原因卻沒有如此簡單。我們讀魯迅的文章可以知道，魯迅不是一個自由主義者，而讀王芸生的文章卻可以得出王是一個標準的自由主義者的結論。魯迅的文章大都讀過不少，在此不再舉例。王芸生在四九年以後人們就漸漸地不再熟悉這個人了，所以多說兩句王的文章。王芸生有一篇在建國後倍受訾議的短評〈質中共〉。文章說「凡是一個政黨，都是為了爭取政權而組成，所以政黨要爭取政權是應該的。問題在於應該以政爭，而不該以兵爭」，這是標準的自由主義知識份子對待問題的看法，也是當時大多數知識份子的看法。我倒是以為正是因為兩個人在這最根本的一點的不同上，才導致王對魯迅有所批評。芝琛先生在其文章最後說王芸生「已意識到自己對魯迅的批評是個錯誤」。我對此也有些不同看法，王芸生是否在晚年認為自己對魯迅的批評是錯誤的？我不得而知。不過從王當年對新聞的看法來看，王芸生未必就認為自己是錯誤的。因為王「以為（新聞）第一要平常化。不矜奇，不立異，老老實實，平平常常，一切循平常軌道而行，直接養成堅實的輿論，間接促進社會的風氣」。平心而論，說魯迅的文章「尖酸刻薄」並非什麼惡毒的評論，批評魯迅在中國文藝上缺乏建設基本上也是事實。連魯迅自己也多次在文章中提到自己的文章「不過是為了給黑暗搗亂」。我們不否定魯迅的偉大，也不否認魯迅是個偉人。但是我覺得首先要把魯迅當成一個人，正視他的缺點，這樣的研究才有意義。

說到做文章，湯恒先生曾經把張季鸞和王芸生的文章做過一番比較，說「他們兩人的文章都是熱情而風格上各有不同。王芸生是衝動的熱情，張季鸞是沉鬱的熱情；王芸生的文章色調明朗，而張季鸞的文章色調流麗，幽峭；王芸生的文章是用事實的分析來渲染文章的氣勢，而張季鸞的文章則是層層剝筍，論證嚴密，以理服人；王芸生喜用駢四驪六的句式，，而張季鸞則是質樸無華，乾淨俐落」。大公報人周雨先生對王芸生的文章的評價是「動人心弦的鋒利文筆」。這兩者說的都沒有錯。但是我更認同俞頌華先生在〈富有熱情的王芸生〉一文中的評價：「（其）立言的長處是在常以國家為前提，而站在人民的立場，說一般人民所說的話。」

作為一個自由主義的報人，王芸生對於國共兩黨均有批評，那些評論之所以在今天讀起來還覺得很新鮮，還不算過時，究其原委，還是在於其立言是「常以國家為前提」以及其不偏不倚的立場。這種狀況一直持續到一九四八年。在新舊政權交替的時代，王的處境變得十分尷尬，不是說王的立場變了，而是社會的環境變了。同是一個王芸生在不同的時代中處境的變化，比較起來意味深長。這時候內戰的雙方都希望大公報能夠站在自己一方，而王卻對雙方均有批評。於是國共雙方對王都不滿意，共產黨說大公報對國民黨是「小罵大幫忙」，而國民黨的《中央日報》卻說大公報是共產黨的「應聲蟲」。到了一九四八年，時局開始變得明朗，王在思想上卻陷於彷徨苦悶的境地。他對舊政權的不滿意是顯而易見的，但同時也對即將執政的共產黨充滿疑慮。此時，大公報的前三位創始人除了張季鸞一九四一年去世以外，其餘的兩位都離開了大陸。現在已經無從推測王當時是否也萌生過離開大陸的想法，但是他最終還是留了下來。王芸生之所以選擇留下，除了謝泳先生分析的「對香港那樣的實行殖民統治的地方，王芸生這一代知識份子有很強的民族情感，是不願在那裏生活的」這方面的原因，也與毛澤東於一九四八年十月三十日發出的邀請王芸生北上參加新政協商會議的邀請函有很大關係。就是這封信，才使王芸生「深知個人已經獲得人民的寬大待遇，同時也使大公報繼續存在於解放後的新中國有了可能」。王芸生在解放區做了些什麼，我沒有看到相關的史料，倒是王芸生從解放區回到上海後，他的女兒王芝芙後來有一篇回憶文章，說王「臉黑了，人也瘦了」。

關於一九四九年以後的王芸生和大公報，謝泳先生有篇文章題為〈失望的王芸生〉。謝泳先生在文章的結尾寫到：「王芸生的失望是一代報人命運的一種寫照」，「他的選擇同樣充滿悲愴意味」。這樣的評價，我以為是很中肯的。

參考書目：

周雨著：《大公報史》，江蘇古籍出版社，一九九三年七月第一版。
《新聞界人物》（四），一九八四年八月第一版。

王芝琛著：《百年滄桑——王芸生與大公報》，中國工人出版社，二〇〇一年九月第一版。
《文史資料選輯》第九十七輯，中國文史出版社。
謝泳著：《逝去的年代》，文化藝術出版社，一九九九年一月第一版。

「黨天下」發表之後各方面的反映以及一九五七年儲安平人際關係考察

考察上個世紀四十年代的自由主義知識份子及其言論，儲安平和他創辦的《觀察》雜誌是至為重要的。近年來，這方面的研究已經日漸成熟[1]，尤其是經過了謝泳先生的一系列研究之後，我們可以對儲安平和他創辦的《觀察》有比較詳細的瞭解。

不過，在上個世紀四十年代的政局中，儲安平雖然憑藉《觀察》雜誌獲得了廣泛的名聲，但是在當時的那個時代大舞臺上，他還不是一個十分重要的人物[2]。好在儲安平也志不在此，為了保持刊物的獨立性，他比較有意識地與當時政治勢力最大的國共兩黨保持了距離，我們看那時《觀察》的言論，對國共兩黨均有批評。那時儲安平的交往，也多局限在知識界。一九四九年，蔣氏政權退到臺灣，儲安平留在了大陸，聯繫到儲安平對共產黨與民主自由的分析[3]以及他說過的「在國民黨統治下，這個『自由』還是一個『多』、『少』的問題，假如共產黨執政了，這個『自由』就成了一個『有』、『無』的問題了」[4]這樣的話，一九四九年儲留在大陸的結局，究竟是自我選擇的結果還是歷史潮流的夾裏，其實是個值得探討的話題。⑤不過，本文無意在這個問題上多加探討，謹在此提出，以就教於方家。

無論歷史的真正原委如何，儲安平最終留在了大陸。一九四九年之後的開始幾年裏，儲安平似乎並沒有因為之前的言論在新政權之下受到太大的衝擊，但是，先前那個作為自由主義知識份子的儲安平好像不復存在了。他先是參與了《觀察》的復刊，當然不可能有什麼作為，隨後他退出了，之後又先後出任了國家出版總署專員、新華書店副總經理、出版總署發行局副局長等職務，一九五四年還擔任了九三學社中央委員兼宣傳部副部長，並當選第一屆全國人民代表大會代表。那時的儲安平，如果不從言論史而是從政治史的角度來考察，還始終沒有走到歷史的前臺來過。到了一九五七年，他出任光明日報的總編輯，六月一日，在統戰部的座談會上，本來沒打算參加也沒有打算發言的他，在動員之下做了〈向毛主席周總理提些意見〉的發言。在這篇發言中，儲安平提出了震驚宇內的「『黨天下』的思想問題是一切宗派主義現象的最終根源」這一觀點，那時，儲安平才真正處於了當時中國社會的聚光燈之下，成了與他的前輩章伯鈞羅隆基幾乎齊名的人物。時至今日，當年五十五萬右派中沒有改正的五個人中，儲安平、章伯鈞、羅隆基三人均在其中。「黨天下」發表之後，在很短的時間內，僅《人民日報》上發表的涉及儲安平的報導和文章，就多達一百七十五篇。因為這個觀點，儲安平之後的命運完全改變⑥，也因為這個觀點，儲安平在章伯鈞眼裏成了「幾百年才有定評」的「歷史人物」。或許，在儲安平發表這個講話的時候，他沒有意識到，他這個發言會在多大程度會改變他的命運[7]；或許，儲安平意識到了，但是他還是選擇發言[8]。這是他的自由主義知識份子的本色。第二天，他的發言在《人民日報》發表，並且在中央臺全文廣播。

作為後來人回過頭來看那段歷史，總是看的特別清楚：就在儲安平發言之時，毛澤東親自起草的那篇給黨內幹部閱讀的文章〈事情正在起變化〉已發下半個月，文中有這樣的句子：「現在右派的進攻還沒有達到頂點，他們正在興高采烈。我們還要讓他們猖狂一個時期，讓他們走到頂點」。儲安平發言之後的第七天，《人民日報》發表了那篇如晴空驚雷般的社論〈這是為什麼〉，社論中說：目前社會上有一批反黨、反人民、反社會主義的分子，他們別有用心，企圖推翻黨的領導，要求各個黨派輪流執政，這些人是我們的敵人。

儲安平的命運，在他於五月三十一日伏案寫發言稿的時候，早已註定。

關於儲安平「黨天下」發表之後個方面的反映以及儲安平在那一年的人際關係，在儲安平研究領域中少有專文論述，本文擬在這一方面略作分析。

一、儲安平「黨天下」發表之後個方面的反映

儲安平的發言，是在中共高層號召「鳴放」之際，儲安平的厄運，開始於「反右運動」之初。「黨天下」發表之後，各方面紛紛表態，這主要體現在當年的《人民日報》對於這一事件的具體報導上⑨，現根據一九五七年《人民日報》的相關報導，綜合相關材料，整理如下：

從儲安平的發言到《人民日報》發表〈這是為什麼〉這幾天之內，對於儲安平的發言，讚揚和批評兼有，到了後來，讚揚的聲音就完全聽不到了。在儲安平發言的當天，「會上即博得一片喝彩，會下更盛傳不衰。大家都記得馬寅初當時即用手拍著椅背，連稱Very good，Verygod！」⑩中國民主促進會副主席林漢達在會下對別人說：「今天的發言儲安平最好」。到了後來林漢達的這句話被別人接發出來，成為他的罪證之一。⑪

〈這是為什麼〉還沒有發表，「不同意」儲安平的聲音已經開始出現了，先是在六月3日上午舉行的民革中央小組擴大會議，陳建晨「不同意」儲安平的「某些觀點」。⑫

接著是六月六日下午，在國務院秘書長習仲勳邀請黨外人士舉行的座談會上，國務院秘書長助理盧郁文宣讀了他最近收到的一封匿名恐嚇信。因為前不久盧「不同意有些人只許批評中共、不許批評批評者」，在信中被罵為是「為虎作倀」，是「無恥之尤」，並恫嚇盧郁文「及早回頭」，還說否則「不會饒恕你的」。匿名信還說，「共產黨如果只認你這班人的話」，「總有一天會走向滅

亡」。接下來，盧郁文把批評的矛頭指向了儲安平，他認為儲安平說「黨天下」的思想是一切宗派主義現象的最終根源這種提法是嚴重錯誤的。並且說：「這是對於歷史和現時的事實的重大歪曲。這個歪曲不糾正，會使全國人民失掉了團結的中心和前進的方向。」⑬

六月八日，當儲安平看到《人民日報》發表〈這是為什麼〉之後，他的感覺是「情況已不容許我在《光明日報》工作了。」並向當時的光明日報社社長章伯鈞遞交了「辭呈」。

而作為光明日報社的社長章伯鈞的第一反應則是：「老儲，辭職信我留下，但我一個人，特別是現在，也決定不了這件事。」很顯然，作為政治場上老手，章伯鈞說自己一個人決定不了，是意識到了在當時的局勢之下，儲安平的這個發言有多麼嚴重。之後光明日報籌辦建社八周年的慶祝活動，儲安平也「情緒低落」地拒絕了章伯鈞和商量的邀請。⑭值得注意的是，在〈這是為什麼〉發表的當天，《人民日報》還同時發表了四篇來自工人發去的關於儲安平的批評。考慮到當時各界人士還在為中央是鼓勵「鳴放」還是要「收」大費腦筋，這幾篇來自工人的文章就格外值得注意，這至少說明，若非這些工人們先知先覺，那就在《人民日報》內部，至少已經獲悉了某些資訊。因為至少，在六月八日之前，這些文章就應該已經組織好了。⑮

在〈這是為什麼〉發表的當天，九三學社中央常務委員會邀請九三學社在京中央委員、各部會負責人及九三學社北京市分社委員舉行座談會，此次座談會的主要內容還是以如何「幫助黨整風」為主，但是已經開始出現了對儲安平的批評，九三學社中央常務委員周培源認為儲安平的發言是有問題的，他說：「黨天下」的說法是停留在用字不恰當上呢？還是思想觀點上有問題呢？我看不是單純措辭上的問題，而是思想上的問題。不過當時對於儲安平的批評，還是有反對者，九三學社中央委員陳明紹、候補中央委員顧執中等人就不同意對儲安平的批評，顧執中認為還是「言者有罪」；並對人民日報開始批評一些人的錯誤觀點表示懷疑，認為這樣會影響大家暢所欲言。⑯不過，越到後來，這種反對批評儲安平的聲音就越少。同一天，在繼續舉行的民革中央小組擴大會議上，王昆侖發言說：「儲安平的『黨天下』的說法是抹煞事實」，李伯球則在中國農工民主黨中央委員會舉行的座談會上「批評了儲安平等人的一些錯誤觀點」⑰

浦熙修以她敏感的新聞嗅覺，也從〈這是為什麼〉察覺到了某種動向，當天下午，她就打電話給陸定一，問人民日報這樣做是不是「收」了？說這樣做知識份子不敢再說話了，並且在電話中為儲安平辯護。這天下午，她又與樓邦彥、費孝通等通電話，互通儲安平的問題。⑱這些舉動，在後來批判文匯報的時候，都成了她的罪證。

在內地對於儲安平的批評（後來是批判）逐漸升級的過程中，香港和臺灣的媒體也介入了對於這一事件的反映，香港上海日報六月七日第一版以頭條地位刊登了儲安平的言論，並且在編者按語中，稱讚儲安平「的確有一手」，新生晚報嫌香港報紙把儲安平的發言登得太少，六月十一日在第一版刊出儲安平發言的全文。並且加上編者按語，說在對中共的批評中，這一篇是「最突出的」，「這裏刊出的是一字不改的原文」。為了醒目，這家報紙還在報頭的左邊刊登了一個聲明，用紅色花邊圈著幾個醒目的大字：「請注意本報今日特稿，儲安平炮轟毛澤東」。香港的中聲晚報在六月十二日特地發表了社論，社論說，在大陸「有儲安平、葛佩琦這一班人，這是可喜的現象」。這正是「富貴不能淫，貧賤不能移，威武不能屈」的服從真理的精神。香港「真報」，於六月九日、十日連載一篇題為「遙向儲安平致意」的文章。文章說儲安平不失有良心有熱血的一個操觚者，他的發言，確乎有「輕捋虎鬚」的勇氣。「香港的「天文臺」報，六月八日以「北平光明日報的總編輯儲安平炮轟毛澤東周恩來」為題的特稿，說儲安平主持的光明日報已成為右派知識份子傾吐「苦悶」的「講壇」。⑲在當時的政治形勢下，港臺媒體的這些言論和報導，對於儲安平後來的命運，無疑起到了推波助瀾的作用。

六月十日，吳晗接見人民日報記者，立場鮮明地表明自己對於儲安平發言的態度。鑒於吳晗的身份，我們從吳晗發言的語氣中，或許可以推斷，在當時中共高層對於儲安平發言的定性是很嚴重的。因為就在前一天的晚上民主同盟中國人民大學支部的座談會上，吳晗對於章伯鈞、羅隆基、儲安平的意見也是「完全不同意。因為他們的意見是離開黨的領導，反對社會主義方向的」。⑳這次吳晗說的更詳細：

> 儲安平作了一個很引人注意的發言，這個發言的目的是離開黨的領導，反對社會主義方向。他提出了「黨天下」的名詞。在國民黨統治時代生活過的人，都知道那時候的「黨天下」

就是「蔣家天下陳家黨」，這怎麼能和今天的人民的天下同日而語呢？這是一種惡毒的誣衊。……儲安平說「『黨天下』的思想問題是一切宗派主義現象的最終根源」，是極其反動的話。他把一切現象歸罪於宗派主義。宗派主義是要消滅的，他這話的含義豈不是要消滅宗派主義，就得消滅共產黨，從而實際上取消了共產黨的領導麼？誰都知道，全國人民代表大會是最高權力機關。總理是全國人民代表大會選舉的，我們都選舉過，儲安平也選舉過。你現在這樣說，不怕人民質問：「你是怎樣當代表的呀？」有人欽佩儲安平的「勇氣」。我不禁要問：勇氣是要來對付敵人，還是對付人民的呢？是要維護社會主義，還是破壞社會主義的呢？這個問題首先應當區別清楚。㉑

這一天，吳晗真是忙碌的很，不僅接見《人民日報》記者，還在當天下午以民主同盟北京市委會主委出席了中國民主同盟光明日報社支部召開的全體盟員大會，在這個只有三十多人的大會上，大家「一致反對儲安平以光明日報總編輯的名義在中共中央統戰部座談會上所作的發言，對他所謂「黨天下」的錯誤言論進行了嚴厲的駁斥，並堅決表示決不容許把光明日報拉出社會主義的軌道。」㉒

還是在六月十日這一天，在國務院秘書長習仲勳主持召開的非黨人士座談會上，還出現了同情儲安平發言的聲音，比如國務院參事萬枚子認為儲安平提出「黨天下」「只是嚴重的思想問題」。

儲安平「只是『立異為高』，語不驚人死不休，主觀上不一定就是要反對黨的領導，只是客觀上起了很不好的影響」。萬枚子還說，「提意見的人思想認識上有錯誤，他們的意見有一些還是可以考慮的。」國務院參事李仲公不同意萬枚子的意見。他說：「萬枚子對儲安平等人的言論所作的分析，沖淡了這些反動言論的嚴重性，減輕了對黨、國家和人民應負的責任。儲安平說在全國範圍內不論大小單位都要安排一個黨員做頭兒，可是實際情況並不是這樣。既然現實不是這樣，而要說是『黨天下』，這就是危害社會主義的言論。楊玉清說文人都是反現狀的。不好的現狀當然要反，但並不是連好的現狀也要反。萬枚子把這些意見當作只是舊的殘餘思想無意識的偶然的反映，這樣就會更加鼓勵一些別有用心的人。」國務院參事王艮仲也表示不同意萬枚子的看法。萬枚子隨即只好表示，他對儲安平「並不瞭解」。㉓

當天（六月十日）晚上，中國民主同盟中央小組召開第三次會議，和八日九三學社召開的座談會一樣，這次會議的主旨依然是圍繞著整風展開的，主要對無產階級專政是不是產生官僚主義、主觀主義、宗派主義的根源的問題，展開了爭論。在這次會議上，候補中央委員陳新桂說他完全同意儲安平所說的共產黨的「黨天下」思想是一切宗派主義的根源。而且據他猜測儲安平可能是怕被人戴上修正主義的帽子，而不曾進一步指出這個黨天下的思想根源是什麼，而他認為黨天下的思想根源就是無產階級專政。接著，陳新桂進一步闡述他的觀點說：從蘇聯無產階級專政中發生的史達林錯誤，從匈牙利無產階級專政中發生的匈牙利事件，證明無產階級專政這個政治制度是有問題的。

陳新桂又說，無產階級專政實際上就是共產黨的專政。這樣，共產黨在貫徹政策的時候，在實行對國家領導的時候，首先要信任共產黨員，再就是信任青年團員，再就是信任靠攏黨的人。在這樣一種情況下，如果不產生宗派主義，不產生主觀主義和官僚主義，是不可想像的，不形成「黨天下」是很難想像的。

陳桂新的發言引發了中央常務委員鄧初民的批評，同時鄧也批評了儲安平「黨天下」的觀點。[24]值得注意的是，第二天《人民日報》報導此次會議時，說到儲安平的「黨天下」，還僅僅是「錯誤論調」，遠遠沒有達到像後來說的「謬論」、「反黨反社會主義」的程度。

六月十日的晚上，中國民主促進會也召集中央各部負責人和在北京的中央委員、候補中央委員舉行了座談會，會議是由中國民主促進會副主席許廣平主持的。許廣平說儲安平「利用某種幌子，叫人迷失方向，反對黨的領導，我們根本不能同意。」吳研因的發言沒有點儲安平的名字，但是他認為儲安平是「思想有的是糊塗，立場也許沒有站穩，有的是嘩眾取寵，快意一時，故意驚人。如果他們接受批評，問題也不大。」梁純夫、雷潔瓊和徐伯昕、鄭效洵等人則認為儲安平的言論是「立場問題」。民進副主席王紹鏊則指出儲安平等的謬論是反黨、反社會主義的修正主義。[25]

與以上的言論相比，同一天在《人民日報》上發表的原《大公報》總編輯王芸生的文章對儲安平的態度無疑顯得「溫情」許多，王芸生在談到儲安平的時候說：「儲安平先生「黨天下」、「一家天下」的說法，引起群眾的憤懣，不是沒有道理的。在工人階級領導的、以工農聯盟為基礎的中華人民共和國，工人階級先鋒隊的共產黨是居於領導地位，無論從憲法條文上看，或從人民民主統一戰線的實質內容看，都不能證明是「黨天下」、「一家天下」。即使儲先生對黨內存在的宗派主義現象抱有反感，而發表這樣籠統的言論，給人以反黨的印象，對於處理人民內部矛盾或幫助黨整風，都是沒有好處的。」㉖

六月十二日，北京大學副校長周培源在〈高等教育改革中的三個問題〉一文中，批評儲安平「混淆了知識界的視聽，造成思想上的混亂。這對社會主義建設是很不利的，因此必須對它作嚴肅的批判。」㉗這一天，在中共北京大學黨委書記、副校長江隆基的主持下，北京大學召開了一場座談會，法學家王鐵崖發言激烈，談到儲安平時，他說：「這不是除三害的問題，這是反對共產黨領導，反對社會主義的問題。」費孝通因為只是認為儲安平應該「認識錯誤」，也被認為是「非常錯誤的」。㉘各民主黨派在這一天也是座談會連連，李伯球、羅任一和張申府、嚴信民等在中國農工民主黨中央委員會舉行的座談會上「對儲安平和陳新桂的怪論也提出了批判」；章友江在中國國民黨革命委員會中央小組舉行的擴大會議上說儲安平「黨天下」的說法是「反動思想，因為它是反對社會主義道路的。」並認為「『黨天下』的含意有四」：「一、污蔑共產黨壟斷、包辦了政府；二、反對人民民主專政和人民政府；三、『黨天下』還意味著反對黨的領導；四，反對社會主義道路。」㉙

六月十三日，章伯鈞在《光明日報》上發表文章，聲明「儲安平的反社會主義的錯誤言論，絲毫也不能代表光明日報。他的『黨天下』的論調是和光明日報的立場完全背謬的。」當時，像章伯鈞這樣分量的人物，批判儲安平的文章本應該是發表在《人民日報》上的，但是章伯鈞的文章，卻只能發在由民主黨派的主辦並且是自己擔任社長的《光明日報》上，說明那時章伯鈞的處境也沒有好到哪裡去。

六月十三日晚，民盟舉行中央小組會議第四次會議，「會議從八點鐘破例地開到十一點鐘」。會上發言的中央委員羅涵先、中央常務委員葉篤義、副主席史良、中央委員千家駒、候補中央委員陶大鏞、中央委員羅子為、中央委員張畢來、中央常務委員胡愈之、鄧初民、候補中央委員張紀域，都集中地對民盟副主席章伯鈞、羅隆基、候補中央委員陳新桂、民盟盟員儲安平等的錯誤言論作了批判，並且一致要求民盟中央應該對這些錯誤言論明確地表示態度，要求民盟中央和民盟成員必須和這種反社會主義的言論在思想上劃清界限。否則就不可能在社會主義這一基礎上與共產黨長期共存。因此，鄧初民發言中建議，立即召開中央常務委員會擴大會議來解決這一問題。

原來完全同意儲安平觀點的陳新桂此時也不得不為自己辯解，在這次會議上，陳桂新說：現在我認識到我跟儲安平的說法的出發點是不同的。因為「黨天下」與「無產階級專政」是兩個不同的概念，我是在肯定無產階級專政的前提之下，指出它有產生宗派主義之類的弱點。㉚

會上，史良作長篇發言。在《人民日報》上，她的發言是獨立於會議報導之外單獨發出的，可見這份發言的分量。作為民盟負責人之一，史良說：

……

我作為民盟負責人之一，我要公開聲明，儲安平的整篇發言論點是徹底反共反人民反社會主義的。

……

我主張我們民盟中央必須明確表示，和儲安平劃清界限，如果我們中間有誰支持儲安平的，應當公開站出來。㉛

史良還針對章伯鈞在《光明日報》聲明文章質問章伯鈞：

伯鈞並沒有說明他自己對儲安平的發言，採取什麼態度？也並沒有分析儲安平的發言的錯誤在那裏？充其量，伯鈞只聲明了儲安平的發言不能代表光明日報，而沒有說明儲安平是在散佈反黨反社會主義的論調，企圖「達到從根本上動搖人民民主專政和黨的領導，破壞社會主義事業」。總而言之，伯鈞對儲安平發言的批評，並沒有接觸到問題的本質。我要問伯鈞，你是不是也有所顧慮，所以故意含糊其詞，或者你是真的不明白儲安平發言的本質呢？㉜

並且要求章伯鈞：

儲安平的發言，是以光明日報總編輯的身份發表的。伯鈞是光明日報社長，社長應當負報社的政治責任，因此儲安平這一篇發言在事前是否向伯鈞請示商量，發表以後伯鈞有沒有向他追問，你有沒有向他表示過同意或者不同意他的意見。象這樣的關鍵性問題，我認爲伯鈞是有責任向大家交代清楚的。㉝

作為同樣是儲安平關係所在的九三學社也不甘落後，於十四日下午邀請在京的中央委員和北京市分社的委員舉行座談會，會上，「二十四個人的發言中，一致對九三學社中央委員、宣傳部副部長儲安平散佈的「黨天下」的謬論和其他右派分子反社會主義的謬論作了批判，一致要求要和這些反動的言論在思想上政治上劃清界限。」

著名的橋樑專家，九三學社中央常務委員茅以升在會議上發言：對這幾天報上嚴厲批評儲安平的謬論，非常擁護。他說，儲安平在統戰部的發言，不但有稿子，還有標題。他把稿子分發給新聞記者時，還說稿子內容不能改，而且標題也不能改。據說事前他曾把這稿子給一位民盟領導人看過，但我們九三的領導同志們卻無人知道。他這樣作的用意何在不難揣測，至少可說明一點，就是他並未把我們看做同志。因此，我們和他劃清界限，他也許不致反對吧！

九三學社常務委員、和儲安平來往比較密切的袁翰青說：六月九日我去找他，問他在統戰部座談會上發言以前，為什麼沒有同九三學社的人商量，並且批評他說的「黨天下」是錯誤的。他說：「錯誤的問題以後再談」，對為什麼不和九三學社的人商量的問題，他說是「沒時間」。他還說：準備檢討。我問他：如何檢討。他說：「不曉得知無不言本身有個界限」，如果曉得的話，就不說了。我當時說，如果這樣，你就不用檢討了。袁翰青說：幾天以來，一直感到他的錯誤嚴重，看到史良的發言，感到更加嚴重。儲安平同九三比同民盟的關係深，他是九三的中央委員，又是宣傳部副部長，但他沒有找九三的人商量，卻找了九三以外的另一個民主黨派的負責人商量。他在配合人家講話。究竟為什麼要和這個人商量？他的政治企圖是什麼？他要求九三學社召開中央常務委員會，要儲安平交代。

九三學社主席許德珩最後發言中指出：「這幾天對反社會主義的言論雖然有所駁斥，對他們的陰謀有所揭發，但這股逆流和反人民的歪風還未得到徹底糾正」；他認為儲安平的「黨天下」的謬論是徹底的誣衊，是企圖取消黨的領導，取消社會主義制度。㉞

一九五四年，儲安平曾經以全國人大代表、《新觀察》特派記者身分赴新疆採訪。並寫下了《新疆新面貌——新疆旅行通信集》，歌頌社會主義建設的新高潮。而在這輪批評儲安平的高潮中，儲安平曾經到過的新疆，也在表態方面也不落人後，六月十三日，新疆烏魯木齊向人民日報發來專電，新疆軍區副司令員兼生產建設兵團司令員陶峙岳將軍說儲安平的發言「是不近情理的」，而在前一天的下午，新疆維吾爾自治區工會聯合會召開了各民族職工座談會，新疆各族紛紛表態批評儲安平的發言。㉟六月二十日，新疆烏魯木齊再次向《人民日報》發來專電，批評儲安平。

六月十五日，馬寅初在《人民日報》發表文章，在文章中，馬寅初說：「儲安平先生的話據我看來是反映了某些人的看法，決不是他一個人的意見。在第一屆人民代表大會第一次會議發表了主席、副主席、總理、副總理以後，我當時看出有些人臉上露出不愉快的情緒，今天儲安平所說的就是代表這一些人的意見。」中國民主同盟副主席馬敘倫則在當天發表文章說：「儲安平的所謂『黨天下』的惡毒反黨的謬論，羅隆基是事先看過的；儲安平是光明日報的總編輯，而章伯鈞又是光明日報的社長，這中間千絲萬縷的瓜葛，暗中究竟包含著怎樣的背景，我們有理由要求弄個水落石出。」㊱

六月十五日、十六日，由各民主黨派的代表所組成的光明日報社務委員會連續開會，討論和檢查「光明日報在過去一個時間內的資產階級政治方向」，以及儲安平以「光明日報總編輯」名義發表「黨天下」錯誤言論的原因和責任。出席這兩天社務會議的有：嚴希純（中國致公黨，劉錦漢代），嚴信民（農工民主黨，第二天由王善繼代），儲安平，王昆侖（民革）。楊東蓴（民主促進會），李純青（臺灣民主自治同盟），章伯鈞，章乃器（民主建國會），薩空了（民盟）。列席的有九三學社中央委員會副秘書長李毅和光明日報部分工作人員。

十五日，章伯鈞以光明日報社長的身份首先發言，章伯鈞說：對儲安平在光明日報的工作，我要負政治責任。接著光明日報總編室主任高天和副主任張友，代表報社的工作人員發言，他們從儲安平的一系列的實際做法和他的辦報主張，證明了儲安平在這兩個月裏，是把光明日報拉向了「資產階級的政治方向」。中間各民主代表發言批評儲安平的觀點，但是還沒有像後來那麼尖銳。

在會議的最後，章伯鈞發言，表示同意檢查工作並聲明說儲安平以光明日報總編輯名義發表的言論，事先沒有看過。章伯鈞對同時也在參加會議的儲安平說：「我要向儲安平同志要求，應作很好的準備，向真理投降，承認錯誤，把責任擔當起來。資產階級思想，我們都有，然而可以改正。」章伯鈞承認自己犯了錯誤。但他說原因是「感覺遲鈍，太不懂報紙的事情」。

十六日，會議剛開始，章伯鈞又作補充說明，他認為，社務委員的責備是對的。這樣大的事情，沒有開會討論，是錯誤的。既然儲安平發表了錯誤言論，報紙方向也發生了問題，仍然沒有及時開會，這也是錯誤的。但是他認為，這是由於他的感覺遲鈍，同時他本人也犯了錯誤，成天在考慮自己的問題，心情沉重的緣故。接著他又說，在儲安平的錯誤言論發表以後，他也感覺到光明日報在方針路線上有困難。他再次說，「我太不懂報紙的事情」。並且在會議的最後表示：（一）社長負首要責任，社長做檢討。（二）光明日報問題請各民主黨派中央開會討論。（三）在未搞清楚前，暫不就此事發表社論。（四）在儲安平請假未到職前，請社委會同意由高天負責實際工作。有重大問題召開臨時會議。㊲

就在這兩天幾乎是眾口一詞的對於儲安平的批評聲中，也出現了難得的不同的聲音。這個人，是章乃器。章乃器站出來為儲安平辯護，說：「我覺得，儲安平的言論，從政治來看不能說離開了社會主義。他的動機還是為了國家的好。」但是隨即，章乃器在《光明日報》遭到了批判。㊳

六月十七日晚上，中國民主促進會召開中央常務委員會擴大會議。會上首先討論了光明日報一度被篡改政治方向的問題。會議一致通過了中國民主促進會中央常務委員會擴大會議為光明日報一度被纂改政治方向事件的聲明。聲明中除說明光明日報一度被篡改政治方向的問題民進不能分擔責任而外，向光明日報社長章伯鈞先生提出下列五項問題。㊴

六月十八日下午，中國民主同盟中央常務委員會擴大會議經過熱烈討論，一致通過了「中國民主同盟中央常務委員會為號召全盟展開反右派鬥爭並開始盟內整風的決定。」民盟主席沈鈞儒和臥病已久的副主席馬敘倫都參加了這次會議並作了發言，足見這次會議對於民盟而言的重要性。民盟在「決定」中表示：本盟副主席章伯鈞、羅隆基，其他盟中央和地方組織的某些負責人和盟員，包括光明日報總編輯、盟員儲安平在內，他們在這個時期內，有意識的發表了一些極端錯誤的言論和主張。他們的言論有的採取完全公開的方式，有的採取比較隱蔽的方式，但是他們的方向是一致的，那就是不要共產黨領導，不要人民民主專政，不要走社會主義道路。他們要引導本盟向右轉，走向資本主義的道路。這是斷不能容忍的。關於盟要往哪裡走的問題，決定強調指出只有向左走，走向社會主義，決不能向右走，走向資本主義！並具體提出：章伯鈞、羅隆基、儲安平等所發表的反社會主義、反共產黨領導的言論是極端錯誤的。全體盟員對於這些錯誤的言論和主張，應當盡情

加以揭發和批判。對於一切右派分子和他們的錯誤的言論行動，都必須隨時隨地加以揭露。㊵

當天晚上和第二天晚上，民盟中央小組連續召開座談會，在這兩次會議上，候補中央委員、光明日報總編室主任高天再次把批判的矛頭指向了儲安平，而且更為「系統」，並且要求：「民盟中央徹底檢查，追究促使光明日報一度背離社會主義的政治責任。」㊶

六月十八日，中國國民黨革命委員會中央委員會針對「光明日報被一度篡改政治方向事件發表聲明」。對儲安平「假借『各民主黨派中央機關報光明日報總編輯』的名義，發表反共產黨、反社會主義的言論」表示「不能容忍，極為憤慨，嚴加譴責」。㊷

繼民盟宣佈整風之後，九三學社也不甘落後，六月二十一日晚，九三學社舉行中央常務委員會第十六次擴大會議。經過討論，全體通過在全社展開反右派鬥爭和進行社內整風的決定和撤銷儲安平代表九三學社擔任光明日報社務委員會委員的聲明。撤銷儲安平代表九三學社擔任光明日報社務委員會委員的職務是九三學社主席許德珩提出的，立即就得到了「一致通過」。儲安平感受到了壓力，他在會議上作了簡短的發言，表示「承認自己的錯誤」。㊸這是儲安平第一次在公開場合承認自己的「錯誤」。

六月二十二日，九三學社主席許德珩又在《人民日報》發表文章，這一次，他著重提出九三學社要與儲安平劃清關係，許德珩在文章中說：「我們感到痛心的是，九三學社社員儲安平發表了所謂「黨天下」的荒謬言論。九三學社中央委員會和各地組織都先後召開了座談會，對儲安平的反動言論予以嚴厲的駁斥，要與儲安平的反動思想劃清界限，這是應當的，必要的。」許德珩這樣急於撇清儲安平與九三學社的關係是有原因的，因為在第一屆全國人民代表大會第四次會議召開之前，毛澤東正式發表了「關於正確處理人民內部矛盾的問題」的講演，在那篇文章中，毛澤東說：「共產黨同各民主黨派長期共存，這是我們的願望，也是我們的方針。至於各民主黨派是否能夠長期存在下去，不是單由共產黨一方面的情況作決定，還要看各民主黨派自己的表現，要看他們是否取得人民的信任。」㊹這樣的話，不能不讓各個與儲安平存在關係的民主黨派負責人戰戰兢兢。

在經過一番民主黨派的批判之後，作為在新聞界有著廣泛影響的儲安平，開始受到了來自他的同行們的批判。六月二十四日，北京新聞界人士舉行座談會，吹響了批判儲安平的號角，批判的範圍也開始逐漸擴大，當時另外一張有著廣泛影響的民主黨派報紙《文匯報》及其負責人徐鑄成，也在這次座談會上成為批判的對象。在這次連續舉行了幾天的座談會上，光明日報的高天一馬當先，高天的發言，和他之前的批判基本相同，難得的是，就是在當時的形勢下，還有人出來為儲安平辯護，中國新聞社的鄭白濤就認為：「社會主義下的報紙可以唱對臺戲，可以小罵大幫忙。」「我們報紙上的新聞都是『組織出來』的」。「人民日報的社論全國報紙不必要轉載」，因為「紐約時報的社論美國其他報紙就不轉載」。「儲安平派光明日報記者到九個城市開座談會不能算到處點火。」㊺

一九五七年的六月，就這樣過去了，但是對於儲安平的批判還沒有過去。就在儲安平因為「黨天下」受到批判的時候，《文匯報》成了新聞界中被重點批判的另一個靶子，《人民日報》先後於六月十四日和七月一日連續發表〈文匯報在一個時間內的資產階級方向〉、〈文匯報的資產階級方向應當批判〉兩篇文章。一時之間，《光明日報》和《文匯報》同呼吸、共命運，批判儲安平和《光明日報》，常常會順帶批評《文匯報》；批評《文匯報》，則必批評《光明日報》和儲安平。七月四日，在以文匯報編輯部的名義發表於《人民日報》的初步檢查中，「對儲安平的謬論加意渲染」成了主要內容之一，比如：六月二日在顯著位置發表儲安平「黨天下」全文，當九三學社內部對儲安平的反黨言論進行駁斥的時候，《文匯報》在新聞中卻大量報導了右派的意見，而標題也「貌似公正」地說：「九三學社內部思想交峰」，浦熙修組織文章「為儲安平打掩護」等等。㊻

七月七日晚，九三學社中央在整風座談會上，「要求儲安平老老實實地交代他同章、羅聯盟的關係」。㊼

七月十五日，儲安平在即將閉幕的第一屆全國人民代表大會第四次會議上作了題為《向人民投降》的發言，綜觀這篇發言全文，我們很難說有多少是出自儲安平內心的。在這篇發言裏，我們看不到一點過去的那個自由主義知識份子原本的學識和氣質。

七月十九日，《光明日報》編輯部在《人民日報》上做出公開檢查，檢討在章伯鈞、儲安平篡改政治方向期間所犯錯誤，在這份檢查中，「九大城市座談會」成了儲安平的主要罪證。所謂「九大城市座談會」是儲安平上任之初的事情，當時中共還在號召鳴放，派出記者到九大城市召開座談會，收集知識份子們的鳴放意見，但是在此時卻成了「處處點火」「煽動人民對黨不滿，把正在蓬蓬勃勃建設社會主義社會的新中國塗成一片漆黑」，「儲安平親自指揮的一個大規模的陰謀活動」。㊽

十一月十一日，光明日報社務委員會邀請各民主黨派中央負責人舉行會議。會議一致決議：撤銷右派分子章伯鈞的光明日報社社長職務和右派分子儲安平的光明日報總編輯職務。會議並決定任楊明軒為光明日報社社長，陳此生為副社長兼總編輯，穆欣、高天為副總編輯。㊾

十一月十九日，《光明日報》發表社論，社論說：「儲安平來擔任總編輯之後，他同章伯鈞勾結起來，利用鳴放政策和共產黨的整風，篡改了報紙的政治方向。在五月到六月上旬那些日子裏，本報在儲安平直接指揮、佈置之下，發表了大量的右派言論和帶煽動性、破壞性的報導。這樣就使報紙脫離了社會主義的軌道，變成了資產階級右派倡狂進攻的工具。這是本報的一段黑暗時期，給我們的社會主義事業造成很大的危害，也使本報在人民群眾中留下極其惡劣的印象。」撤銷章伯鈞、儲安平的光明日報社長、總編輯職務是「一個具有重大政治意義的決定，是符合人民的要求，也反映了民主黨派廣大成員的意志的。」㊿

十一月二十日，《人民日報》發表消息，稱「光明日報的反右派鬥爭已經取得巨大勝利，現在全體工作人員正在團結一致地努力改進工作，決心辦好這張社會主義的報紙。」(51)按理說，對於儲安平的批判應該過去了。然而沒有。

十一月二十四、二十五、二十八日，九三學社中央和光明日報社聯合舉行了三次大會，「系統深入地揭露和批判右派分子儲安平的反動言行」。大會由九三學社主席許德珩、光明日報社社長楊明軒主持。每次出席大會的有九三學社社員、光明日報社職工以及中央國家機關工作人員、高等學校代表等一千多人。「會上，用擺事實講道理的方法，把儲安平所謂的『黨天下』的謬論批駁得體無完膚」，事後，《人民日報》發表報導說：「儲安平理屈詞窮，不得不向人民低頭認罪。」[52]不難想像，在那樣的場面之下，儲安平總有千張嘴，又怎能不「理屈詞窮」？這次大會，從人數規模上來講，在歷次批評儲安平的會議中，是最大的一次。儲安平的厄運還沒有結束，但是在一九五七年，作為自由主義知識份子的儲安平，在一次次的批判之後，在重重的政治高壓之下，已經開始成為歷史了。

二、一九五七年儲安平人際關係分析

在梳理了「黨天下」發表之後個方面做出的反映之後，我們來分析一下一九五七年儲安平的人際關係。我們在這裏所說的人際關係，以性質劃分大致可以劃分為幾種：政治關係，在這方面，除了儲安平和中共方面人物的交往，還包括儲安平所加入的民盟和九三學社以及當時的其他各個民主黨派；工作關係，主要是指儲安平當時供職的《光明日報》；社會關係，主要是指與楚安平有聯繫的知識份子，包括當時新聞界的人物以及過去曾經作過《觀察》撰稿人現在同時是《光明日報》撰稿人的知識份子，以及家庭關係，主要是指儲安平的家人。除了最後一種關係比較簡單，前三種關係是互有交叉互相聯繫的，很難劃分的特別清楚。53以「黨天下」發表之後的態度來分則又可以分為以下幾種：有共同的思想基礎，對於儲安平的觀點比較有認同感，比如章伯鈞、羅隆基、陳桂新等人，雖然在之後的批判中他們也不得不更弦易轍，但是我們很容易判斷出那種態度是出於政治壓力，而非發在他們內心，在氣質上，他們和儲安平屬於同一類的自由主義知識份子，只不過，一九五七年之後，他們的生存空間就不復存在了；態度隨著政治形勢的變化而變化，在鳴放期間贊同儲安平的言論，但是在〈這是為什麼〉之後隨即改變態度的，比如馬寅初；第三種是比較同情儲安平的，比如章乃器、顧執中、鄭白濤、袁翰青等人；第四種是從始至終反對儲安平的觀點的，比如史良、吳晗等人。從交往的密切程度來看，儲安平和第一類人交往是比較多的，因為他們在精神上有很多共通的東西，與第三種人的交往是有的比較多，有的比較少甚至沒有來往，在對待儲安平的態度上，那些和儲安平交往比較少或者沒有來往的人，讓我們更加尊重，因為在當時的形勢下，那些人不顧自身的安危，只是為了堅持自己的理念才同情儲安平的。第二種和第四種人，在或多或少的程度上都與儲安平有著一些來往。

先說政治關係。

在中共層面，我們現在知道的是，胡喬木對於儲安平是很賞識的，儲安平去《光明日報》，在很大程度上就是胡喬木推薦的。㊿（章詒和在〈兩片落葉，偶爾吹在一起〉一文中說儲安平到《光明日報》是章伯鈞推薦的，關於這一點我們留在儲安平的工作關係裏再做論述。）北京解放以後，新政府中的政協當中，新聞界的代表共有十四名，胡喬木居首，儲安平名列其中，戴晴說：「其實在這之前，他就已經結識了『喬木同志』」。㊺「在這之前」儲安平和胡喬木的交往情況我沒有看到具體的材料，但是早在辦《觀察》之時，儲安平的朋友們就有一些是共產黨身份了，比如徐盈、楊剛等人。但是那時候大家對彼此的身份心照不宣，並不能算得上儲安平和共產黨的結束。儲安平比較早期的和共產黨的接觸，是在一九四八年十一月，張申府在《觀察》上發表了〈呼籲和平〉一文之後，「文章一出現，共產黨員施復亮立刻通過笪移今找到他，請他到紅棉酒家吃工作餐。據笪移今回憶，儲安平平靜地聽完施復亮的意見，什麼都沒說，只在下一期的頭條，登了施的一篇從經濟管理方面抨擊當局的文章。《觀察》從此不再言和平，儘管當時類似的呼聲（或曰見解）在知識份子群中是相當普遍的。」㊻這也許是儲安平第一次和共產黨的接觸。從這一點上來看，胡喬木和儲安平的交往，完全是有可能的。後來《觀察》的復刊，就是胡喬木和胡繩一起請示周恩來的㊼，而儲安平當時對於這些消息知道的非常及時，雖然我們看不到相關的材料，但是可以推斷那時候儲安平和胡喬木的交往是比較密切的。儲安平和胡繩的聯繫應當是在那個時期建立起來的，因為作為黨內理論家的胡繩，在《觀察》復刊之後曾經給雜誌撰過稿。但是顯然胡喬木和儲安平的聯繫更為密切，關於《光明日報》總編輯一職，中共開始曾經屬意徐鑄成，徐鑄成拒絕出任之後，又是胡喬木親自登門請儲安平出山，這之後的一九五六年十一月，他才收到章伯鈞的信，稱經「各民主黨派公推」，請他出任光報總編。一九五七年初，儲安平到上海「聯絡老朋友」，為辦報作準備，也是胡喬木指示的。儲安平出事以後，原《光明日報》總編界常芝青在一份材料上曾說過：「我個人以為，喬木同志對儲安平的一些看法與估計（那次談光明日報問題時說的），看來是未必符合實際的，有一些同志反映，這樣些人到光明日報是未必恰當的，我也有同感」。[58]種種材料都顯示，在一九五七年，儲安平就任《光明日報》總編輯之前，和胡喬木的聯繫是比較多也比較密切的。但是很奇怪，在這之後，胡喬木和儲安平似乎就完全中斷了聯繫，在一九五七年的那麼密集的批判儲安平的浪潮中，我們沒有看到胡喬木相關的態度，甚至胡喬木到了八十年代還不知道儲安平的任何訊息，還想請儲安平出來辦報。這一點讓人很難理解。

儲安平接觸到的中共的最高級別的人物，應該就是周恩來了，一九四九年九月二十一日，儲安平中華新聞工作者協會籌備會的後備代表參加新政協的時候，周恩來曾經到過儲安平的房間。這次拜訪雖然令儲安平很激動，但是對於周恩來來講，不過是為了表示對與知識份子的尊重泛泛的拜訪而已。一九五七年儲安平出事之後，也沒有看到周恩來在這件事上的具體態度，不過我們是可以很容易就推斷出來的。

由於儲安平同時是民盟和九三學社的成員，所以在政治層面，與他存在關係的人也多屬於這兩個民主黨派的成員。通過對《人民日報》當年的相關報導的梳理，當時和儲安平聯繫比較多（但不是密切）的又比較重要的有：章伯鈞、許德珩、羅隆基、顧執中、史良、吳晗、陳新桂、鄧初民、袁翰青、費孝通、沈鈞儒、馬敘倫、樓邦彥等人，在民盟和九三學社之外則有中國民主促進會副主席林漢達、中國民主促進會副主席許廣平、民主建國會的創辦人章乃器等人。在這些人中，有些和儲安平的交往並不多甚至沒有交往，比如沈鈞儒和馬敘倫，但是格於當時的政治環境不得不出來表態的，也有與儲安平交往比較多又比較密切的，如費孝通、袁翰青、樓邦彥，他們的交往更像是知識份子之間的交往，還有和儲安平交往比較多，但是關係並不密切的，如章伯鈞、羅隆基。

通過上面的梳理我們可以得出結論，在民盟和九三學社內部，職位越高的人，對儲安平的態度就越明確，同時也隨著時局的不斷變化而變得越來越嚴厲，比如九三學社主席許德珩，戴晴在〈儲安平與「黨天下」〉一文中說許德珩和儲安平是「堪稱往來頗為密切的老朋友」，儲對許的態度是「尊敬」，由於我們現在看到九三學社關於儲安平的檔案還比較困難，所以對儲安平和許德珩的交往情況的瞭解還僅限於現在可以看到的材料，從章詒和的文章來看，儲安平與許德珩的交往過程並不是那麼融洽。章伯鈞就說過：「九三待老儲並不怎麼好」，在接任《光明日報》總編輯的消息確定之後，儲安平上任之前，九三學社中央決定請他兼任「九三社訊」主編。接到這個任命，儲安平曾「五次登門拜訪許德珩，爭取這位九三主席的理解和支持。」但是許德珩的態度是：「儲安平從他那裏既沒有獲得鼓勵，也沒有受到批評；對『社訊』既不肯定，又不否定；是一種有顧慮的信任，有保留的使用。」在隨後的工作中，儲安平又感到自己勢單力孤，阻力重重，他還曾經想在九三學社擔任宣傳部長一職，也沒有如願。難怪章伯鈞說：「老儲從九三到『光明』，是憋了一肚子氣的。」59儲安平在九三學社的情況，在某種程度上是反映了許德珩對儲安平的態度和看法的。「黨天下」的文章發表之後，許德珩對於儲安平的批評（後來是批判）是比較重的，這雖然主要取決於當時的整體的政治環境，但是對於兩人之間的這種不太融洽的關係也有一定關係。

儲安平與羅隆基在歷史上兩個人早有淵源，三〇年代末儲安平在光華大學讀書時，羅隆基是儲安平的老師。一九三一年十月，只有二十一歲的儲安平曾經編輯過一本《中國問題與各家論見》，收入了胡愈之、陳獨秀、羅隆基、汪精衛、王造時、梁漱溟等當時二十多位學界名流各執一詞的政論，應該是在羅隆基的幫助下出版的。後來儲安平在交待中說自己和羅隆基「認識得很早，但關係並不好」。但是實際上，在一九五七年，兩個人的來往還是比較密切的，儲安平在《光明日報》上任之後的五月十九日，曾經去看望過羅隆基，「去時上午九時三刻，出來時上午十一時」，在這一個多小時的時間裏，兩個人就當時的政治形勢以及《光明日報》的辦報方針談了很多的問題，甚至還談到了用人問題，現在我們回過頭來看他們當時談的那些問題，可以看出，這兩位自由主義知識份子之間，不僅在精神上是存在很多共通之處的，在關係上也是比較密切的，否則的話不會談到比較敏感的用人問題。儲安平說自己與羅隆基「關係不好」，很大程度上是不願因為自己的問題牽連羅隆基，比如儲安平同時在交待中說：「我的發言稿沒有送他看。錯誤應由我自己負責，但是受了他的影響。」60

而民盟和九三學社中史良、吳晗、鄧初民、沈鈞儒、馬敘倫等人，儲安平和他們並沒有太多的交往。沈鈞儒和馬敘倫作為民盟的主席和副主席，儲安平與他們也許只是黨派中的上下級關係，但是在當時的政治形勢下，不得不出來表態的。史良、吳晗、鄧初民等人的表態除了上述的原因之外，也和他們一貫的政治態度有關。袁翰青、費孝通、樓邦彥等人則是和儲安平關係比較好，在精神上也存在共通之處，在當時的環境下，雖然也不得不加入對儲安平的批評，但是對儲安平的處境是比較同情的。

與民盟和九三學社對於儲安平的態度相比，這兩個黨派之外的林漢達和章乃器對儲安平的態度形成了比較大的反差。但是他們對儲安平的態度，在之後的歲月中，或多或少的改變了他們的命運。在其他的民主黨派中，中國民主促進會副主席許廣平對儲安平的態度比較鮮明，這或許與儲安平在年輕時代曾經與魯迅有過接觸不無關係㊖，作為魯迅的夫人，許廣平需要和儲安平劃清界限。

其次我們來梳理一下儲安平的工作關係。這主要是指儲安平在《光明日報》的人際關係。

在《光明日報》，儲安平來往最多的人，是當時擔任《光明日報》社社長的章伯鈞。章詒和在〈兩片落葉，偶爾吹在一起〉一文中說儲安平到《光明日報》是章伯鈞請去的。㊗這樣說，即確切，也不確切。因為在此之前，中共方面屬意儲安平（之前曾經屬意徐鑄成）來擔任《光明日報》的總編輯的意向，已經很明顯甚至是已經決定了的。這個決定雖然沒有對外公佈，但是對於章伯鈞那樣身份的人來說，得到這樣的消息是很容易的。關於這一點，我們在章詒和文章中的一個細節中也可以推斷出來：早在一九五六年六月，章伯鈞設家宴請徐鑄成、儲安平和蕭乾吃飯，「飯畢小憩後，客人告辭，大家漫步庭院曲徑。入夜時分，暑氣全消。微風解慍，又送來花的芬芳。蕭乾、徐鑄成走在前，父親與儲安平行於後。父親輕聲對儲安平說：『老儲，我向你透露一個消息。如果請你來辦《光明日報》，能從九三過來嗎？（儲的工作關係在九三學社）』」作為多年身處政局當中的章伯鈞的政治成熟，在此也可見一般。同時宴請了徐鑄成和儲安平，說明當時誰出任還不是特別明顯，而請蕭乾作陪，則又不會讓徐儲二人感覺到章設宴的明顯用意。「蕭乾、徐鑄成走在前，父親與儲安平行於後。」應該是章伯鈞刻意為之，而「輕聲」，則是避免讓走在前面的徐鑄成聽到他和儲的談話。「透露」說明章伯鈞在那時就已經知道了中共關於《光明日報》的總編輯由誰來擔任的消息，而「如果」又說明了這個消息在那時還沒有確定。

在章詒和的那篇文章中，把章伯鈞和儲安平的關係描寫的非常融洽，實際上，兩個人的關係與其說融洽，不如說微妙更為準確。應當說，作為自由主義知識份子，章儲二人在思想上的相通之處是非常多的，甚至在儲安平出事之後，章伯鈞都表示對儲安平的辦報思想是支持的。但是中國的單位的複雜在於，身處其中的每個人關係的好壞並不單單和理念相關聯，還和利益、權力有很大的關係，應該說，章伯鈞和儲安平對於個人的利益都不是特別看重的人，但是兩個人都「有著中國士大夫式的心態，懂得這個國度裏職務與地位間的差異會給尊嚴帶來的挫傷、乃至危機」。[63]面對由中共派來的這位總編輯，章伯鈞知道自己是不好也無法拒絕的，所以在此之前他就早早地和儲安平通了氣，但是，他卻不能不有「大權旁落」的危機，雖然在此之前，章伯鈞在《光明日報》的權力由於中共的干涉已經「旁落」了。

對於自己出任《光明日報》總編輯一職，儲安平覺得：「章伯鈞並不歡迎我作光明日報的總編輯，他時我的態度是很冷淡的，我和他過去太沒有私人淵源，而黨的推薦我出任光明日報總編輯，他也不好拒絕。」一九五七年四月一日，儲安平正式上任。儲安平回憶：「上午九點，章陪我去了光明日報，到了報社，各部主任都在歡迎我們。章伯鈞說：『我把儲安平同志帶來了，他是一個作家，增加了光明日報很大的力量。』停了兩三分外，他又和別人閒聊了幾句，坐了五六分鐘，他就先走了。」剩下剛剛上任的總編輯儲安平面對《光明日報》的職工致詞。儲安平說：「我到這裏來工作，李維漢部長支持我，黨是我的後臺。」在後來的編輯部大會上，儲安平也一再重申：「李維漢部長曾對周揚部長說，以後若是有人批評儲安平先生，你要為他撐腰。」64儲安平不是個喜歡依傍別人的人，就像章詒和說的那樣，「儲安平靠的就是自己。他一生依附過誰？仰仗過誰！」65但是一生不依附不仰仗別人的儲安平在《光明日報》卻一再重申自己有後臺，為什麼？而在《光明日報》內部，只有社長章伯鈞的職務比較儲安平高，從這一點上，我們就可以看出章伯鈞和儲安平關係的微妙之處。

不過，這種微妙的關係在〈這是為什麼〉發表之後就沒有了，兩個人幾乎是在同時被打入另冊。在各種場合的批判會上，章伯鈞雖然迫於當時的政治壓力不得不承認儲安平觀點的錯誤，但是卻始終不曾推卸責任。共同的命運，讓這兩個人的心似乎更加貼近了。我倒是覺得，到了這個時期，真的是「兩片落葉，偶爾吹在一起」了。

除了章伯鈞，儲安平在《光明日報》內部面對的還有原來的總編輯常芝青，當時，常芝青還沒有撤出，戴晴說，「儲安平對他起碼在表面上是很尊重的。」這應該符合實際情況，而在實際上，兩個人的關係是不和諧的，這從儲安平出事之後常芝青寫的那份材料上可以體現。在《光明日報》內部，和儲安平關係不是那麼和諧的還有總編室主任高天，儲安平出事之後，在《光明日報》內部，對儲安平批判最厲害的，就是高天，在儲安平請假不到報社的期間，報社的事務就是由高天實際負責的，儲安平被撤之後，高天出任《光明日報》的副總編輯。

在《光明日報》內部，儲安平面對的，幾乎是危機重重，不過，作為總編輯，還是有一些人包圍著他，學校教育部主任潘文彬和黨派部第二主任、民盟盟員王少桐是儲安平在《光明日報》內部比較倚重的兩位。另外一些人則不一定和儲安平有多少來往，只是在工作上比較忠實的執行儲安平的命令，在後來的反右中，都被打成右派。這樣的人在《光明日報》內部共有十五人，主要的有編輯部學校教育部主任潘文彬（筆名文冰），黨派部第二主任王少桐，要聞部副主任張蔭槐，編輯、記者鄭笑楓、徐穎（女）、許子美、殷毅、錢統綱、蕭恩元、謝捷（女）等。[66]

然後我們分析儲安平的社會關係，這主要是指他和知識界的聯繫。在這一點，我們應該認識到，儲安平是那個時代一個有影響的自由主義報人，他在知識界的交往是非常多的。這裏面，既有交往密切的朋友，也有報人和作者之間的泛泛之交。比如戴晴在〈儲安平與「黨天下」〉中曾經說道：在儲安平剛到《光明日報》的時候，曾經去拜訪了大量拜望各民主黨派的宣傳部長和大學裏的著名教授，後者包括袁翰青、金克木、楊人楩、費孝通、錢偉長、彭子岡、王恒守等等。

我們在這裏主要梳理一下儲安平出事前後和儲安平交往比較密切的知識份子，其中也包括交往不多，但是有聯繫的。這些人包括《文匯報》的主編徐鑄成、記者浦熙修、子岡，清華大學副校長錢偉長、山東大學副校長陸侃如、南京師範學院副院長高覺敷、北京市司法局副局長樓邦彥、曾擔任過國務院宗教事務管理局副局長的徐盈，以及費孝通和梁漱溟等人。這些人大多數和儲安平的私交比較好，在當時和儲安平都屬於自由主義知識份子陣營，在儲安平出事之後，也多成為右派。

其中，徐鑄成和儲安平的關係是比較簡單的，當時在《文匯報》內部，倒是浦熙修和子岡和儲安平聯繫比較多。在儲安平上任之後，「子岡曾替儲到大公報拉人，親自給他介紹『幹部』」，儲安平出事之後，子岡曾兩次給儲安平打電話，說浦熙修正在四處找人為他「聲援」，並且告訴他，費孝通對他的問題表示了意見，說是「路滑難行」。67子岡的愛人徐盈在儲安平的問題上和子岡非常一致，在儲安平出事之後，據《人民日報》當年的報導說，徐盈說我們黨不「尊重報人」，他說他要站在「記者立場」說話，因此，積極利用「左葉事件」與他的妻子彭子岡（黨內右派分子）合謀向黨進攻。」報導中還說：「徐盈和儲安平是生死弟兄。在三月到六月的十一個星期中，他有九個星期日和儲安平在一起商議如何篡改光明日報的政治方向；如何向黨進攻；反右派鬥爭開始後，又共同會商怎樣退卻的問題。徐盈向儲安平建議光明日報成立一個「人數不多、以費孝通為中心的社評委員會」，儲接受了這個建議，果然建立了一個包括費孝通、錢偉長、徐盈在內的「顧問團」。他還指導儲安平如何寫社論，寫新聞，並且共同研究了光明日報的人事安排。」㊳

錢偉長是在一九五二年通過費孝通認識儲安平的，在交往中兩個人「氣味相投」，在儲安平出事前後，兩個人一直存在聯繫，後來由都成為右派。而師範學院副院長高覺敷與儲安平的淵源則早的多，四〇年代初儲安平在藍田國立師範學院教書教書時，就和高結下了友誼，在後來儲安平創辦《觀察》之後，高又是《觀察》的撰稿人。一九五七年，高因為和儲安平的關係，被打成右派。

在這些知識份子當中，和儲安平關係最好的應該是費孝通，儲安平剛到《光明日報》社，感到人手不夠，拉人的時候，儲安平先是和常芝青商量，「能否在保證光明日報領導層有四名共產黨員的前提下，請王芸生在這要緊的時刻幫一把。」「然後是親自出動拉人，為光報拉有學問、有能力、有影響，還要有色彩的人。最先盯上的是潘光旦與費孝通」甚至還「責備費先生不該把〈知識份子的早春天氣〉那樣的好稿給了人民而不給光明。」同時還「計畫給費專辟一個專欄，甚至要將費調到光明日報社，已到問費一個月拿多少薪水的程度。」從這些事上可以看出兩個人親密程度，另外從儲安平出事之後對費孝通說的那番話上，我們也可以看出，在出事之後，儲安平還是覺得費孝通是個可以說心裏話的人。

關於梁漱溟，我們沒有看到在儲安平出事之後他的公開表態，不過據謝泳分析：「儲安平的這個發言，很可能事先和梁漱溟說過。」從謝泳使用的材料來看，這種可能是非常大的，但是目前我們還缺少其他的資料相互印證。不過，梁漱溟是儲安平出事之後，為數不多和儲安平保持著友誼的和來往的人。

通過對儲安平和知識界的交往和儲安平出事之後的態度的梳理，我們可以說儲安平的發言是「代表了多數知識份子的心聲」，在政治形勢還沒有後來那麼嚴峻的情況的時候，知識界對於儲安平的發言也多數是支持的。但是隨著後來政治形勢的變化，這些知識份子，多數成為右派。作為自由主義知識份子的儲安平，在他身邊再也聽不到和他同聲相和的聲音了。

在家庭方面，當時儲安平的第二任妻子是不支持他的，後來，因為承受不了做為「右派家屬」的壓力，跟他離了婚。大兒子在當年就寫了一個聲明和他斷絕關係，當時，儲安平的二兒子儲望華正在音樂學校附中讀書，在事隔多年之後他這麼回憶當年：

> 同學看報紙時就會問我：「你父親怎麼是『右派』？」那時中央電影製片廠拍了很多新聞片，父親在北京飯店舉行的統戰部座談會上的發言鏡頭被一次次播放，然後一次次遭到批判。很快我就知道，自己的父親是「人民的」敵人了。

可是，在寫信的時候，我還是稱他「親愛的爸爸」，因爲平常這麼說習慣了。班裏同學在後面看到了我寫的信，在班會裏就批判我，說「你的立場到哪去了，你應該和他劃清界限」。從那時候開始，一直持續了幾十年，我都被要求與父親劃清界限，……」⑲

儲安平的女兒倒是繼承了父親的品質，在儲安平的問題上，她「不貼大字報、不在會上表態，清隊的時候堅決拒絕發言。出事的前兩天，她還打發丈夫把新培育出的無子西瓜給父親送去……」可惜，這個女兒也沒有能給儲安平帶去多少安慰，因為「儲安平是個重男輕女的典型，對新生的女嬰，他居然說過『弄死得了』一類的話。」⑳

三、簡單的結論

通過上面的梳理，我們可以得出簡單的結論。儲安平在一九五七年發表「黨天下」的文章，在當時的知識份子曾名獲得的認同度是相當多的。可以說，儲安平的發言，代表了當時知識份子的心聲。但是隨著當時政治形勢的極度下轉，知識份子對於儲安平的認同，在強大的政權勢力面前變得不堪一擊。

即使如此，在一九五七年儲安平發言之後，各界人士對於儲安平的態度和人際關係的變化也是相當複雜的，其主要因素當然是當時中共高層意識形態的變化，但是在這個大背景之下，在《光明日報》之內還有人事權力之爭，以及民主黨派在當時形勢下為求自保的心態，還有知識份子在經歷歷次運動之後噤若寒蟬的心理。

對於儲安平的態度，以儲安平所在的民盟和九三學社最為嚴厲，而且越到後來調門就越高，而在知識份子層面，大多數和儲安平存在過往關係的人，也都格於當時的政治環境通過對儲安平的態度來表明自己的立場，而且往往是關係越緊密，批判儲安平就批判的越厲害。對此，我們對於這些處於當時歷史情景中的前人，應該有充分的歷史的瞭解。

而儲安平的命運以及那些因為贊成儲安平而被打成右派的知識份子們，則讓我們看到，在制度不健全的政治高壓之下，自由主義知識份子在當時中國舉步維艱的狀態。

注釋

①光明日報記者戴晴是這個領域的先行者之一，其一九八九年出版的《梁漱溟王實味儲安平》一書中收錄的〈儲安平與「黨天下」〉一文大概是國內關於儲安平最早的文章。另外有鄧加榮一九九五年出版的《尋找儲安平》以及張新穎選編的《儲安平文集》（東方出版中心一九九八年七月第一版）。不過，這一領域的

研究及至謝泳的《儲安平與〈觀察〉》才近於成熟。之後則有章詒和（〈兩片落葉，偶爾吹在一起〉）、陳德奎（〈儲安平——政論家的命運〉）、田曉明（〈拿自由做交易的儲安平〉）、余開偉（〈儲安平生死之謎又一說〉）、傅國湧（〈儲安平在時間中復活〉）、程巢父（〈胡適與儲安平〉）等人的文章。戴晴和鄧加榮的著作，因爲作者的記者身份，更多接近報告文學的範疇，章詒和以當事人章伯鈞女兒的身份，其敘述看起來像似親歷，不過細節之處多爲想像。謝泳之後的相關文章，在材料上基本沒有太多新的發現。近年來也有不少歷史專業的研究生以儲安平或者《觀察》爲論文研究方向，不過影響都不太大。

②之所以這樣說，是因爲在當時的言論界，《觀察》說到底還只是一份同人刊物，影響還沒有諸如像《大公報》那樣的報紙的影響那麼廣泛，另外從一九四七年儲安平寫給胡適的第一封信的語氣來看，儲安平與當時的主流人物還存在著比較大的距離。

③儲安平認爲：凡是在一個講究「統制」、講究「一致」的政黨的統治下，人民是不會有眞正的自由，因之也不會有眞正的民主的。轉引自謝泳：《儲安平與〈觀察〉》，二二頁。

④轉引自：戴晴：《梁漱溟王實味儲安平》一五八頁

⑤筆者傾向於以爲儲安平留在大陸的這一結局，並非自我選擇的結果，以當時儲安平的資歷和對國民黨曾經有過的批評，固然不會讓國民黨撤退時列入「搶救」名單，但是儲安平當時是否有可能通過自己的關係去臺則是的推敲。否則以他對共產黨的認識，他應該不會選擇留在大陸。但田曉明在〈拿自由做交易的儲安平〉一文中認爲，儲安平這一結果是自我選擇的結果，他認爲「儲安平對於國民黨和共產黨的取捨標準顯然不是自由。」「在儲安平的思想裏，國家是一個特定的地域，是在這個地域上生活的人民，是這些人民

所傳承的文化；這個國家既不是某一個人的，也不是某一個政治集團的。」「儲安平是出於對於祖國的難以割捨的聯繫才選擇了留下來的」。因此田曉明得出結論：「儲安平與共產黨在觀念上有著許多不合拍之處，但是這並未妨礙他留在中國大陸，顯然，是其他的因素促使他留了下來。這些因素是什麼？儲安平是一個熱愛祖國的人，同時，他又是一個擁護社會主義的人，知道了這些，我們就可以知道儲安平為什麼會留在中國。」但是顯然，我們很難在儲安平的文字中找到儲安平「擁護社會主義」的證據。

⑥多數學者或許會認為儲安平的這一段生命軌跡有著非常一致的邏輯性，例如在他就職光明日報總編輯之初，他就說過：「光明日報讓民主黨派獨立自主地辦，這句話說得好。但我要看看究竟怎麼樣，看看我到什麼地方就要受到阻力不能前進。我要碰。我要扛一扛風浪，擔一擔斤兩，我要看碰上多少暗礁。」（戴晴：《梁漱溟王實味儲安平》二〇五頁。）不過，筆者認為，儲安平那段話雖然實在光明日報內部公開講的，但是畢竟面對的是自己的同僚和下屬，與在公眾場合講或者公開載報刊發表還是要區別看待，倒敘歷史，很容易把因果關係倒置，或者原本不相關的事情聯繫在一起，當然，這樣說，並非否定儲安平的自由主義知識份子身份，這一點，倒恰恰表明了他身上的自由主義氣質根深蒂固。就像胡適見什麼人說什麼話一樣，筆者傾向於認為，儲安平雖然相對來說是個單純的知識份子，但是作為報人，他仍然有其複雜的一面。如果沒有後來的「黨天下」言論，作為當時政局中的非核心人物，儲安平私下場合的那些話雖然足以讓他被劃為右派，但是其之後的命運不至於那樣悲慘。

⑦戴晴在〈儲安平與「黨天下」〉中有這樣一個敘述：「費孝通去看儲。此時，本文男主人公的『心氣兒』似乎還很足。費孝通回憶：談到「黨天下」的發言，他拿出一疊信來，說許多人支持他的發言，表示頗有

群眾。並談及要一個民主黨派的副主席才能當光明日報的總編輯。要他再當總編輯，就得選他當副主席。這次不是眞心要辭職。」據此看來，儲安平對於這篇發言給自己之後帶來的影響並沒有充分估計。

⑧戴晴在〈儲安平與「黨天下」〉中敘述了這樣一個細節：他不但持有照本宣讀的發言稿，這稿還是列印好、估算好版面，並特別注有「光明日報總編輯儲安平發言稿」，「希用原題、原文勿刪」字樣的一份交報館直接發排的成稿。

⑨當然，當年對於儲安平的批評批判並不僅僅限於《人民日報》，比如《光明日報》、《文匯報》等大小報刊，都有對儲安平鋪天蓋地的批評，之所以選擇《人民日報》，是因爲這張報紙不僅因爲代表著中共上層的導向，而且當時與儲安平同等重量的知識份子或者政治人物多在《人民日報》上做出反應以表明立場。另外，就本文中《人民日報》材料的使用略作説明，去年五月份我到香港中文大學做訪問學者時，在那裏查看了過去從一九五二年到一九五七年的《人民日報》，當時不論有用沒用，凡是感興趣的，我都複印了一些，其中就有關於儲安平的，但是不全。在寫這篇文章的時候，朋友幫我在網上找到了當年《人民日報》關於儲安平的所有報導的完整電子版。文章中依據的都是電子版。

⑩戴晴：《梁漱溟王實味儲安平》，二〇九頁。

⑪《人民日報》一九五七年六月三十日：〈中國民主促進會開始整風林漢達不滿意中共中央和國務院發佈聯合指示，甚至懷疑「政府部門有什麼用」的錯誤言論，受到批評〉。

⑫《人民日報》，一九五七年六月七日：〈民革中央小組擴大會議繼續舉行〉。

⑬《人民日報》，一九五七年六月七日：〈國務院黨外人士繼續座談〉。

⑭章詒和：《往事並不如煙》。

⑮《人民日報》，一九五七年六月八日：〈一個工人對儲安平發言的意見〉，〈儲安平先生的「意見」是否代表各民主黨派？〉，〈石景山鋼鐵廠職工　反對離開社會主義的謬論　痛斥匿名恐嚇的卑鄙手段〉，〈儲安平的發言不符合事實〉

⑯《人民日報》，一九五七年六月九日：〈九三學社中央和北京分社委員座談〉。在此次座談會上，顧執中還說：「儲安平的發言，意思可能是好的，但用詞不當，有刺激性。」參見《人民日報》，一九五七年七月五日：〈顧執中仇恨共產黨，污蔑新社會九三學社揭發他主張對黨「放導彈」他說「肅反破壞了人身自由」，「憲法成了揩屁股紙」〉

⑰《人民日報》，一九五七年六月九日：〈民革中央小組擴大會議批判錯誤言論〉《中國農工民主黨舉行座談會》

⑱《人民日報》，一九五七年七月二日：〈「能幹的女將」幹些什麼？　文匯報北京辦事處揭發浦熙修〉

⑲《人民日報》，一九五七年六月二十二日：〈臺灣和香港反動報刊爲右派反社會主義的宣傳喝采〉

⑳《人民日報》，一九五七年六月十日：〈在民盟中國人民大學支部座談會上　吳　表示應該批判章伯鈞等人的意見〉

㉑《人民日報》，一九五七年六月十一日：〈吳　談話批駁章伯鈞羅隆基章伯鈞主張另搞一個政治設計院，是否不同意憲法？　羅隆基提出另外建立平反機構，就是不信任黨的領導儲安平「黨天下」的論調是惡毒的誣衊　葉篤義的意見實際上就是黨派取消論〉，章詒和在〈兩片落葉，偶爾吹在一起〉認爲吳　這個發

言是在民盟的《光明日報》支部六月十一日召開的批判儲安平的會議上說的，不確。

㉒《人民日報》，一九五七年六月十一日：〈決不容許把光明日報拉出社會主義的軌道民盟光明日報支部駁斥儲安平錯誤論調〉

㉓《人民日報》，一九五七年六月十一日：〈在國務院非黨人士座談會上　李仲公王艮仲反對掩護反動思想習仲勳秘書長也收到匿名恐嚇信〉

㉔《人民日報》，一九五七年六月十一日：〈可注意的民盟動向〉。

㉕《人民日報》，一九五七年六月十一日：〈十六位民進領導者一致表示　必須堅決同反社會主義分子劃清界限〉

㉖《人民日報》，一九五七年六月十日：王芸生〈我們的問題是人民內部矛盾〉。

㉗《人民日報》，一九五七年六月十二日：周培源〈高等教育改革中的三個問題〉。

㉘《人民日報》，一九五七年六月十三日：〈北京大學和中國人民大學教師座談　堅決同右派分子劃清界限〉。

㉙《人民日報》，一九五七年六月十三日：〈在農工民主黨中央委員會座談會上　章伯鈞的錯誤思想受到批判王忱心張申府不同意大家對章伯鈞的批評章伯鈞希望對他的錯誤慢些作結論〉，〈民革中央小組擴大會議駁斥右派言論　社會主義原則絕對不可動搖〉。

㉚《人民日報》，一九五七年六月十四日：〈民盟中央昨晚的座談會開得特別熱烈　要求民盟由右向左轉史良揭露章伯鈞的兩面態度　鄧初民建議召開中央常委擴大會〉。

㉛《人民日報》，一九五七年六月十四日：〈希望章伯鈞羅隆基表明立場　史良在民盟中央小組座談會上的發言〉。章詒和在〈兩片落葉，偶爾吹在一起〉寫道這個發言發表於六月十五日，不確。

㉜同上。

㉝同上。

㉞《人民日報》，一九五七年六月十五日：〈反右派的鬥爭　提高了知識份子的覺悟九三學社座談會的政治空氣顯著轉變〉。

㉟《人民日報》，一九五七年六月十四日：〈新疆各族各界人士紛紛質問儲安平　爲何親眼見過的事竟如此健忘？〉。

㊱《人民日報》，一九五七年六月十五日：馬寅初：〈我對儲安平葛佩琦等的言論發表些意見〉，馬敘倫：〈不容許右派野心分子破壞社會主義〉

㊲《人民日報》，一九五七年六月十八日：〈光明日報社委會堅決反對資產階級方向章伯鈞儲安平使光明日報變質的企圖遭到各民主黨派和報社同志嚴厲指責〉。

㊳章詒和：《往事並不如煙》。

㊴《人民日報》，一九五七年六月十八日：〈民進討論光明日報一度被篡改政治方向的問題　要求向章伯鈞徹底追究責任〉。五項問題分別爲：一、自從中共中央提出「長期共存、互相監督」的方針，各民主黨派決定加強對光明日報的領導後，章伯鈞社長爲何一直不召開社務委員會會議進行討論。二、中共中央五月一日發佈關於整風運動的指示，明確要求各民主黨派和無黨派人士幫助共產黨整風。章伯鈞社長又爲何不召集社務委員會

會議，來討論光明日報應採取的方針、步驟等問題？三、光明日報從四月一日總編輯儲安平到職起，到六月八日爲止，在這一個時期內發表了很多帶有煽動性的言論和報導，連同報紙的版面和標題明顯地變成資產階級政治方向，對此，章伯鈞社長從來未向社務委員會作過任何表示，究竟用意何在？作爲光明日報社務主持人的章伯鈞對光明日報的方針任務，究竟向總編輯儲安平作過怎樣的交代？四、儲安平以光明日報總編輯身份在中共統戰部座談會上，公然發表了反黨反社會主義的謬論，章伯鈞社長既不召開社務委員會，又不邀請各民主黨派負責人會商處理；是否對總編輯儲安平有意庇護？五、總編輯儲安平發表反黨的謬論後，引起了全國人民的憤慨，章伯鈞社長竟說儲安平與胡風「倒要成爲歷史人物」？這是什麼意思？這是什麼立場？

㊵《人民日報》，一九五七年六月十九日：〈民盟中央作出重大決定號召全盟揭露右派的言行　立即開始在盟內進行整風〉。

㊶《人民日報》，一九五七年六月二十日：〈民盟確定盟內整風的主要內容整掉反對社會主義、反對共產黨領導、反對無產階級專政的反動思想和行動民盟中央小組座談會繼續批判章伯鈞羅隆基〉。

㊷《人民日報》，一九五七年六月十九日：〈民革中央委員會發表聲明　譴責章伯鈞儲安平篡改光明日報政治方向〉。

㊸《人民日報》，一九五七年六月二十二日：〈九三學社決定開始整風〉。

㊹《人民日報》，一九五七年六月二十二日：許德珩：〈加強思想改造保衛社會主義事業〉。

㊺《人民日報》，一九五七年六月二十五日：〈北京新聞界人士舉行座談　揭露右派分子篡奪某些報紙領導權的活動〉。

㊻《人民日報》，一九五七年七月四日：〈文匯報編輯部的初步檢查〉。
㊼《人民日報》，一九五七年七月八日：〈儲安平在九三學社座談會上進行交代「黨天下」的發言是先和羅隆基商談過〉。
㊽《人民日報》，一九五七年七月十九日：〈光明日報在章伯鈞、儲安平篡改政治方向期間所犯錯誤的檢查〉。
㊾《人民日報》，一九五七年十一月十九日：〈光明日報社改組　楊明軒陳此生分任正副社長〉。出席這次會議的有中國國民黨革命委員會主席李濟深、中央常務委員王昆侖、陳此生，中國民主同盟主席沈鈞儒、副主席史良、中央常務委員胡愈之、楊明軒，中國民主建國會主任委員黃炎培、中央常務委員孫曉村，無黨派民主人士陳叔通、張奚若、馬寅初，中國民主促進會副主席王紹鏊、周建人，中國農工民主黨中央常務委員季方、郭則沉，中國致公黨主席陳其尤，九三學社主席許德珩，臺灣民主自治同盟副主席李純青，光明日報社祕書長薩空了。出席這次會議的中共方面的人士是中共中央統一戰線工作部副部長邢西萍、平傑三、於毅夫，中共中央宣傳部副部長周揚。
㊿《光明日報》，一九五七年十一月十九日：社論〈辦好這一張社會主義的報紙〉。
(51)《人民日報》，一九五七年十一月二十日：〈光明日報反右派鬥爭勝利結束　全社工作人員團結一致決心辦好報紙〉。
(52)《人民日報》，一九五七年十一月三十日：〈九三學社和光明日報聯合批判儲安平〉。
(53)比如章伯鈞和儲安平，按照這種關係劃分，就既有政治關係（兩人都是民盟成員），又有工作關係（同時供職於《光明日報》社）；比如梁漱溟、費孝通等人，則是三者兼而有之。本文為了敘述方便，只按他們之間的主要關係來劃分，比如章伯鈞和儲安平為工作關係，梁漱溟、費孝通和儲安平之間的較為更多屬於知識份子之間的交往，就劃為社會關係。

㉞戴晴在〈儲安平與「黨天下」〉一文以及謝泳在《儲安平與〈觀察〉》都持此說。

㉟戴晴：《梁漱溟王實味儲安平》，一七七頁。

㊱同上，一七四頁。

㊲據林元回憶，當時領導和聯繫《觀察》復刊工作的是代表中共的還有胡愈之、范長江等人。參見謝泳《儲安平與〈觀察〉》四四頁。

㊳（轉引自謝泳：《儲安平與〈觀察〉》，四六頁。

㊴章詒和：《往事並不如煙》。

㊵參見《人民日報》，一九五七年七月八日：《儲安平在九三學社座談會上進行交代「黨天下」的發言是先和羅隆基商談過》

㊶參見謝泳：《儲安平與〈觀察〉》。謝泳在文中說：「《魯迅日記》一九二九年六月二十一日有一條記載：『寄安平信並稿』。這個安平就是儲安平，這是我們現在能夠見到的最早的有關儲安平文學活動記載的資料，那時魯迅在上海主編《奔流》，儲安平可能給這本雜誌投過稿。」

㊷章詒和：《往事並不如煙》。其根據是：「（19）五七年一月二十二日，民盟中央在父親和羅隆基的主持下，接辦原屬於民盟北京市委編印的《爭鳴》月刊，並將其學術性爭鳴刊物，改成政治性刊物，實施他們

「以言論政」的辦刊方針。不久，在民盟的中常委人選增補會議上，父親提議儲安平接替胡愈之任《光明日報》總編輯。」

(63)章詒和：《往事並不如煙》。

(64)轉引自戴晴：《梁漱溟王實味儲安平》。

(65)章詒和：《往事並不如煙》。

(66)參見《人民日報》，一九五七年八月二十四日：〈儲安平在光明日報的兩員幹將〉，十一月二十日〈光明日報反右派鬥爭勝利結束　全社工作人員團結一致決心辦好報紙〉。

(67)《人民日報》，一九五七年八月四日：〈章羅聯盟如何篡奪光明日報　儲安平開始吐露了一點事實〉

(68)《人民日報》，一九五七年八月三十一日：〈勾結儲安平彭子岡到處煽風點火　反黨分子徐盈唯恐天下不亂〉

(69)《三聯生活週刊》，〈父親儲安平之死〉。

(70)戴晴：《梁漱溟王實味儲安平》。

第五輯

讀書劄記

兩相比較讀《家書》

關於幹校時期那段歷史的出版物，我有印象的有三種，其一是楊絳先生的《幹校六記》，屬於回憶性質的文章，文筆哀而不傷，另人難以釋卷。還有兩種，同名，都為《幹校家書》，屬於當時的紀錄，是難得的一手材料。《葉聖陶葉至善幹校家書》在前不久出版，由於葉家父子的特殊身份——聖陶先生曾任教育部副部長，其子葉至善則是少兒社社長——此書甫一出版，就受到士林矚目。相比之下，費孝通先生於幹校時期寫給兄長費振東的二十二封家書，因為附錄在一本書的後面，雖然也稱為《幹校家書》，則少被人提起。不過，把兩組相同時期的家書對比閱讀，則顯得意味深長。

葉氏父子「多年父子成兄弟」，書信往來中家長里短樂此不疲，說實話，要不是葉家父子的名人身份，我真不知道會有多少人會對這些「婆婆媽媽兒女情長」感興趣。而我在閱讀此書的時候，除了這些家長里短讓我瞭解那個時期的一些社會生活細節，更注意的則是這對父子對於一些歷史大事件的看法和記錄，不過，在長達六百多頁篇幅的家書中尋找此等內容，竟然如大海撈針。看到的幾處相關的記錄，也和當時的「主旋律」保持了高度的一致。按照以往的閱讀經驗對那個時代形成的印象，我一開始的判斷是：是否在那個特殊年代，雖是父子，亦不能袒陳心曲？可是葉家後人在書中前言的敘述以及接受媒體採訪時，都著重表達了相同的一點，即葉氏父子對於幹校和文革的看法「都是真實的」。我之所以願意相信葉家後人的表述，是基於在如今的語境下，聖陶父子在家書中表現得對於文革和幹校的看法，並不能為葉氏父子「加分」，正因為如此，我對整理出版葉氏家書的葉家後人的坦蕩持有一份敬意。而對於過去的時代，我們又有多少瞭解？至少對我來說，接觸的材料越多，和那個時代的過來人接觸越多，對那個時代就越不瞭解。

費孝通先生的《幹校家書》中表現出來的，和葉氏家書中相比則是大相徑庭。費先生在幹校的最後一年，林彪事件發生，他在家書中對此有如下議論：

定時炸彈自我爆炸早在「政變論」中伏下殺機，這不是事後諸葛，我們不是早就見到了的麼？但是事物發展得如此迅速和鮮明，卻是預料所不及的了。看來現在一切事情都是「濃縮」了，過去要十年百年才完成的過程，現在幾年幾月就夠了。

這樣的言辭，這樣的語氣，在葉氏家書中是看不到的。不同的性格，不同的位置，對於相同的時代有了不同的紀錄，我們該相信哪個？或者，我們應該從這種二元對立的思維中脫離出來，承認我們對於那個時代瞭解太少？

錢鍾書先生在給《幹校六記》寫序時，如此寫道：「記這，記那，那不過是這個大背景的小點綴，大故事的小穿插。」以此觀照《葉聖陶葉至善家書》，當無大謬。不過，這「小點綴」，這「小穿插」，其中有玄機，只好靠各自去領悟了。

家書中的歷史

同事曉波兄常常說我有「資料癖」。有一次一起去朋友家裏「打秋風」，我獲得一套《竺可楨全集》，曉波打開看到裏面有書信卷，我這個「罪名」就更加坐實。曉波當時有些吃驚地跟我說：「老陳，書信你也能看得津津有味嗎？絕對的資料癖呀！」說實話，當時「打劫」那套《竺可楨全集》，只是為了寫文章用得著的時候方便查閱。有些太過專業的書信，對於研究者來說有時候都不免枯燥，就是如曉波兄口中我這樣的「資料癖」，有時也只是下意識的收集，以被不虞之需。但是相對來說，對於第一手的資料，我自己比較喜歡日記和書信，因為這些最能體現作者的才情和性情。手頭有一本《任鴻雋陳衡哲家書》，在書店裏看到的時候就眼前一亮，看完之後，才發現，這並不是一本只給專業研究的人看的「材料」，更像一本編給普通讀者看的一本優美的散文——那一代人的文筆，實在是太漂亮了。

要不是在幾年前讀了智效民先生的文章〈任鴻雋的科學救國夢〉，到現在我對於任鴻雋這個人大概還是陌生的，這也怪不得我，任鴻雋這個人，不被人提起的時間實在是太久了。然而在五四時期，他和大名鼎鼎胡適之博士，同樣是哥倫比亞大學的校友，同樣是時代的弄潮兒，他所領導的科學救國運動，和胡適發動的白話文運動，被譽為五四以來兩個重大的文化革新運動。在美國留學期間，任鴻雋結識「一代才女」陳衡哲，陳衡哲也是一位被遺忘已久的人物，不過我們可以看看，就會知道她是個什麼樣的人物：她是庚子賠款的第一批女留學生，現代文學史上第一個女作家，北京大學的第一個女教授，出席國際太平洋學會（連續四次）的第一位中國女學者……隨後任和陳相知相戀，一九二〇年歸國之後，兩人成婚，而任的老朋友，在績溪老家遵從母命已經與江冬秀訂婚的胡適，對陳也有一份深深的情愫，「發乎情，止乎禮」，任、陳再訂婚的當夜邀請胡適一同用餐，胡適寫下〈我們三個朋友〉一詩，成為一時佳話。順便說一句，任鴻雋還曾經是一名激進的革命黨人，辛亥革命之後在孫中山總統府秘書處任職，他還是中國第一份綜合性科學雜誌的《科學》的創辦人，中基會的主持者。翻閱《任鴻雋陳衡哲家書》，要想當年的事，只能感慨於那些曾經有過的風雅。

《任鴻雋陳衡哲家書》以任鴻雋的生命軌跡為經線，以家書背景為緯編排任鴻雋和陳衡哲在每個生命階段的家書。對於專業研究者來說，家書背景大多比較熟悉，由此也可以看出編者在編輯此書的時候對於一般讀者考慮的用心。每一章之前都附有家書的原件，更是增添了這本書的典雅之氣，而有時候體驗那一代人的文采風流，縱使是用千般語言來敘述，也不及這些原件來的直接，來得準確。甚至有時候我常常說，對於一個歷史人物，不要去看後來的研究者如何去評價，去描述，直接去看這些人物的老照片，朝夕揣摩，便足夠了。

閱讀任鴻雋的家書，有幾個時期讓我特別注意，其一是在任在孫中山總統府秘書處任職時，任鴻雋寫給大哥的幾封信札，在一九一二年三月九日的信中，任鴻雋提到孫中山辭職袁世凱接任一事。這一段史實如今大家耳熟能詳，但是在當時確實撲朔迷離，革命黨人想讓袁世凱到南京就大總統一職，以便控制局面，但是袁世凱則擔心離開北京受制於人，遲遲不肯動身，當年二月二十七日蔡元培等人由唐紹儀陪同謁袁世凱，請赴南京就職，袁表示俟擬定留守之人，即可就道。但是隨即不久即發生曹錕嘩變。這也就是任鴻雋家書中所說：「近因京、津小有變亂，袁君驟難南來，而統一政府不成，對內對外危險萬狀。故已放棄前議，許袁君在北京受職……」任鴻雋當時雖然不在中樞位置，想來應有耳聞，所以在家書中提及此事，當時定都南北還是個未知數，但是任鴻雋在當時就在家書中寫道：「雖此時都南都北尚未有定，據參議院前議則都南京，然以大勢度之，恐終非都北不可耳。」這話如今看看平平常常，但是想想這些話是在時局紛紜的一九一二年說出的，不得不佩服任鴻雋的目光深刻，就在任鴻雋寄出家書之後不久的四月二日，參議員議決，臨時政府遷往北京。而任鴻雋對於當時的政治格局，已經作出了自己的決定：「異日袁君受事，決計不復問政事」。也就是從那時起，任鴻雋科學救國的思想開始孕育。這一家書，實在是任鴻雋生命轉捩點的一個見證。其餘如留美期間以及主持中基會期間的家書，也均有以上提及的這種結合當時實事為後來者見證歷史的特點，不當以單純的家書視之。

二十世紀上半期，重慶多私家花園，任家花園即是其中之一。一九二九年，劉湘兵敗貴州，撤回重慶，其下屬曾經借助在任家花園，當時任家花園所住多為女眷，每天槍聲相聞，不免提心吊膽。任鴻雋的三姐任心一寫信給任鴻雋寫信求助。任鴻雋接信之後給劉湘發了一個電報，劉湘接到電報之後遂令部下撤出。任鴻雋和劉湘的往來電報頗值玩味，過去我們在歷史上認識的軍閥，得到的印象多為驕橫顢頇。但是在任劉的往來電報中，卻不乏溫情脈脈，這也是第一手資料的好處，這一點在上面提到的任鴻雋寫給大哥的信中提及袁世凱時的語氣，也可以對照閱讀，才會發現，有時候我們對於歷史過於粗暴，也過於簡單。

書中的最後三章分別是任鴻雋和陳衡哲的晚年的家書，那已經是一九四九年之後的事情了。一九四九年，中國發生了天翻地覆的變化，但是不知道為什麼，這些並沒有體現在任鴻雋和陳衡哲寫給晚輩的家書裏。此時的家書中除了一些家長里短，別無其他。不過參看雷頤先生給本書寫的序言的結尾，答案或許就在其中。

「烽火連三月，家書抵萬金」，閱讀任鴻雋和陳衡哲的家書，才知道古人誠不我欺。如今，我們在跨越了百年的歷史隧道之後談論任鴻雋和陳衡哲，真有幾分「白頭宮女在，閒坐說玄宗」的悲涼了。

僅有理念是不夠的

丁東和謝泳出現在當代學術界可謂異數：丁東雖然曾身在學術體制內（山西省社科院），但是若不刻意提醒，大概多數人會忽略丁先生這一身份，因為丁先生每立一言、每敘一事，莫不從民間立場出發，其從事的學術活動如促進民間出版、打撈民間記憶等等，更是給他帶來了美好的聲譽；而謝泳早年身處（學術）體制之外，多年來對學術孜孜以求，最終躋身於大學教授之列，其學術論文專著立論之嚴謹、論證之繁複，海內外皆有共識。

我常常在不同的場合說起丁東和謝泳其實代表了兩種典型的知識份子：丁先生是學術活動家，是起而行之的典範；謝先生是潛心書齋又不忘現實的典型。兩位先生早年同在太原，與高增德、智效民等諸多同道如切如磋、如琢如磨，形成一個另士林矚目的知識份子群體。幾年前我曾去太原，躬逢其盛，頗感豔羨。之後丁東進京，謝泳入廈大，這種局面有些改變，過去大家一起坐而論道的時光成為回憶。不過，在網路時代，地域上的距離並為成為丁東和謝泳繼續交流合作的阻隔，幾年來，兩人在中國青年報上上演了一出學術雙城記，以對話的形式發表了一系列文章。近日結集為《文化十日談》和《教育放言錄》，由福建教育出版社出版。

書拿到手中已有時日，卻遲遲沒有寫出隻言片字，一來是覺得與二位先生相識即久，交流起來頗為方便，便有不假文字的偷懶想法，二來是對於二位先生的理念諳熟於心，一時找不到新的角度下筆。每每欲操刀，又每每擲筆。

正如徐友漁所說：「對於現代中國的教育和文化，丁東、謝泳的言論是最值得注意的評論之一。」確實，翻閱二位先生對於教育、文化乃至社會各領域內的發言，均有切中時弊之感，不過，還有另外一種感覺，那就是書中文章，多有主題先行的味道，我的理解，這種風格，正是基於二位先生共同的理念。然而，這種理念，深究起來，並沒有給我們提供異於當前盛行的意識形態的思想資源。或當下意識形態的語言簡言之為左右，說二位先生屬於右派陣營當無異議，看書中言論，有這樣的傾向：即凡是左派支持的就反對，反左派反對的就支持。謝泳先生有一篇〈倒過來看中國現代歷史〉的文章，特別能夠反映這種傾向。當然，這種風格，或許是因為現在報章對於文章字數要求的限制，無法充分展開闡述而造成的。

丁東和謝泳所倡導的「教授治校」、「書生論政」以及「現代人權意識」等理念無疑具有一定的普世價值，但是，這種單純的理念性倡導卻讓我想起阿克頓的歷史解釋模型。誠如阿克頓在論述法國大革命的時候指出的那樣：「如果單純追求普遍的善，必將損害分立的、大有區別的各階級的利益，到頭來法國會喪失一切阻止邪惡的手段。」阿克頓說的是法國，不過把這句話移用於今日中國，同樣適用。對於目前的中國來說，各階層的利益劃分從未有如此多元化、利益衝突也從來未有如此複雜過，面對這樣的狀況，單純的理念無疑無法化解現實層面的問題。而在另一個層面，正如阿克頓對於法國一七八九年《人權宣言》的反思一樣：羅列一些有關生命、平等、自由、財產權的基本信條，但其「意圖和內涵」此後並未得到司法實踐或修正案的不斷解釋和充實，使之成為政治生活的有機成分，而是只作為空洞口號而存在。一句話，丁謝二位在書中所表達的這些理念，若沒有制度保障的滋潤，在複雜的利益博弈格局下便容易流於蒼白。

試舉一例，《教育放言錄》中有一篇〈潘光旦與熊慶來的爭論〉的文章，說的是一九四四年昆明各大學在舉行「七七事變」紀念座談會上，潘光旦和熊慶來先生關於學人是否應該論政的一場爭論。潘先生主張學人應該論政，熊先生則相反。謝泳和丁東都傾向於潘先生，說實話，我亦如是。

不過，我更願意從當時的背景和潘熊二位不同的身份上來理解這場爭論。當是時也，八年抗戰尚未結束，國內局勢也不如後來那樣明朗，一方面，積極倡導抗日為當時還未成為執政黨的共產黨贏了的極為廣泛的民心，另一方面，做為執政黨的國民黨方面雖然已經確立的抗日的大方針，但在具體戰術方面尚未能達成一致（這是因為，蔣政府當時不足夠強大，在國民黨內部有蔣嫡系與閻錫山等部的利益衝突和均衡），在具體戰略上尚存猶豫（從國際形勢上來說，這一年中美關係正處在一個微妙的階段，美國雖然對中國有所援助，但是蔣介石認為羅斯福對其很藐視，另一方面，另有蘇聯在新疆邊境對於中國的威脅，是以蔣介石認為，在當時局勢下要「忍耐待時」）。從國共兩黨當時的局勢來說，也頗為微妙，雖然在抗日這個大問題上取得了一致，但是不一致之處顯然更多。在這樣一個錯綜複雜的局勢之下，舉行「七七事變」的紀念座談會，本身就是一個敏感的活動。會受到當時政治格局中各個方面的注意。

如果我們再來分析一下當時熊先生和潘先生各自的身份，對於熊潘二位先生各自的觀點便會有更深一步的理解，熊慶來當時的身份是國立雲南大學的校長，而潘光旦還只是國立西南聯合大學務委員會常委兼主席梅貽琦的助手。做為國立大學校長的熊慶來，其實不能單純以知識份子視之，同時他還是當時的國家機器中的一部分，他在公開場合的言論，很多的時候，不能代表個人立場，相反，會多多少少帶有一些國家傾向。而潘先生，雖然也會參與政事，但是我們卻可以認為潘先生在當時只是一個單純的知識份子。作為一個單純的知識份子，則不用考慮那麼多。

知識份子從政歷來容易受士林詬病，原因就在於：出山後的知識份子在具體的問題上，不能單純的從純粹的知識份子立場出發，而要考慮錯綜複雜的各種因素。然而，現實的悖論是，如果所有的知識份子都抱著「出山不比在山清」的想法「愛惜羽毛」，那麼政治場中都是些什麼人就很容易想像，那樣的話，情況可能更糟。所以，我不願討論這場爭論中熊潘二位孰是孰非，就像剛才說過的，從理念上講，我和丁東謝泳一樣傾向於潘先生，但是要回到當時的歷史情境，我更願討論的是作為知識份子的熊慶來和做為國家機器中一員的熊慶來是否存在衝突？當時的制度在多大程度上改變了作為知識份子的熊慶來？知識份子與從政者之間，能不能存在良好的契合點？回答這些問題，顯然不是這篇短文能夠解決，所以姑且提出。若有時賢教我，不勝感謝。

不要誤會，我不是否定丁東和謝泳在書中表達的這理念，在我前幾年的研究中，正是沿著二位先生的路徑摸索過來的，這樣的反思，與其說針對二位先生，毋寧說針對我自己。毋庸諱言，民國時期我們曾經有過一些美好的傳統，一九四九年之後，我們一度背棄了這些美好的傳統，並且付出了代價。然而，面對如今日益複雜的社會格局，我們是時候應該具有超越「左」「右」的姿態與思維了。

當然，我更理解丁東和謝泳二位先生如此孜孜以求的姿態，因為在今天，雖然這些理念在知識界已經成為常識，但是在普通民眾之中，這些話語看起來還近乎天方夜譚。丁東和謝泳的對話，意義正在於把這些有益的理念推而廣之。

曾子云：「士不可以不弘毅，任重而道遠。」或許正是對丁謝二位先生不懈努力的寫照。

自由不在彼岸，而在於爭取

一九四九年，中國江山變色，政權易手：毛氏獨掌大陸，蔣氏退踞臺灣。這一段歷史，不僅是中國史上的大事，亦是世界史上的大事。

紛亂時局中的各色人等——學者、政界以及商界人士——在中國的這個重大關口必須作出選擇：或走，或留。走的或隨蔣氏政權去了臺灣，或乘浮桴於海，去了海外。其中緣由錯綜複雜，臺灣學者任育德曾經對這一時期的知識份子的幾種選擇路線做過分析，雖然我對任先生把諸色人等都統稱知識份子並不認同，但是其歸納的幾個類別卻很有道理。他把處於當時局勢中的人分為四類：第一類是對國民黨、中共均不支持，第二類是不支持國民黨，且不反對中共，第三類是不支持國民黨，支持中共，第四類是支持國民黨，反對中共。以此來分析那一時期的人，庶幾盡之。單就知識份子來說，過去我們有一種看法，就是一九四九年之後選擇留在大陸的，無不經歷了一場煉獄，去了臺灣的，似乎就好一些。最近讀范泓先生所著《在歷史的投影中》，感覺事實並非如此，別有一番感觸。

一般說來，當時跟隨國民黨去了臺灣的知識份子，相當一部分對於國民黨是比較認同甚至支持的，比如說傅斯年、雷震、殷海光等人，還有一部分人則是對中共心存疑慮，不反對國名黨，為了各自的理念和事業選擇去了臺灣，比如梅貽琦、李濟等人。後者因為一直與政治保持著一定距離，去臺後反倒生活的比較好，事業也比較圓滿。而前者中的大部分人，則因為後來與國民黨在理念上分道揚鑣，其經歷與身處內地的知識份子反倒大致相近，在各自的生命中也都經歷了一場煉獄。

究其原委，在於蔣介石退踞臺灣之後，經過反思，認為過去之所以失敗，就在於提供了過多的「民主自由」，當時在國民黨內部，持這種觀點的人不在少數，蔣經國、陳誠都是這一觀點的持有者。其實，這種觀點並不新鮮，早在一九三三年，在胡適主編的《獨立評論》上，就曾經展開過一場「民主與獨裁」的大爭論，當時像蔣廷黻、錢端升、吳景超等一大批一流的知識份子格於當時中國的局勢，都在不同程度上支持在當時實行「獨裁的政治」。與早年那場爭論中秉承的理念一樣，以胡適為精神領袖、以雷震為首的知識份子群體則持有恰恰相反的觀念，他們認為：「國民黨在大陸的失利就是因為沒有貫徹民主政治，導致政府腐化，人心盡失，因此國民黨必須徹底反省，在臺灣實施充分的民主憲政。」有鑒於此，雷震才聚集一大批理念相近的知識份子，在臺灣創辦了《自由中國》。除了理念方面的原因，雷震之所以能這樣底氣十足的說這樣的話，辦出一本如《自由中國》那樣的雜誌，也確實有足夠的政治資本，一來雷震是老牌的國民黨，曾經出任過總統府秘書長以及國策顧問，與蔣介石有著不淺的交情，覺得自己是國民黨的「自己人」；二來，背後有在臺灣擁有巨大聲望的胡適的支持，這讓雷震覺得《自由中國》即使有什麼地方「越矩」，蔣介石也不會把他怎麼樣。

相比之下，同為雷震老鄉的《聯合報》的老闆王惕吾，雖然也持有與雷震相同的理念，但是《聯合報》的調子和《自由中國》比起來卻穩健的多。按理說，國民黨出身的雷震應該清楚，在一黨專政的政治格局之下，想和掌握著政權的政黨在政治上爭一個說法，本身就是緣木求魚的事情。果然，《自由中國》最終還是觸怒了蔣介石，遭遇了停刊的下場，雷震也身陷囹圄，這就是臺灣人盡皆知的「雷震案」。而在這個時候，調子穩健的《聯合報》卻沒有保持沉默，王惕吾儘管知道對「雷震案」進行報導和評論會遭致當局的不滿，但是去不肯放棄「言論自由」的報人信仰。在「雷震案」發生的第一時間就發出了自己的聲音。我們現在檢閱當時的《聯合報》，看到當年《聯合報》上的那些文字，都會為王惕吾的報人氣節擊節讚賞，但是我們可能難以瞭解王惕吾當時刊發這些文字的躊躇。不過，儘管躊躇，王惕吾並沒有放棄，不放棄，才有了我們今天可以看到的自由。

反觀當時的中國大陸，卻是萬馬齊瘖究可哀。讀范泓先生的《在歷史的投影中》，感慨繫之，其實當時的臺灣與中國大陸，環境並無不同，不同的是身處其中的知識份子的表現，原來自由不在彼岸，而是在於爭取。

道與勢之間的黨人之爭

厚厚一冊《民國人物過眼錄》，我是一口氣讀完的。在中共黨史研究領域，楊奎松的研究總能不同俗流，讓人眼亮。這與他的經歷息息相關，說來話長，要從當年講起。

先說近，再說遠。

近的也不近，已經是楊奎松大學畢業之後的事情了，當時楊被分配到中央黨校，在《黨史研究》做編輯。在那裏，他不但可以看到當時最新的研究成果，而且因為在黨校，近水樓臺，還能看到在其他的地方看不到的檔案。我們之所以常常能在楊著中看到讓人眼亮的材料，都得益於楊的這段經歷。

他早年的研究題目是「社會主義傳播史」，其方式是組織了幾個同學，坐火車去全國各個城市的圖書館，把能夠找到的關於十九世紀末到二十世紀初的所有跟社會主義傳播和宣傳有關的資料或複印，或抄寫，一網打盡。在當時，凡是學過黨史的人都知道，這絕對不是中共黨史專業要求的研究方法。楊在黨史系之時，教研室主任曾經跟他們講過：所有涉及到中國革命和中國社會的答案和結論都在《毛選》裏面。一個好的黨史教學工作者，就看他對《毛選》熟悉到什麼程度。研究中共黨史，或講授中共黨史，不要去講你認為如何如何，而是要對毛澤東怎麼說能信手拈來。然而，到了楊奎松做畢業論文時，他就注意到，中共黨史過去所以總是變來變去，以至失去世人的信任，關鍵就在於它不是從對基本史料的梳理和研究出發，而是從結論出發，為政治服務。

從一開始，楊奎松就走了一條與別人截然不同的研究路徑。

遠的還真遠。還在楊奎松小學還未畢業，正是一個不正常年代的開端，小小年紀的楊奎松，親眼目睹，一位老師「嘭」的一聲從高樓跳下。這件事給後來楊奎松的研究帶來什麼樣的影響，不得而知，但是我想，影響還是有的。

讀這本《民國人物過眼錄》，不知為什麼就讓我想到幾年前他曾經和我說到的這件事。話扯遠了，得往回收，還是說這本書。

由做中共黨史研究的楊奎松來寫《民國人物過眼錄》，宛如我們正常走路的人倒立行走，視角陡然轉換，世界便完全不同。而我較為注意的則是這本書中涉及到的黨人之爭。這其中，既有國共之爭，又有國民黨的內部之爭，還有共產黨的內部之爭。錯綜複雜，讓人眼迷。

這是個大題目，因篇幅限制，只選書中的相關文章略作闡述。

西安事變是現代史上驚天動地的大事，就以此事為例。當年張學良捉蔣、放蔣，最後又擁蔣，甚至丟下東北軍「負荊請罪」，導致後半生造囚禁。史家對此事件的敘述，涉及到對張學良的評價時幾乎眾口一詞，舉世贊之。但是楊奎松根據材料得出結論：張學良當年，並非自始至終「擁蔣抗日」，而是一度聯蘇聯共，實現西北大聯合，自成局面，與蔣介石翻臉，並不惜動武。

眾所周知，張學良與日本，不僅有「國恨」，更有「家仇」。一九三三年初，距西安事變發生還有三年之久，由於日本挑釁，張學良所轄的東北軍便因山海關事件和榆關事件與日本發生衝突。其時，在江西、四川、安徽、貴州等地，國共兩黨亦發生激烈的軍事衝突。

雖有各地國民黨將領請纓抗日，但蔣介石格於當時形勢，將其戰略重點放在剿共之上，諭令整頓部隊，靜候命令。中共方面雖然於一月十七日發表宣言，為保衛中國及爭取中國獨立統一與領土完整，以實行抗日為條件，願與任何武裝部隊訂立停戰協定。

但在當時的蔣介石看來，對他最大的威脅，似乎來源於當時逐步壯大的中共並非日本，加上在國民黨內部，資歷不低於蔣介石，又處於蔣介石對立面的胡漢民一直強調，抗日重於剿共，這更加劇了蔣對國民黨內部的反對派與中共聯手與其抗衡的擔憂。「攘外必先安內」，對於蔣介石來說，順理成章。道之不行，原因複雜，不可爭辯的是，歷史的發展，又一次形成了「道」讓路於「勢」的局面：國民黨與中共的衝突，並沒有因為中共的宣言而減少。

而張學良的東北軍與日本孤軍奮戰，軍力消耗，張對蔣不滿，為日後的西安事變已經埋下伏筆。三月十一日，張學良通電辭職，即是張不滿於蔣的具體表現。

翌年二月，蔣特派張為豫鄂皖三省剿「匪」副司令，此前，張在杭州曾向蔣表示欲任侍從室主任，隨侍學習，未果。而對三省剿「匪」副司令職，張初擬不就，但在其時，蔣聲勢正隆，張只好就之。蔣又一次將張的部隊置於與中共內耗之上，對於張來說，為了再登政治舞臺，不得不在「勢」的逼迫之下，做出違心選擇。一九三五年這一年中，張學良幾乎無暇顧及「家仇」日本，大部分精力，都放在與蔣介石共同「剿匪」之上。對於張來說，這種姿態，不得不擺。

但是，若因此說蔣介石不抵抗，也並非公允之語。一九三五年的華北事變，已經讓蔣介石注意到了日本的西進之勢。但是蔣當時判斷日本西進的主要目的，是造成對蘇聯的合圍勢態，因此並未給與足夠重視。

一九三五年張剿「匪」的「積極姿態」，一方面提高蔣對其的信任程度，另一方面，卻使張和中共方面有了較多的接觸。張「既不信任國民黨南京當局有抗戰決心，又疑心蔣介石有借刀殺人之意」，這一消息被中共獲悉之後，成了中共聯合張學良最重要的籌碼，中共經過精密籌畫，到了一九三六年六月份延安會談之時，周恩來已經直截了當地勸張反蔣了。

但張學良並非一介草莽武夫，雖然已經決心自成局面，但是他的計畫依然小心謹慎。因為他很清楚，此時還並非他揭旗反蔣抗日的成熟時機。這是因為，第一，「要把他家這莊大房屋的一角（靠他住的一邊）完全拿過來」，還需要相當努力；第二，要「把他的幾個傭人都練為強幹的打手」，也並非一朝一夕能夠完成；第三，僅以東北軍和紅軍之力，要對付蔣介石的國民黨中央軍，又要實行抗日，實在難以想像。因此，他要等待時機，而這一切，到了十二月，才讓張學良覺的已經成熟了。

讀《民國人物過眼錄》，看其中的黨人之爭，發現歷史的發展並非總是基於「道」，大多時候是迫於「勢」，這種歷史發展的路徑，使國家和民族在歷史面前，有時喪失許多機會，比如，在一九三三年之際，蔣張皆能置民族大義於地方利益之上，上下齊心，必不至於讓日本對於中國的野心擴張如斯，而之後蔣、張、閻（錫山）、白（崇禧）等人在對日問題上，莫不存在保存自己嫡系實力的想法，與此前如出一轍。再如抗戰結束之後的政治協商會議，若蔣介石可以放棄獨裁的權力野心，當時的中國，正是一個因為存在權力制衡而走上憲政道路的最佳契機。可惜，具往矣。而我，讀此書，不知為何，眼前總是閃現出楊奎松曾經和我講過的殘酷童年。

一杯毒酒，他卻甘之如飴

一九三七年盧溝橋事變，中日戰爭全面爆發。但是在當時的中國，對日本的態度並不統一。當時的「和」或「戰」並非如我們今天以「錯」或「對」加以評判這樣容易。比如說胡適，雖然之前因為主張不可輕易對日宣戰而備受非議，但此時依然主張「外交路線不可斷」。一九三七年三十一日，胡適日記記載：

蔣先生約午飯。在座者有梅（即梅貽琦）、伯苓、希聖、布雷、蔣夫人，極難談話。蔣先生宣言決定作戰，可支持六個月，伯苓附和之。我不便說話，只能在臨告辭時說了一句話：「外交路線不可斷，外交事應尋高宗武一談，此人能負責，並有見識。」他說：我知道他。我是要找他談話。下午汪精衛先生到了南京，找宗武去長談。談後宗武來看我，始知蔣先生已經找他談過了……

當年讀《胡適日記》，還真沒有注意到這個在一個下午被國民黨第一號、第二號人物連續接見的高宗武，後來讀到范泓先生的文章〈從政七年如咯血〉，才對這個人注意起來。

范文中屢屢提及的高宗武未刊回憶錄，之前少見史家引用，在以往論及「高陶事件」文章中，做為主角之一的高宗武的說辭也竟然一直缺席，最近中國大百科全書出版社將塵封了六十多年的《高宗武回憶錄》首次出版，其意義自不待言。

不過，讀這本《高宗武回憶錄》，疑惑接踵而來。

其一是高宗武對於自己過去經歷的矛盾態度，高宗武當年追隨汪精衛從事所謂「和平運動」，當然是大節有虧，卻又在關鍵時刻反戈一擊，令汪精衛陣營中另一重要人物周佛海恨之切切，稱之為「動物」。但是對於當年從事「和平運動」的種種，先後有美國學者約翰·亨特·波義耳和史學家唐德剛相繼訪問高宗武，高對當年事的態度都是諱莫如深；但是另一方面，高宗武卻早在一九四四年就完成了他的回憶錄，並且積極謀求出版，據陶希聖的哲嗣陶恒生的文章，我們可以知道，當年高宗武的這份文告至少和六家出版社接洽過，而且，為了出版該文稿，高宗武還曾經找胡適做介紹人。讀高宗武自己為此書所寫的序言，在他心裏，這本是寫給當時正在於日本作戰的美國的，「他非常希望這本書能夠在年底（一九四四）以前出版，以提供給直接關係戰事的人士」。陶恒生在文章中如是說。讓我疑惑的是，當年高宗武渴望出版回憶錄的熱切態度，和後來面對訪問者的淡漠，二者之間竟然有如此巨大的反差。關於此，我有一點個人的猜測，稍後就說。

還是先說高宗武，一九三一年，二十五歲的高宗武從日本九州帝國大學法學院畢業，學成歸國後，曾在《中央日報》擔任特約撰稿人。高自己認為那份工作「了無前途可言」，但是，范泓在〈從政七年如咯血〉說「蔣介石卻很欣賞他分析日本問題的文章」。作為最高領袖的蔣介石，如何在日理萬機的狀態下注意到高宗武這個毫無背景的年輕人，讓我覺得大為蹊蹺，不過根據後來蔣介石對於高宗武的倚重情況來看，這種情況當為屬實。別急，答案這就揭曉，原來，高宗武有一好友裴復恒，時任委員長侍從室上校秘書。高宗武的文章為何能如委員長法眼，自然也就不奇怪了。當時裴還推薦高入侍從室工作，不知道為什麼高宗武在經過了一番與蔣介石的長談之後沒有去。這也是我的疑惑之一，想蔣介石當時在中國是何等人物？可是隨便可以拒絕的？但是高宗武拒絕之後，也並沒有什麼不好的後果。

一九三四年初，高宗武以日本問題專家，在汪精衛的出面之下，進入外交部，次年五月就升任外交部亞洲司科長，一個月後有兼升亞洲司幫辦（副司長），不久後又升任司長。其擢升之快，令人瞠目，這也不由人不疑惑。

而當時外交一致認為高是汪的人，以高層政局中人物關係之微妙，蔣對高的印象竟然「一直不錯」。另外，甚至在高宗武根著汪精衛到了上海之後，汪精衛還對高說：「蔣介石不放棄你，你也忘不了他」。但是就是在這樣的局勢之中，高宗武在這兩位大人物之間竟然遊刃有餘，其在政治上的長袖善舞，可見一斑。但是，當時的高宗武，和汪是怎樣的關係？和蔣又是什麼關係？高宗武在他的回憶錄中說他和汪的一面比較多，涉及到他和蔣的一面卻比較少，作為局外人又是後來人，我們實在不好妄加猜測，這是我讀這本《回憶錄》的疑惑之三。

還有疑惑之四。一九三八年，高宗武受蔣介石指派，到香港以「宗記洋行」辦理商務的名義，「代蔣負擔對日聯絡與覓取情況的工作」，七月初，高宗武在沒有經過蔣介石允許的情況下去了日本與日本陸軍大臣、參謀次長等重要人士會見，並在無意中把汪的「和平主張」透露給了日本人，以至於一個月後日本內閣通過了《適應時局的對中國謀略》，決定「推翻中國現中央政府，使蔣介石垮臺」。范泓在他的文章中認為高是在蔣不知情的情況下去的。當時讀范泓的文章，就暗生疑竇：以蔣介石的疑心之中、耳目之廣，對於高的這一重大舉措，怎麼會不知情？此次讀高宗武的回憶錄，看到陶恒生在〈譯序〉中說高一出海，蔣介石便得到了情報。疑竇才解。不過一疑隨解，又生一疑，即蔣介石當時為何沒有組織高宗武，卻任之縱之？以至讓高宗武的日本之行造成後來那樣嚴重的後果？另外，據陶恒生在〈譯者後記〉中說，一九六七年，高宗武曾經去過臺灣，當時蔣介石還健在，以蔣介石的性格，若是高宗武曾經有過「背叛」的行為，怎麼會允許高宗武入臺？

范泓在〈從政七年如咯血〉一文中，對高以文人身份從政頗為可惜，然而，如果拿《高宗武回憶錄》和陶希聖的《潮流與點滴》對比閱讀，我倒是覺得，陶希聖身上的文人氣質更多一些（順便說一下，陶希聖的文筆，非常漂亮，讀起來幾乎讓人欲罷不能），但高宗武，確是個政治人物。且看《高宗武回憶錄》中高陶出走的細節：

原來他跟我一樣知道船期。不過在政治圈子裏誰也不敢承擔太多。於是我說：「這麼大的事情得慢慢來。你最好再考慮看看。明天告訴我你的最後決定。如果你決定走，我認為三號的『柯立芝總統號』最好。日本人不大敢惹美國船，即使他們恨美國人。」

雖然我早已買好他和我的船票，我補充說：「等你決定好了，我去給你買船票。」

陶一直是我的好朋友，但是，我說過，政治是危險的。

正是對於政治規則如此諳熟於心，才讓高宗武能在蔣汪之間左右逢源。短短七年從政，政治在多數人看來是「毒酒」，對高宗武，卻是甘之如飴。不知道這樣說，是否有些刻薄古人了。

現在，該說出我的猜測了，一九四四年，高宗武那麼熱切的想出版自己的回憶錄，也許是想借此在當時美國與日本對峙的局面中，在美國謀求出路。我們看《高宗武回憶錄》，描寫日本的內容占了一半的篇幅，而另外一半的內容，也多是說汪和日本的糾葛，而對於他和蔣的關係，則很少著墨。高宗武的期望落空了，也怪不得他面對後來的訪問者那麼諱莫如深。

第六輯

聆聽前輩

陶菊隱又如何？

事出曹汝霖。先容我抄書：

曹住在天津，日本人認他是中國眞正的親日派，日本信任得過的中國人也只有他一個。天津常有防空演習，凡燈光外露的例須拘禁屋主人。有一個曾任前清總督的老翁因此被捕。一天，日本憲兵發現曹宅也有燈光，將要進門來盤問，曹站在陽臺上向他說：「用人一時不小心，你把他帶了去。」

憲兵告以帶主人不帶僕役。曹說：「你認得我否！」

「我認得你，你是曹汝霖。」

「認得我就好說話了，曹汝霖在中國是著名的賣國賊，你爲什麼要拘我！」

「不是我要拘你，我是執行上級的命令，命令不容對人而有所變更。」那個憲兵不再往下說，沖進門來跑上樓，忽然看見曹汝霖在打電話給他的最高司令，電話打完了，曹回頭來說：「命令是不是可以變更的呢！」

那個憲兵行了一個舉手禮說：「我是來向你敬禮的。」

以上段落，出自陶菊隱所著《天亮前的孤島》，因少見，所以抄錄在此。敘述有聲有色，曹汝霖漢奸形象一下子躍然紙上。然而細讀之下，覺得基本事實應有，具體細節卻值得推敲。曹汝霖是賣國賊不假，但，曹汝霖是否會自稱「賣國賊」，卻值得商榷。「賣國賊」這個稱號，連三歲小孩都知道是一個冒天下之大不韙的稱呼，曹汝霖豈能不知？陶書中曹的口吻，於情於理，似乎都說不過去。而且，日本憲兵態度的瞬間轉變，也太過戲劇性，若是拍成電影，定能帶給觀眾強力的視覺衝擊，但是歷史有時，卻沒有如此的戲劇化。

前兩年，《武夫當國》出版，陶菊隱的名字又開始被人們熟知。

其實，陶菊隱享有盛名並不始於今日。民國期間新聞界有「南陶北張」之說，「北張」是張季鸞，「南陶」就是陶菊隱。

其根據自身見聞撰就的《菊隱叢談》，曾經影響了一代研究近代史的學者。《天亮前的孤島》

便是其中一冊，其中涉及曹汝霖的段落，我初讀之時便疑竇叢生，可是但是沒有其他材料作證，只能存疑。

最近，讀中國大百科全書出版社出版的《曹汝霖一生之回憶》，在書中果然看到陶菊隱所講的那一事實。在當事人的回憶中，其具體過程與陶書敘述大相徑庭。據曹汝霖自述，與日本憲兵發生此次衝突，是曹利用自己與日本人的關係，屢屢為中國人「抱打不平」，因此遭到日本憲兵的疑忌。衝突發生之時，曹的家僕遭日本憲兵暴打。依照此說，曹汝霖非但不「賣國」，頗有幾分「愛國」了。

沒有替曹汝霖翻案的意思。曹汝霖附日，是不爭的事實，因此，他已經被釘在歷史的恥辱柱上，為人不齒。但曹汝霖之附日，並非始於眾人所熟知的五四運動，也非此前發生的「二十一條」，而是在中日戰爭全面展開之後。

對於五四運動，曹的回憶錄中有相當篇幅的描寫，在他筆下，火燒趙家樓的喧囂，恍如昨日，憤憤之情，溢於言表。不過，除去曹氏為自己辯護的因素，曹說自己與陸徵祥一再據理力爭，都可能造成亡國條款的第五條，始終沒有退讓，「會議結果，雖不能自滿，然已盡最大之努力矣」，應該是可信之言。

曹氏一生，晚清即入仕，位至外務部副大臣；民國以後，先後供事於袁世凱與段祺瑞，由外交部次長而交通總長，後又兼外交總長和財政部長，其眼中的袁世凱、段祺瑞、張學良、吳佩孚等北洋時期的要人，與我們平常瞭解到的情況，迥然有別，若不因人廢言，曹對這些人的評價是值得重視的。

歷史原本多面，但是長期以來，我們卻只能看到硬幣的一面。就拿曹汝霖來說，其參與「二十一條」談判，終屬大節有虧，然而究竟起來，曹雖然是當時的政府要角，但畢竟不是決策者，弱國無外交，處於當時歷史情境之下，曹之表現，只能讓人一聲歎息。及至五四運動，曹汝霖成為近現代史上人盡皆知的人物，但是對於其日後與日本人的糾結，卻又不得而知。歷史果真是任人打扮的小姑娘麼？

曹氏晚年作此回憶，自稱「飽諳世味，毀譽皆忘」，「關於及身之事，必求真實，不自隱瞞」。縱覽此書，曹氏對於被迫退出政壇之後，與日本的糾結亦一一道來，於華北淪陷後，其擔任華北政府高級顧問之史實，對自己雖有回護，但是保持了基本真實。頗有「人之將死，其言也善」的況味。

而回到文章開頭說到的陶菊隱，陶氏在新政權建立之後出任上海文史館副館長，在文史領域卓然成家，但是面對歷史，我想說，陶菊隱……，陶菊隱又如何？

李澤厚：《論語》非聖經

陳　遠：李老師，想跟您聊聊《論語》。

李澤厚：我不想談。國內現在關於《論語》的爭論很大，很多地方來過電話，我都沒有講。我不想加入爭論，關於這場爭論的一些具體情況也不瞭解，我倒是想聽你講講這場爭論的各方各派。

陳　遠：這些以後我細細跟您聊，但是現在我想暫時拋開這場爭論。單純地探討一下《論語》。

李澤厚：其實爭論是拋不開的，今天要談《論語》，自然就會牽扯到這爭論，我們如何來讀《論語》？今天為什麼要讀《論語》？《論語》是不是評考證就能讀通？都跟現在的爭論有關。更重要的是，讀《論語》背後的複雜因素，一些人正在大搞復古主義，結合各種民間迷信，花大量錢財建廟宇，立巨像，搞祭拜，知識人也大倡立孔教、辦國學，主三綱、穿漢服、貶五四、罵魯迅，反對過聖誕，要用七夕代替情人節，用孟母節代替母親節，用孔子紀年代替西元紀年，形形色色，熱鬧得很。我說乾脆星期六星期天也不要過了，那也是基督教的嘛。所以，我以為這場爭論要放在這樣一個特定的大語境（還不只是「語境」）中來看，它不只是如何讀《論語》的問題。

陳　遠：但是我覺得還是可以做一些深層次的探討。現在的《論語》熱，我覺得，不是因為于丹出現了，《論語》熱了；也不是因為李零出現了，《論語》才熱了。而是有一種內在的規律讓《論語》熱了起來。這也讓我想起上個世紀八十年代的美學熱。這兩種熱潮雖然不相干，但是熱度很相近。《論語》為什麼在這個時候熱了？而不是上個世紀的八十年代？

李澤厚：「《論語》熱」當然不是因為于丹或者李零，恰恰相反，大家想回歸傳統，他們才被推了出來。「《論語》熱」說起來原因也簡單，在毛澤東時代過去之後，人們需要信仰，想追求一種信仰以安身立命，處世為人。現在人們的物質生活改善了，去年我在《答問錄》中說到「現在是『四星高照』，聲色犬馬」，聲就是music，色就是sex，犬就是dog，寵物，馬是什麼呢？汽車，car。這就是現代生活，無可厚非，但是在這樣的狀況下，大家又都很迷茫，怎麼樣安身立命？怎麼樣為人處事？中國沒有《聖經》，大家就都到《論語》中去找了。但我以為今天中國需要的，還是「德先生」、「賽先生」。二〇〇四年我說：今天中國還是要啟蒙，不要「蒙啟」。（見《答問錄》）

陳　遠：這正好是下面我想問的一個問題：在今天的語境之下，如果說我們需要的還是「德先生」、「賽先生」，還是「啟蒙」，為什麼還要讀《論語》？應該怎麼讀《論語》？當初讀您的《論語今讀》，感覺有很多問題您在那裏並沒有展開來講。

李澤厚：《論語今讀》對一些問題的確一帶而過、點到為止。留下了很多空白，例如《今讀》中說到白牧之、白妙子夫婦的《論語辨》時曾說：「《論語辨》重語錄的具體情境性，《今讀》重語錄的意義普遍性；一為考據性分疏，一乃哲學性闡釋；一吻合學術新潮，徹底解構《論語》，抹去作為中國文化符號之孔子形象，一率仍舊貫，又力圖新解以重建。」就是說，讀《論語》有各種讀法，有歷史讀法、哲學讀法，其實還可以有崇拜讀法、批判讀法、消閒讀法，等等等等。自由選擇，多元並存。至於說怎麼讀最好，我覺得我沒有能力回答，也不喜歡回答這個問題。但是要說讀《論語》，一定要弄清楚孔子是什麼人，他的原話願意是如何說的？我看這個可能性也不太大。因為《論語》與孔子的關係就並不很清楚，傳統的說法，《論語》是孔子弟子（曾參和有若）的弟子的記錄，再傳弟子傳太老師的話就未必準確，又是一派弟子傳的，更難全面，所以康有為說，假使子張的學生來記錄，孔子和《論語》的面目就大不一樣，因為曾參和有若強調修養（內聖），而子張是強調政治的。而從崔東壁到白牧之，好些人懷疑《論語》的一些篇章甚至絕大部分乃偽造，與孔子無干，這是他們「考證」出來的結論。《今讀》也解說了這個問題，所以我雖極重考證，愛看考據文章，卻不迷信、崇拜考據。

陳　遠：那麼您覺得重要的是什麼呢？

李澤厚：重要的這本書到今天能給我們什麼意義？我們到底需要什麼？讀《論語》還是要從今天的現實出發。所以我提出「重意義的普遍性」，即古今中外都適用的原理原則。

陳　遠：您覺得《論語》能給我們提供剛才您所說的「德先生」、「賽先生」這些現代觀念嗎？

李澤厚：不能。這些觀念是現代生活中產生出來的，孔子當然不能提供。但是除了現代觀念，中國還需要其他的東西。《論語今讀》中曾經說宗教性道德和社會性道德，孔子提供這個民族以生存的智慧，其中包括生命價值、人生態度、道德理想、境界情操以及勤勞、樂觀、堅持不息等等，它具有一種普遍性。

陳　遠：這些就是您認為《論語》為現代生活提供的資源？那麼你反對是什麼呢？

李澤厚：當然不止這些，《論語今讀》裏說過很多了，我不想重複。十多年前我對抗當時的反傳統熱，開始寫作此書。但今天我卻要強調，不要拿《論語》或者孔子來掩蓋、沖淡和轉移我們現在所需要的最基本的東西。

陳　遠：長期以來，我讀論語，有一個疑惑，是關於《論語》的界限討論的。我覺得《論語》作為一個修身的文本，是一套非常完美的體系，一旦它跨越了這個界限，進入了「治國平天下」這個層面，是非常要不得的東西。但這似乎是個悖論，後世人談《論語》，津津樂道的恰恰是它「治國平天下」的功能。您怎麼看？

李澤厚：剛才不是說過嗎，因為《論語》本來就是兩派，曾子一派主張修身，子張一派主張治國。現在流傳下來的《論語》主要講修身，它怎麼能用來治國呢？但宗教性道德會對社會性道德有範導作用。值得好好研究。

陳　遠：這也是我正想說的，恰恰在過去，《論語》所表現出來的，是對於過去歷朝歷代的政治制度都產生了重大的影響。您怎麼看？

李澤厚：過去兩德是一個東西，不可分開，從孔子到荀子，再到董仲舒，《論語》對社會制度有建構（不只是範導）作用，但這也不完全是《論語》。儒家吸取包容了很多法家、道家、陰陽家的東西，這正是真正的儒家的特色所在，有轉換性的創造，不盲目排外。

陳　遠：那您覺得我們今天需要一個什麼樣的孔子？

李澤厚：我沒有答案，我更願意把它作為一個問題提出來。我不贊成的是復古主義、民族主義的孔子。漢代有素王的孔子，宋儒有聖人的孔子，康有為民主的孔子，孔子的形象是不斷在塑造過程中間的。

陳　遠：過去有很多家對於《論語》做過注疏，您都怎麼看？

李澤厚：做完《論語今讀》，關於《論語》的新東西我沒看。《論語今讀》引用最多的是程樹德的本子。之所以做《論語今讀》，就是對以前的本子不滿意。

陳　遠：您在《論語今讀》中曾經提出過一個問題，我覺得非常重要，那就是解讀《論語》，第一步的工作是解構，但是只有解構是不夠的，更重要的工作是重建。那麼您認為該怎麼重建？重建的難度在哪裡？

李澤厚：這是個很大的問題。與其現在言之鑿鑿地說如何重建，不如大家一起努力，嘗試去做。重建的難度，在於孔子不是神，假如孔子是神，就不難了。但《論語今讀》說《論語》有「半宗教性」，就是想為重建做些工作。

陳　遠：《論語》不單是一個閱讀的文本，更重要的是落到實踐上。您怎麼看？

李澤厚：我贊成你這種說法。《今讀》曾引用程頤：「讀《論語》，未讀時是此等人，讀了之後又是此等人，便是不曾讀。」讀《論語》，更重要的是落實在自己身心上，這也是《論語》的特點，不同於亞里斯多德、柏拉圖的「哲學」。但是孔子又不是神，他說的話並非句句是真理。

余英時：《論語》只能「冷讀」，不能「熱讀」

陳　遠：您曾經在《當代儒學的困境》中對於儒學的境況做過論述，現在國內讀《論語》非常熱，各種爭論也很多。我不知道您對這種情況怎麼看？

余英時：我知道，好像現在《論語》在電視上大出風頭。我的看法是這裏的情況很複雜，動機也不一樣，不能簡單化。在當權派來看，他們大概是希望《論語》能起到和諧的作用，他們所注重的點就是希望大家能安貧樂道，窮人沒有關係，窮還可以樂，所以就不必追求財富，也不必羨慕別人，這樣不滿意現狀的人就會減少，這是一個層次；另外一種層次就是中國民間確實有精神空虛的問題，因為沒有信仰。在這樣的情況之下，一般人都要找一點價值，價值等於精神食糧，沒有價值觀念就沒有是非、不知好歹、無法判斷，人就沒有辦法活下去。所以就要尋求價值，尋找中國自己的《聖經》。而《論語》就相當於西方的《聖經》一樣。《論語》是幾千年來大家公認的第一步寶典，所以大家都想在裏面找東西。

陳　遠：那麼下面的問題就出來了，《論語》應該怎麼讀呢？

余英時：幾千年來，大家都在讀《論語》，讀法不一樣，重點也不一樣，每個時代的讀法都不一樣，漢代一個讀法，宋代一個讀法，清代人搞考證又是一種讀法。現代人當然可以抓自己想找的東西，但是這個問題跟古典的文字訓練有很大關係。如果沒有文字訓詁的基本訓練，只憑現代人的直覺在那裏望文生義就會有很大的問題，我聽說有個笑話，說《論語》中「民無信不立」的「信」解釋成「信仰」，那就荒謬到極點了。其實不光內地，幾十年前臺灣也鬧過這樣的笑話，臺灣的「教育部長」也是這樣講的，「信仰」嘛，就是「三民主義」啦。沒想到幾十年後，內地重複同樣的笑話，而且不謀而合，這就是沒有基本的閱讀經典的能力，只是根據個人價值上的需要，任意取捨，任意解釋，這恐怕不算是真正意義上的讀《論語》。《論語》根本不能熱，只能「冷讀」，不能「熱讀」。「熱度」的話，《論語》就完了。另外一個，讀《論語》，還不單單是個閱讀文本的問題，也不是一個建構理論的問題，越是這樣做，離《論語》的真相越遠，而是一個實踐的問題，所以古人說：讀《論語》「念一句受用一句，得到一句就是一句」。比如說梁漱溟先生、陳寅恪先生、吳宓先生，他們都沒有關於《論語》系統的著述，但是他們身上體現出來的，恰恰是《論語》中的精神價值，他們才是認真讀《論語》的人。

陳　遠：既然《論語》是一個需要「冷讀」的文本，那麼知識界對於《論語》表現出來的這樣巨大的熱情又是為什麼呢？比如說新儒家的詮釋，比如說李零先生考據式的解讀。

余英時：這個問題很難說，一個很古典的東西，要把它普遍化，沒有很高的學術水平的話，就會發生各種各樣的誤解，跟《論語》不相干，只不過是借著《論語》說自己想說的話。比如你說的新儒家，他們的預設根《論語》本來就不相合，他們的那套東西是從德國的唯心論裏面來的，把黑格爾、康得都卷了進來，中國思想史上本來沒有那樣的問題，如果要講發展中國哲學與西方結合，那是一會事兒，但要是說這是《論語》留給我們的教訓，那就不一定了。這個問題就像一團亂絲，很難清理。

陳　遠：現在《論語》這麼熱，您對儒學現狀的看法還像您過去那樣看嗎？還是有所改變？

余英時：我認為現在的儒學現狀有一種抵抗西方價值的傾向，希望能在《論語》中找到許多東西，讓我們可以排斥西方的某些價值，比方說人權、自由，那些東西都可以不要了。我們有自己的價值，可以不跟著西方走，馬克思主義裏的東西，再找一個代替品來取而代之。這樣子就可以不受西方的挑戰。這恐怕就比較難了。但是有個外國人通過《論語》的譯本，讀出了《論語》與民主自由是相合的，不是相反的。

陳　遠：通常人們都認為《論語》中沒有「個人」，注重的是「二人關係」，與西方的觀念是針鋒相對的，但是我覺得與其探討中西文化的不同，不如尋求中西文化的共通之處，《論語》有很多關於「己」的論述，就是關於個人的，您覺得《論語》與西方的觀念是格格不入的嗎？

余英時：你這個基本判斷非常對。《論語》每個人讀出來都是不同的，不過我覺得《論語》有些基本的東西是不能亂解釋的。從前胡適講《論語》，講中國自由的起源，他說「為人由己」，「由己」就是「自由」。這是講「意志自由」。我覺得這樣講是對的，如果不假定人有「自由意志」的話，那就不能成就道德，我為什麼要作一個仁者？為什麼不能做一個不仁不義的人呢？所以我認為像「自由」「平等」這樣的觀念，佛家早就用過，跟《論語》某些觀念是可以相通的。《論語》中有歷史的部分，限於當時的歷史情境，跟我們今天不相干了。但是《論語》有很多普遍性說法，普遍性的說法具有普遍性的價值，這些普遍價值在人類很多高等文化中都有的，只是說法不同，名詞不同。所以我不認為《論語》與西方的觀念是針鋒相對的。《論語》那些關於「己」的論述，就是關於「個人」的。

陳　遠：過去有很多家對於《論語》做過注疏，您都怎麼看？

余英時：我認為讀《論語》，如果有現代的翻譯，就很好了。比如說我過去讀過的楊伯峻的譯本，就是很好的譯本，基本上是很正確的，就是有可以商量的地方，也很少，受時代局限很小。李澤厚先生的《今讀》，是思想家的讀法，有他自己的思想在裏面，他不是要講《論語》原來是什麼意思。另外我的老師錢穆先生的注本，也是相當好的。如果把錢先生和楊先生的書合起來對著看，對於《論語》的理解就不會差到哪裡去，這是我的看法。

陳　遠：我也有一個看法，跟李澤厚先生很相近，我覺得讀《論語》，僅僅有文句的解釋是不夠的……

余英時：可以有發揮，那是我們的工作了，也是這個時代需要的。但是無論想給《論語》一個什麼樣的現代性的解釋，第一步首先要對原來的文句講清楚，對於《論語》，可以同意，也可以不同意，還可以與它爭辨，但是前提是把原來的意思搞興趣，不能完全做到，但要儘量的接近。否則的話，何必還要講《論語》呢？自己單搞一套哲學就可以了。

陳　遠：那麼您覺得《論語》對於我們現代人，有什麼啟示呢？

余英時：如果承認《論語》有塑造文化的作用，才好談這個問題。《論語》的本來面目，有很多被搞得面目全非，比如說剛才我說的「民無信不立」的例子。然後再看看《論語》中的價值系統，對於我們今天還有什麼意義，還可以不可以引申發揮。比如說孔子講了很多「君」的問題，在今天就不存在了，孔子講「忠恕之道」，「忠」並不是「忠君」的意思，朱熹講「忠」，是「盡己」，這個解釋就可以為今天可以為今天可用，「恕」就是寬恕，就是對別人容忍。這樣看，「忠恕之道」這樣的價值，對於我們今天還有價值。比如說「六十耳順」，就是聽得進去別人的話，跟我有不同的意見，不反感，這是容忍的態度。後來人們講「朱陸異同」，就是說《論語》不是一個解釋，可以有不同的解釋、有不同的觀點的存在，這樣就進入現代我們所說的多元的觀點了，而不是一元論的，從這一點上講，《論語》可以有很多啟示的。《論語》中有很多是可以為今天所用，超越了時代性，不分古與今，永遠是普遍價值，而且範圍極廣，包括做人、讀書、做學問等各個層面，比如「己所不欲，勿施於人」，比如「三人行，必有我師」，比如「思而不學則殆，學而不思則罔」，都可以成為現代文化的非常重要的一部分。

陳　遠：長期以來，我讀論語，有一個疑惑，是關於《論語》的界限討論的。我覺得《論語》作為一個修身的文本，是一套非常完美的體系，一旦它跨越了這個界限，進入了「治國平天下」這個層面，是非常要不得的東西。但這似乎是個悖論，後世人談《論語》，津津樂道的恰恰是它「治國平天下」的功能。您怎麼看？

余英時：「治國平天下」是後來講到《中庸》、《大學》才有的，那已經是非常遲的東西了。從《論語》來看，還是講個人修身，從近處開始。我曾經講過儒家的規劃的問題，也曾講過《論語》主要是講修身，它也講到「平天下」的問題，但是不多，《論語》第二篇講「為政」，就是講「平天下」，《論語》主要講的還是一個倫理的社會秩序，不是政治制度。但是有一點要注意，孔子那些話，是對「士」這個階層講的，他的對象是將來在社會上占領導地位的人，所以他講「君子喻於義，小人喻於利」，對於老百姓來講，孔子的意見是先要豐衣足食。現代人對於孔子和《論語》有誤解和曲解。對於「君子」和「小人」的觀念，我也有過文章分析，你可以找來看看。

陳　遠：最後一個問題，您覺得我們今天需要一個什麼樣的孔子形象？是「至聖先師」，還是一個原原本本的孔子？

余英時：我想「至聖先師」——一切都以孔子為模範——在今天不大能夠成立，在多元化的今天，說中國的思想，不能光說《論語》，也不能光說儒家，老子何嘗不重要？莊子何嘗不重要？韓非子何嘗不重要？我想今天來看孔子，應該把他看成最早提出精神價值的一個人（因為從現在的材料來看《老子》成書在《論語》之後），一個很平平實實的人，一個實踐了自己道德和精神價值的人。而不要把他裝扮成一個深不可測的人。如果孔子深不可測，與一般人也就沒有什麼相干，「道」也會遙不可及；也不要把孔子裝扮成十全十美的聖人，今天也不能勸人做「聖人」，而是要勸人做「君子」，也就是孟子講的「富貴不能淫，威武不能屈，貧賤不能移」。這就是把價值放到自己身上了，而不是嘴上講講或者寫寫文章。

許倬雲：《萬古江河》是思鄉，更是對中國的期望

一、中國「和而不同」、「陰陽二元論」以及「變化」等觀念，對未來世界更爲適用

陳　遠：讀完《萬古江河》，我似乎感覺到您有一種思鄉的情緒。是這種情緒促使您把中國的過去歷史化嗎？三年前您開始進行《萬古江河》一書的創作，能談談您創作此書的契機所在嗎？

許倬雲：是有一點，但是我這種思鄉的情緒不是那種濫情式的思鄉，我更希望的是中國人在面對正在轉變的重大關口時，瞭解其位置，不能閉關自守，應該開放心胸，承認自己是世界的一部分，不要總是關著門。這種情緒，與其說是思鄉，毋寧說是一種對於中國的期望。

至於說寫這本書的契機，當然不只這些，我寫這本書的想法已經相當久了。這個想法

是逐漸逐漸發展起來的。過去在做比較文化研究的過程中，我就發現世界正在走向一個不能分的整體，我已經感覺到了全球化的現象，後來的演變也果如我們所料。我有這種想法大概已經將近三四十年了。

尤其是二十年前開始，在前二十年的時候，我參加一個由一批社會學家，文化人類學家以及歷史學家組成的會議，那一系列會議的內容就是比較各種文化走的方向以及他們在面對重大關口時如何度過的問題。

從那時起，我在心中就開始醞釀這樣一種想法：世界雖然不改變，但是每處關閉的故鄉都不能不開門了。所以，與其閉關自守，發抒濫情式的思念，不如指出方向，指出這個故鄉是要不斷擴大的，最後我們真正的故鄉就是這個地球，大家全體在一起的大的故鄉。

這個工作在三十年前有了大概的想法，二十年前逐漸逐漸明確，等到開始寫《萬古江河》時，我就知道得相當清楚了。

過去我有過一本書《世界文明與中國文明》，在那本書中我已經指出，人的故鄉是一個網路，這個網路是要不斷擴大的，是要逐漸成長的。

到了最後，我有一點就是對中華文化的信念。在我看來，西方文化，主要就動力來說，上帝一神論的觀點對於未來世界是不合適的，中國的「和而不同」、「陰陽二元論」以及「變化」等觀念，對未來的世界來說是更為適用的。我的思鄉裏面其實包含著這樣一種希望：中國不應該妄自菲薄，而是把這些非常合時的思想資源貢獻給世界。我深有信念，未來世界不能把獨斷的一元主義作為主調，避免不斷發生衝突。「和而不同」和「變化無窮」這八個字應該是「究天人之際，知古今之變」的鑰匙，這把鑰匙，我們中國人手中是有的。

陳　遠：在序言中，您提到：「本書各章的標題，得益於梁任公《中國史敘論》中所述的觀念」，同時您又說：「本書不僅有自己設定的斷代，於各個段落的解說也有自己的認知，而毋須受任公歷史觀念的約束。」我在您其他的文章中也看到您曾經提及任公先生的《中國史敘論》對您的影響非常大。能夠具體談談在本書中，您的哪些觀念與梁啟超先生是相同的，哪些是不同的嗎？

許倬雲：我借用了梁任公階段擴張的想法，但是我跟他討論的擴張過程中的方向是不同的，梁先生討論的是上層的文化，我討論的是普遍性的文化，上下一起討論，比如說民間的信仰和飲食起居；對這些文化的交流比單純討論上層的文化更為明確、更清楚。

另外，我對於兩年前剛剛故去的一位在美國教書的埃及人——薩伊德討論東方主義的想法深有感受。我覺得薩伊德對於東方是理解的，別人想辦法懂得他的故鄉是從別的角度——東方的界定是西方人的角度，薩伊德提醒大家，我們東方自己對於東方、西方、世界，都應該有我們自己的界定。在這本書中，我也做了這樣的工作。任公先生在這方面則沒有太著眼。

比如說東方是東方自己的界定，西方是西方自己的界定，世界的界定則是全球性的最後共同的界定，在這方面我想我和任公是不同的，而和薩伊德比較接近。我也想把「他者」和「我者」的界限打開。

「他」和「我」不是對立的，而是有交流和匯合的。

二、我在以儒家為主的文明裏長大，耳濡目染，我從來沒有丟開過這種文化

陳遠：在第二章《中國文化的黎明》的第五節《中國思想體系的核心成形——孔子學說及諸子百家的辯證發展》一節中，您對孔子的思想著墨甚多，而對孔子時代的諸家則著墨甚少，這是出於什麼樣的考慮？

許倬雲：我認為孔子注重的是具體和實在的東西，和人生關係最切。道家的東西，一方面高明，一方面玄虛，對於一般人來說沒有直接的用處。

或者還可以這麼說，道家是人到老年成熟了之後用，儒家則是在壯年時用；終究，人

生是壯年的時期比較長，人要首先學會入世才能學會出世，我們不能還沒有學會入世就學會出世，對不對？我們一路成長從嬰兒到青年，做的都是準備入世的事情，把這些事情做完了，才會去想如何超脫這個世界。人生的階段裏面，「在世」的時間是比較長的，孔子所提出來的智慧，對於我們的日常生活，對於我們日常在世界上的社會性有很大的幫助。還有就是，我們究竟是一個以儒家為主的文化氛圍，我在這種文明裏面長大，耳濡目染，我從來沒有丟開過這種文化，這種文化，已經浸到我的骨子裏了。以上種種，是我之所以這樣寫的考慮或者原因。

陳　遠：誠如您所說：「中國思想對於『全面』的整合與悟解，超過了對『部分』的分析——春秋戰國時代五百年的演化，所謂諸子百家學說其實不應當看作各自獨立發展的思想流派，應當視之為經過長期的對話與辯論交織成後世兩千年中國文化的核心思想。」我對於這一觀點非常認同，而我的疑惑是，在經過了長期的對話與辯論之後，中國文化的重心為何落在儒家文化而不是其他諸家的學說？

歷史雖然不能假設，但是我們不妨假設一下，如果中國文化的主幹道不是沿著儒家這一思想脈絡走下來，而是選擇了楊朱學說或者韓非子的法家學說，今日的中國是否會呈現另外一種面貌？

許倬雲：中國如果走的是「楊朱」然後到老莊的路線，我們很有可能會成為和印度一樣的局面。如果要順著韓非的路走，就和今天的社會科學比較接近了。要注意，所謂法家，是手段性和工具性的，而不是目的性的。

他們討論的更多是怎麼治國，但是沒有講清楚為什麼治國。法家實際上是從儒家分出去的一個分支，所以你看，韓非和李斯都是荀子的學生。如果從法家的工具論發展下去，那麼中國就會發展成和相當於歐洲近古發展的現代科學，有方法而無目的。這個方向目前我發現了存在很大令人困惑的地方，目前的社會科學都走到的地步，就是我們可以分析問題到極點，但是我們找不出最後的答案來。所以目的論方面，終極關懷方面，法家提不出答案來。因為法家是從儒家裏面鑽出來的，它把這部分工作又還給儒家去做了。到了漢代，漢宣帝說得很清楚，他說：儒法是合一的，我們漢家規模不只是儒家的東西，而是儒法相合的東西。

中國比歐洲提前一千年就想到了怎麼治國的問題，不僅僅是安頓心靈，而是要兼善天下，而是要己欲立而立人，而是要別人的饑渴都是我的饑渴，而是要在一個現實的世界上做到一個理想的社會。這個夢，中國比歐洲提前一千年，歐洲的那個夢，很早就轉變到上帝那裏去了。上帝的夢轉變成所謂的理性，從理性上就發展了絕對的法律和可測的科學。

中國則不同，中國是從現實生活上發展出「己欲立而立人，己欲達而達人」，「推己及人」這一系列的理念進而達到「推己及人」地將心比心——這種理念，是一種情理交融的理想，而不是走向單純的理性。所以，你看，朱夫子走的路和康得相近，著重在理的上面，但終究走不過去，還要讓王陽明在「心」的方面做一個很大的轉彎。如果單單從純粹的理性方面，是走不遠的，必須要把人本身放進去。人本身則包括了情和理兩方面，我們不能只顧理不顧情。但是中國情理交融的治國方法最後也出現了問題，比如說人情關說啦、家族關係啦，都出來了。

中國的法律不是絕對的法律，中國的法律一直是相對的法律。這是因為情理交融的治國理想出現了問題，這種問題當然也會有它的缺陷。

陳　遠：從第三章開始，您分別提出了「中國的中國」、「東亞的中國」、「亞洲多元體系的中國」、「進入世界體系的中國」等一系列的概念，您能否對這些概念做一下簡要的表述？

許倬雲：我的表述就是，中國逐漸擴大到中國的疆界之外，所謂疆界是指地理疆界、政治疆界以及文化疆界。

中國在大的環境中，與其他文化之間，不可避免地與政治、經濟、軍事、思想、物質都有關係，關係一步步擴大：第一步的擴大是和周圍的鄰邦，比如和日本、越南、蒙古以及西北地方；第二步就要擴大得更遠，是和歐洲、美洲等等；第三步則是全球性的融合。文化的內容就必須要在全球的框架內才具有意義。中國今天經濟的繁榮就靠在全球經濟系統上，隔離的中國不能存在。

三、從歷史拋物線上，我看到的是中國一直在向多元方向走

陳　遠：通讀全書，您是把「中國」放在「世界」這一宏大視界中來進行描述的，能否這樣說，「中國」在「世界」這一宏大的坐標系中的位置，正是沿著您提出的這一系列概念逐步發生變化的？

許倬雲：對。是這樣。我所講的既是對最近二十年發展的一個陳述，也等於指向前面一個更廣大更寬闊的境界，這個境界終將要到來。

陳　遠：這正是我下面想問您的問題。在《萬古江河》一書中，您對中國數千年的歷史作了詳盡而精彩的回顧，對於「我們從哪裡來」這一問題作出了回答，我接下來想問的是「我們將往何處去」這一問題，能否展望一下未來的中國？比如說未來中國的文化將往何處去？未來中國的社會將往何處去？

許倬雲：我把過去看作拋物線，一個圖表上的拋物線，不能沒有前面半段；沒有前面的半段，我們就無法預測後面半段的趨勢。從中國歷史這個拋物線上，我看到的是中國一直在向多元的方向走。所以我預測，將來的中國在政治上將逐漸從地區上的中國，發展成在全球格局下扮演重要角色的中國。這個角色，不是霸主，而是做一個協調者。在經濟上，中國的經濟體系將會成為全球性的一部分，而不能像現在的西方世界，曾經大量浪費全球資源，來造

成局部的繁榮。中國不應當如此，而是應該處於全球性之中，有給有拿，互惠互利。

更重要的是中國的文化部分，目前，世界上主要的文化辯論的場合和論壇都在西方，以西方的話語為語境，以西方的學校做對話的場合。

中國將來也會不可避免地擔任這樣的角色，因為中國在政治和經濟的角色加重了，大家會注意到中國怎麼想，在這方面，中國應該做好的準備，準備好辯論的場合也會在中國舉行，以東方的話語和西方的話語交彙之後作為共同語境來展開辯論。

鑒於此，中國的學院不應該再有固步自封的想法，中國的學者包括青年的學生應該獲得更多文字的工具，也不應該自暴自棄，自貶中國文化。

長期以來，我們一方面有自暴自棄的感覺，一方面又有狂妄自大的虛驕。這兩種感覺都是不對的，我們應該是不卑不亢地做我們應當做的角色。

將來的社會，我們不管它會怎麼樣，我盼望出現也有可能出現的後果是。國與國的界限要提升到區域界，國內的界限要下放到地區，為什麼要下放到一個地區呢？

因為許多很現實的問題，在小的區域中更容易解決。比如說吧，乾旱地區處理水的方法和潮濕地區對待水的態度不會一樣，我在這邊早晨六點起來出太陽了，你那裏才剛濛濛亮。

我未來嚮往的社會，是一個世界性的政治秩序和法律觀念，但是執行起來，卻在地方落實。比如，福利是在地區性的群體中共同解決。所以我構想中的社會是公眾秩序和公開社會，有階層的分工。民主、人權，當然是我們盼望有的事情。民主這兩個字的內容的界定，人權這兩個字的內容的界定，不應全從美國式的界定來界定，它們的界定已有不少缺陷。美國兩百年來的富強使它們自信。各個地區的人權應該自己爭取，自己界定，不能由別人為我們爭取。

四、所有的人文科學都可以整合成一個學科：「H」

陳　遠：令人耳目一新的是，在此書中，您不只運用了歷史學的方法，而且運用了比較史學、考古學、人類學等諸多學科的方法，這種學科的交彙與融合在本書中體現得幾近完美，您能否談談在研究中如何將諸多學科融會的問題，以便後學者有所裨益？

許倬雲：一個學者，不要固步自封，不要自以為是哪一個學派或者哪一個學門的就蜷守在裏面。我們要從問題上去找，而不是從科目上去找。假如從問題著眼去想，那我們攻打問題就可以四面八方、分路合進，從社會學、人類學、歷史學哪一條路都可以攻打進去。如果死守著一個學門，就限制住了自己攻城的方向了。我們攻打一座城池，四面八方圍攻當然比專從一路打進去要好，你說是不是？

芝加哥大學已經成立了一個研究所，叫做「自然科學整合研究所」，在他們的心目中，只有一個自然科學，就是一個大寫的「S」，所有的自然科學都屬於共同一個科目；這個大寫的「S」，是不能分裂的。我同樣認為，人文學科都可以整合成一個大寫的「H」，所有的學科都可以整合在下面，不能分割開來。對於中國來說，自從學科重新分類、學校重新劃分之後，最大的問題就是學科與學科之間的界限劃分得太嚴格了，壁壘森嚴，誰都不能跨出去。最近國內有一些改變，我盼望著這種改變是走向整合的。

陳　遠：最後一個問題，關於歷史研究的方法，您對於後輩的治史者有什麼建議和期許？您對內地的史學界怎麼看？

許倬雲：說到研究方法，我是覺得，資料和問題兩方面都要注重。過去大家的方法都是從資料下手，我的意思是從問題下手，也從資料裏面看問題，在資料裏面呈現對問題的理解，資料有所改變的時候，我們的問題跟著改變。就是說做研究要有兩手的政策，左手管問題，右手管資料，兩手對著談，丟來丟去，丟出一個好東西。單談問題會流於空疏，單談資料會流於枯燥。

毋庸諱言，內地在學術的繼承和發展上與外界有一個落差，幾十年的關閉造成了這種落差。今天的年輕人目前很難說一步走到哪裡，很多基本功夫有缺陷。但是基本的功夫打扎實了之後，以中國這麼廣大的人口，人才是一定會脫穎而出的。但是，我們必須付出更多的努力，這部分努力是要靠大家一起來進行的。我為什麼到了七十多歲的時候還要寫這樣的一本書，就是想參與這樣共同的工作，把年輕人的注意力和志向拉起來。我寫這本書不是當一個研究工作，而是當作一個反省，而是當作一個年輕的弟弟妹妹們對話的方式來進行的。所以你在這本書中可以看到，這裏面是諄諄的叮囑，而不是說教。

到了我這個年歲，我就盼望替年輕人做一些提醒的工作。

陳　遠：謝謝您。

與唐德剛先生聊歷史

陳遠按：二〇〇六年，筆者曾經就口述歷史問題就教於唐德剛先生，唐先生當時年事已高，又因不慎跌倒臥病在床，無法通話。但唐先生依然不辭如我這樣一個小輩的煩擾，兩次筆答，前輩之風，由此可見一斑。

陳遠問：

一　問：在《晚清七十年》一書中，您提到中國史學有三大主流，第一是從往古的左丘明、司馬遷到今日在臺灣的錢穆教授，這一脈相承的中國傳統史學；第二則是在今日大陸一枝獨秀的馬克思主義史學派，第三則是由十九世紀的西方漢學逐漸現代化和社會科學化而形成的「現代西方史學」，您把自己劃到哪一支中呢？

二　問：說到流派，不由得就想到師承，您是胡適之先生期許頗深的弟子，您自己在著作中也屢屢提到「胡適老師」。在您幾十年的治史生涯以及您的著作之中，形成了自己獨特的史學方法論，能談談您在這方面的心得嗎？您覺得您再多大程度上是繼承了適之先生，在多大程度上是自己的創新和發展？

三　問：關於胡適晚年的學術選擇，比如說考證《紅樓夢》與《醒世姻緣》，又比如說不遺餘力的搜集《水經注》的各種編本進行考證，走的基本上是乾嘉學派考據實證的路數，與其早年的學術選擇大相徑庭，因此也遭到時人與後人的不解。但是我卻以為適之先生的這種選擇，更加貼近學術本身，這種選擇的背後其實包含著適之先生對自己學者角色的期待，在這種角色期待背後的潛在意識則是：適之先生希望為當時的學術界建立一種範式，那就是學者可以關注現實並抱有現實情懷，但是在以學者這一角色進行治學時，必須保持價值中立，必須「為學問而學問」。您對胡適晚年學術路徑的選擇怎麼看？

四　問：下面想和您聊聊口述史方面的話題。目前在中國內地，您擁有為數眾多的讀者，您的名字幾乎就史口述史的代名詞。在您所做過的眾多大人物中，哪位在口述過程中讓您感到最酣暢淋漓？哪位讓您感到難以為繼？

五　問：我覺得，經過修飾的文字往往具有極大的遮蔽性和欺騙性，也就是說，我們所接觸到的史料，或多或少都是失真的，而口述有時則可以糾正這種失真。但是如果口述人的口述與現存史料有出入時，您是如何判斷究竟何者才是真實的呢？

六　問：您怎麼看到口述史的前景？它究竟是史學研究的康莊大道，可以改變史學研究的方法和途徑？還是一條羊腸小徑，必須依附於舊有史料才可以進行？

七　問：閱讀《晚清七十年》時，我有個感受，不知道對不對。我覺得，在您看來，中國一百多年以來，一直處在轉型當中。如果我這種說法可以成立的話，那麼在您看來，那一段時期的轉型比較成功？哪一段時期是應該定型而我們卻失去了機會？

八　問：如果讓您在自清末民初以來逝去的史學家中，推薦三位最值得後人學習借鑒的史學大家，您會推薦誰？如果推薦三位在世的史學家，您又會推薦誰？

唐德剛先生一答：

陳遠先生：

謝謝來電。弟因久病，日常所用的中英文電腦皆失靈，寫字手也抖個不停。前天又跌了一跤，弄得臥床不起。遲至今天才恢復一點。就勉強塗鴉。實不得已也。務乞原諒。

兄所垂詢各條，弟即用原號碼分列於後。弟如未寫清楚，盼打電話，我們再談。

一：關於歷史學派，原無定論。弟則選擇所謂「三派」吧。至於我自己屬於何派？老實說，治史數十年，卻不敢附驥，亂找師承。為說話方便計，就無中生有，說是第四派，算是綜合三家、採長補短的現代派吧。弟在課堂裏對學生言明，此派上不見蹤影，就姑妄言之吧。

三：胡老師是不世出之才，十項全能。早年搞民主也是「逼上梁山」。搞《水經注》只是一種「嗜好」。

四：關於「口述歷史」，您對我的過獎之詞，我絕不敢當。病中簡答乞正。

「口述歷史」並不是美國貨，它是中國最優良的史學傳統之一。《史記》中最好的篇章，幾乎全是作者口述的。「鴻門宴」和「荊柯刺秦王」都是世界史學上的經典「口述」，也全是正宗「國貨」！

哥大口述史的始祖納文斯教授看到新發明的答錄機，一時靈感大發搞起來的。我那時在哥大當助教，才被召入夥的。想不到竟幹了一輩子！陷身此行，一干就幹了一輩子，言之可歎。

五：口述史料與筆述史料，本質上有多大區別，我不敢亂說也。因時而異耳。至於「口述」與「筆述」異同何在，那就標新立異的說不盡了。

六：我看口述筆述基本相同，說他們同與不同，都是說不盡的，只是運用之妙，存乎一心罷了。

七：足下所言，正是我的意思。中國歷史上的生活方式，是千年不變的。鴉片戰後（一八四二），忽然大變特變，甚至是「十年一變」。這「十年一變」至少要變二十次（兩百年，一八四二～二〇四二），大致才能變完，國家社會恢復安定，就天下太平了。何以如此？那就說來話長了。

八：中國政制，十年一變，史學亦然。第一段我選出三人，他們是已故的胡適（歷史哲學）、陳寅恪（歷史史通）、顧頡剛（古代史）。後三雄我推薦何炳棣、余英時、吳相湘，以知名海外為主。

唐德剛先生二答

陳遠先生大鑒：

暮年握筆，耳腦爭鳴，障眼有紗。初以為勉力作書，或可改善，孰料每況愈下，幾至失明。此信只好請老伴代書。內子吳昭文，臺大法學院畢業之後，曾通過政府高等考試。嗣留美再獲碩士學位。反臺在學政界，本可前程似錦，不幸滯美誤嫁老朽，淪為兒女乳媼，甚為可惜。然渠小楷秀麗，文筆超群，兒女成長之後，老媼終是人材。如今就她代勞。以下就由她代做記錄吧！弟在病中無法執筆，亦不得已也。萬請恕之，幸甚，幸甚！！

唐德剛答第二問如下：

禪宗六祖的學生或問半山和尚曰：「汝肯先師也否？」和尚答曰：「半肯半不肯。」問者再問曰：「何不全肯？」和尚答曰：「全肯則辜負先師也。」一次在胡家，某臺灣訪客亦以相同問題問我，我即以相同言語回答。全堂賓客聞之大笑，說我在老師面前開這樣玩笑。我說這故事是老師自己說的，胡老師在一旁也為之點頭大笑不已。

胡適先生本人基本上乾嘉學派的後起之秀。據他自己說他之成為現代學術的尖兵，是他在康奈爾大學翻大英百科全書談考據專章，忽然靈感大發，偶然搞起來的，不意竟成終生的興趣。

胡先生的第一篇考證文章《詩經言字考》頗受蔡元培之賞識。我自己平生所寫的第一篇考據文章《中國郡縣起源考》就是受他的影響下筆的。東施效顰，言之可笑。我自選的論文導師是顧頡剛先生。顧是胡的學生，後來我又做了胡老師的學生，胡氏開玩笑地叫我「小門生」。我個人所受胡門的影響是很大的，但不是全部，我對胡老師也是「半肯半不肯」的。

後記

這本小冊子編訂之後，蔡登山先生發來郵件，要我寫個後記。這頗讓我犯難：收入這本小冊子的文章，寫作時間不同，我的思想也在不斷變化。用一篇文章「總而言之」，很難。

但是，不同中有同，那就是這些文章，大多是民國舊事，除了後面四篇與李澤厚、余英時、許倬雲、唐德剛四位前輩的對談。

作為一個新聞記者，我不單單對於當下感興趣，對於往日的舊聞，有時候反倒比「新聞」更感興趣。這讓我在同行當中，顯得有些「另類」。這種狀況，和我在讀書時，學得是化工專業，卻喜歡歷史，被師長視為「不務正業」的情形，很類似。

有一次向余英時先生請益，我笑談我的尷尬：在新聞界我被視為「歷史學者」，但是在史學界，我卻又被認為是不折不扣的記者。

余先生說：你可以溝通兩界嘛。

其實，對於歷史的興趣源於對當下的關注。

但是，像是個悖論，而且不只一重。且聽我一重重講來：

我總是覺得，當下的新聞，過於喧囂，身處其中的我們，因為「身在廬山」的緣故，或因為立場，或因為利益，或因為人事，往往難以看清事件的真相。反倒是那些歷史舊事，因為經過了時間的過濾，少了種種複雜的糾葛，再回過頭來重新審視的時候，比較容易保持冷靜，雖然對於某些歷史，想做到客觀的描述，依然十分困難。

陳寅恪先生說：讀史早知今日事。確實如此，歷史讀多了，看當下紛亂的事件，會有一種燃犀燭隱的感覺。

然而，我卻拒絕任何「以古喻今」的治史方式，包括當下知識界熱衷談論的「現實情懷」。作為政治附庸的「古為今用」固然面目可憎，抱著為當下「療傷」的「情懷」去研究歷史，也會讓歷史發生變形。

只有真實的歷史，才能給當下提供借鑒。

收進這本小冊的本章，不敢說都是歷史的真實，但是我在寫這些文章的時候，想得是尋找歷史的真相。

有些文章，是早年寫的，當時「現實情懷」頗重，這次收錄，也沒有修改，有心的讀者，應該能看得出來。

不修改，也算是保留「歷史真實」。

是為後記。

感謝南京的范泓、邵建二位先生，是他們熱心把我的作品介紹給蔡登山先生；感謝蔡登山先生，沒有他的努力，也就沒有這本書在臺灣的出版。

二〇〇八年六月二十八日

國家圖書館出版品預行編目

負傷的知識人；民國人物評說／陳遠著. --
一版. -- 臺北市：秀威資訊科技, 2009,12
面； 公分. --(史地傳記類；PC0103)
BOD版
ISBN 978-986-221-356-8(平裝)

1. 知識分子 2. 中國

782.238 98021660

史地傳記類 PC0103

負傷的知識人
——民國人物評說

作　　者／陳　遠
主　　編／蔡登山
發 行 人／宋政坤
執行編輯／藍志成
圖文排版／鮑婉琳
封面設計／蕭玉蘋
數位轉譯／徐真玉　沈裕閔
圖書銷售／林怡君
法律顧問／毛國樑　律師
出版印製／秀威資訊科技股份有限公司
台北市內湖區瑞光路583巷25號1樓
電話：02-2657-9211　傳真：02-2657-9106
E-mail：service@showwe.com.tw
經 銷 商／紅螞蟻圖書有限公司
台北市內湖區舊宗路二段121巷28、32號4樓
電話：02-2795-3656　傳真：02-2795-4100
http://www.e-redant.com

2009 年 12 月　BOD 一版
定價：440 元

讀 者 回 函 卡

感謝您購買本書，為提升服務品質，煩請填寫以下問卷，收到您的寶貴意見後，我們會仔細收藏記錄並回贈紀念品，謝謝！

1.您購買的書名：________________

2.您從何得知本書的消息？

□網路書店 □部落格 □資料庫搜尋 □書訊 □電子報 □書店

□平面媒體 □ 朋友推薦 □網站推薦 □其他________

3.您對本書的評價：(請填代號 1.非常滿意 2.滿意 3.尚可 4.再改進)

封面設計____ 版面編排____ 內容____ 文/譯筆____ 價格____

4.讀完書後您覺得：

□很有收獲 □有收獲 □收獲不多 □沒收獲

5.您會推薦本書給朋友嗎？

□會 □不會，為什麼？________________

6.其他寶貴的意見：________________

____

____

____

讀者基本資料

姓名：________________ 年齡：______ 性別：□女 □男

聯絡電話：________________ E-mail：________________

地址：________________

學歷：□高中(含)以下 □高中 □專科學校 □大學

□研究所(含)以上 □其他________

職業：□製造業 □金融業 □資訊業 □軍警 □傳播業 □自由業

□服務業 □公務員 □教職 □學生 □其他________

請貼
郵票

To：114

台北市內湖區瑞光路 583 巷 25 號 1 樓

秀威資訊科技股份有限公司　　收

寄件人姓名：

寄件人地址：□□□

(請沿線對摺寄回,謝謝!)

秀威與 BOD

BOD（Books On Demand）是數位出版的大趨勢，秀威資訊率先運用 POD 數位印刷設備來生產書籍，並提供作者全程數位出版服務，致使書籍產銷零庫存，知識傳承不絕版，目前已開闢以下書系：

一、BOD 學術著作—專業論述的閱讀延伸
二、BOD 個人著作—分享生命的心路歷程
三、BOD 旅遊著作—個人深度旅遊文學創作
四、BOD 大陸學者—大陸專業學者學術出版
五、POD 獨家經銷—數位產製的代發行書籍

BOD 秀威網路書店：www.showwe.com.tw
政府出版品網路書店：www.*gov*books.com.tw

永不絕版的故事・自己寫・永不休止的音符・自己唱